本著作系国家社科基金项目《中国东北与俄罗斯远东地区农村图书馆建设的历史与经验比较研究》的结项成果，结项证书号：20140805，鉴定等级：良好。

中俄农村图书馆建设历史与经验比较研究

——以俄罗斯远东和中国东北为例

王迎胜／著

知识产权出版社
全国百佳图书出版单位

图书在版编目（CIP）数据

中俄农村图书馆建设历史与经验比较研究：以俄罗斯远东和中国东北为例 / 王迎胜著. —北京：知识产权出版社，2014.12

ISBN 978-7-5130-3161-5

Ⅰ.①中… Ⅱ.①王… Ⅲ.①农村图书馆—建设—对比研究—中国、俄罗斯 Ⅳ.①G259.252.3 ②259.512.523

中国版本图书馆CIP数据核字（2014）第269532号

内容提要

本书对俄罗斯远东与我国东北地区农村图书馆的形成与发展历史、农村图书馆建设现状、农村图书馆功能和作用、农村图书馆馆藏建设及用户文献服务、农村图书馆人力资源状况与馆员培训机制、农村读者状况及阅读特征进行了深入细致的比较研究，总结了俄罗斯远东地区农村图书馆建设的成功经验，梳理了我国农村图书馆事业中存在的问题，并提出了相应的解决对策。本书可作为各类图书馆在职人员培训教材或参考用书。

责任编辑：许　波　　　　**责任出版**：孙婷婷

中俄农村图书馆建设历史与经验比较研究——以俄罗斯远东和中国东北为例

ZHONG E NONGCUN TUSHUGUAN JIANSHE LISHI YU JINGYAN BIJIAO YANJIU

YI ELUOSI YUANDONG HE ZHONGGUO DONGBEI WEILI

王迎胜　著

出版发行：知识产权出版社有限责任公司　　**网　址**：http：//www. ipph. cn
http：//www. laichushu. com
电　话：010－82004826
社　址：北京市海淀区马甸南村1号　　**邮　编**：100088
责编电话：010－82000860转8380　　**责编邮箱**：xbsun@163.com
发行电话：010－82000860转8101／8029　　**发行传真**：010－82000893／82003279
印　刷：北京中献拓方科技发展有限公司　　**经　销**：各大网上书店、新华书店及相关专业书店
开　本：720mm×1000mm　1/16　　**印　张**：16. 5
版　次：2014年12月第1版　　**印　次**：2014年12月第1次印刷
字　数：275千字　　**定　价**：48. 00元

ISBN 978－7－5130－3161－5

前　言

截至2013年年底，我国农村常住人口约有6亿2千万，占人口总数的46.3%，农村户籍人口约占全国总户籍人口的64%。由此来看，当前我国农村人口占大部分比例，其人口数量极为庞大。农村民众的文化水平是整个民族的整体文化水平的关键，农村人口的精神文明程度是一个国家和民族的文明程度的关键。我国多数农民一生当中，接受中小学教育之后，与图书的接触就越来越少，离文化越来越远，离文明也越来越远。农村民众文化水平的提升是一项长期工程和长久的事业，农民大众只有长期接受书香的熏陶、浸润在优良的文化环境中才能逐步改善自身的文化基因。就当前的各项文化设施来看，只有图书馆能够更好地实现农村民众终生教育的功能，只有农村图书馆工作能够渗透到农村民众的日常生活，能够潜移默化地改变农村居民的文化环境。

从我国农村图书馆建设的历史来看，我国对农村民众的文化生活关注得较晚。20世纪初期，我国出现了第一批基层图书馆——县图书馆，但那时候还没有真正意义上的乡村图书馆。直至20世纪30年代，才有了乡图书馆，并且每个省只在状况较好的乡设立图书馆，村庄里依然没有阅读条件。八年抗战之后，即使屈指可数的乡图书馆也不复存在了。

1949年建国以后，我国的部分村屯才真正有了图书馆（室）。20世纪50年代中后期，根据《全国农村发展纲要》的要求，广大农村地区开始大范围建立农村图书馆（室），但由于20世纪60年代初的自然灾害和“文化大革命”的开始，绝大部分农村图书馆（室）都被关停，农村图书馆由此消亡了十余年。十一届三中全会以后，农村文化建设工作又一次被提上日程。20世纪80年代中期，我国迎来了第二次乡镇图书馆建设高峰，全国大部分乡镇建立了图书馆（室），但村一级组织通常只有图书室，更确切地讲应该是“图书角”，其图书和报刊品种极少，而且处于常年无法更新的状态，没有专人负责图书维护和借阅工作。20世纪90年代中期，这些图书室也逐渐淡出了农村民众的生活。2007年，农家书屋工程在国家八部委联合组织筹划下拉开帷幕。截至2012年年底，农家书屋工程建设完成，全国共建成农家书屋60余万所。至此，我国农村图书馆建设历经了三次建设高峰，前两次农村图书馆建设高潮都走到了低谷，并以失败告终。中国的农村图书馆建设如何才能实现可持续发展，图书馆如何在农村社会长久发挥作用，农村图书馆网如何走出“建—毁”的怪圈，是值得全社会深思的重要文化课题，是优化农村文化生态的关键问题。

俄罗斯农村图书馆建设拥有200余年的悠久历史，历经封建社会、资本主义社会、社会主义社会三种制度形式，经历了二月革命、十月革命、第二次世界大战和苏联解体等重大历史转折。在漫长的历史进程中，俄罗斯农村图书馆建设没有因为社会政治、经济、军事等重大变迁而受到灾难性的影响。俄罗斯农村图书馆体系200年如一日，伴随俄罗斯的历史发展一次次蜕变成长。从18世纪末第一所农村图书馆诞生到1917年二月革命前夕，俄罗斯各类农村图书馆达到了4.6万所，占全国农村图书馆总数的62%，平均900位农村居民拥有一所图书馆；1941年第二次世界大战初期，全苏农村图书馆5.7万所，战争期间全苏各地农村图书馆坚持服务于农村的生产和生活；1956年，全苏农村图书馆恢复并超越第二次世界大战前水平，达到6.6万所；1992年，苏联解体后，俄罗斯农村图书馆数量为4.6万所。从上述俄苏历史重大变故的时间节点来看农村图书馆的数量变化，我们发现，俄罗斯历次重大历史变革没有对农村图书馆造成毁灭性的破坏，无论政治体制如何变迁，新制度下的政府和社会能够自觉沿袭并优化既有的农村图书馆网，让农村图书馆为新时期农村社会、农民大众提供文献信息和社会服务。

当今的俄罗斯农村图书馆不但是农村民众的文献信息提供中心、法律信息中心，而且执行重要的社会功能，普及民主文化，帮扶弱势群体。每所农村图书馆的专职馆员为农村儿童、青少年、老年人、残疾人，为农业工作者、教师、企业员工、政府工作人员等各类人群提供个性化的文献信息服务、组织社会文化工作。农村图书馆员既是农村图书馆的管理者、农村社会的文化传播者，也是农村社会工作者。俄罗斯农村社会因图书馆和图书馆员的存在而受到文化的润泽，农村社会因图书馆的存在和图书馆员的工作而具有了人文色彩并笼罩上了人性的光辉。

俄罗斯是与我国比邻的文化大国，其社会制度和文化建设模式曾是我们极力效仿的榜样，其农村图书馆建设的历史经验和现今的管理、服务模式有诸多优良之处值得我们借鉴。俄罗斯远东和我国东北的地理区位、人文特征、战略地位等诸多要素具有相似之处，两地区间文化交流历史悠久。通过对俄罗斯远东和我国东北地区农村图书馆建设的历史及经验进行全方位的比较研究，有助于我们更加清晰地认识我国乡镇图书馆及农家书屋建设和管理模式中存在的不足，取人之长补己之短，为乡镇图书馆和农家书屋持续在农村社会发挥更广泛的作用探索有益的经验、对策。

作者于哈尔滨

2014年9月25日

目 录

第一章　俄罗斯远东与我国东北地区农村图书馆形成与发展历史的比较研究

研究目的

（1）通过对俄罗斯和远东地区不同历史时期的农村图书馆建设主体及其在农村图书馆建设中发挥的作用进行全景式的研究，找出俄罗斯远东地区农村图书馆建设的规律性，分析历史上俄罗斯远东地区农村图书馆建设的模式、管理方式及服务模式。

（2）通过对俄罗斯远东与我国东北地区农村图书馆建设的历史进行对比研究，分析我国东北地区与俄罗斯远东地区历史上农村图书馆建设主体的差异，找出我国东北地区农村图书馆建设主体的不足；通过对俄罗斯远东与我国东北地区历史上农村图书馆建设主体在农村图书馆建设过程中发挥作用的比较分析，找出我国东北地区农村图书馆建设过程中主体作用的不足；通过对俄罗斯远东和我国东北地区历史上农村图书馆网点建设的规模与发展特点的对比，找出我国东北地区农村图书馆网点建设存在的问题；通过对远东地区和我国东北地区历史上农村图书馆的管理方式进行比较研究，找出我国东北地区农村图书馆管理模式存在的问题；通过对两地区历史上农村图书馆馆藏建设、馆藏利用及读者服务工作的比较研究，分析我国东北地区农村图书馆馆藏建设和馆藏利用方面存在的问题。

（3）在对比研究的基础上，总结历史上我国东北地区农村图书馆建设主体、建设主体在农村图书馆建设中发挥的作用、农村图书馆网点建设、农村图书馆的管理模式及农村图书馆馆藏建设、馆藏利用和读者服务领域存在的不足和问题，并以史为鉴，提出我国东北地区现代农村图书馆建设应该注意的问题，为我国东北地区现代农村图书馆建设不再重复历史错误提出相应的对策。

研究方法

（1）文献调研法：文献调研主要通过两种途径，一是通过网络进行文献调研；二是通过俄罗斯在华留学生和远东科学图书馆员工查找俄文纸质文献。

（2）历史研究法：通过历史分期对俄罗斯及俄罗斯远东地区农村图书馆历史进行系统性和全景式的研究。

（3）比较分析法：从农村图书馆建设主体、主体作用、网点建设、管理方式、馆藏建设及利用等几个方面，对俄罗斯远东和我国东北地区农村图书馆建设的历史进行对比分析，找出历史上我国东北地区农村图书馆建设各环节存在的不足，并提出相应的思想、观点和对策。

第一节　俄罗斯农村图书馆发展历史的总体特征

一、早期的俄罗斯农村图书馆事业（18世纪末—1916年）

19世纪以前俄罗斯农村地区的民众教育主要依赖于教会，教会神职人员在进行农村民众教育的同时，还在农村地区组织报刊传播，创办隶属于教区的农村图书馆。俄罗斯教会在农村地区的图书馆主要有两种形式：一种是教堂图书馆，这类图书馆设立在教堂内部；另一种是隶属于教会中小学的学校图书馆。教会学校图书馆是俄罗斯最早的农村图书馆类型，教会大规模创办农村中小学图书馆活动始于18世纪末，早期主要集中在圣彼得堡省（当时的首都所在区）。资料显示，1800年之前，仅圣彼得堡省已经拥有100所教会学校图书馆[1]。圣彼得堡省教会中小学教育委员会设有书库，定期从书库向各教区图书馆发放新书。创办教堂图书馆的目的主要有两个：一是收藏宗教类文献服务于教众，辅助礼拜和祈祷仪式；二是可以帮助教众接受世俗教育。农村教会图书馆通常规模不大，一般有200~300册藏书，其中大部分为宗教类文献，而且以教会出版的定期出版物居多，约占总馆藏的50%以上。除了宗教类出版物，还有一部分是世俗类图书。教堂图书馆除了组织祈祷阅读，在平日和礼拜日还组织教众阅读医疗、农业、识字类的图书，这些阅读活动通常称作“世俗阅读”或“人民阅读”。资料表明，1855年全俄罗斯已经拥有各类教会图书馆10780所[2]。

俄罗斯世俗社会创办农村图书馆是在19世纪中期以后。1873年8月9日在圣彼得堡小学教师代表大会上首次提出了“隶属于学校创办农村图书馆”的建议。圣彼得堡地方自治局主席科尔弗男爵接纳了该建议，并开始在圣彼得堡尝试开办自治局农村图书馆，这种图书馆称为“人民图书馆”，是1917年以前俄罗斯农村地区的主要图书馆类型。沙皇政府为了预防农村文盲率的上升，一方面希望加快农村图书馆建设；另一方面又严密监督农村图书馆建设，并对入藏文献进行严格审查。1884年沙皇颁布了《大众图书馆与阅览室的开办及馆藏目录的管理办法》[3]最高诏令，该文件要求管理人民图书馆的人必须要政治可靠，大众图书馆及阅览室的入藏书目需要通过审查。该办法颁布以后，俄罗斯人民教育部学术委员会制定的人民图书馆藏书目录获得批准，“人民图书馆”开始按照该目录装配馆藏。1890年，俄罗斯内务部部长杜尔诺沃又颁布了《关于免费图书馆和阅览室的临时规章》，指定教会、俄罗斯教育部和内务部是人民图书馆的监察者，人民图书馆和阅览室必须严格遵守政府的规章和限制，严格按照人民教育部学术委员会的图书目录装配馆藏。虽然沙皇政府对图书馆事业管理极为严格，但是人民图书馆还是迅速发展起来了。数据显示，1896年仅在圣彼得堡省已经拥有35所人民图书馆，1898年全俄罗斯人民图书馆则达到了3002所[4]。

在人民图书馆产生之前，曾经出现过“社会图书馆”，这类图书馆是由社会各阶层支持的贵族建立、投资和管理的。但这种付费的图书馆服务模式在农村地区没有长久的生命力，不久便退出了历史舞台。而人民图书馆虽然是由政府提倡建立的，但实际上也多是由私人、社会组织和地方自治机构共同创办的。在该历史时期内，对人民图书馆建设支持力度最大的是皇家自由经济协会扫盲委员会和人民戒酒慈善救济会。1894年皇家自由经济协会扫盲委员会建议地方自治局组建人民图书馆网，并承诺为每个图书馆出资250卢布装配图书。前提条件是地方自治局需要自己或指令地方（农村社会或私人）保障图书馆房舍及其活动的资金，同时保证所有读者免费和平等获取图书馆（阅览室）的图书、报刊，并可以外借。人民戒酒慈善救济会对俄罗斯农村图书馆事业早期发展做出了重要贡献。为了让人们摆脱酗酒的恶习，使人们更为高尚地渡过休闲时间，1894年12月20日人民戒酒慈善救济会颁布条例促进各地人民戒酒慈善机构在农村地区开办农村图书馆。以圣彼得堡省雅母布拉格县为例，到1914年由该组织开办的农村图书馆达到31所，这些图书馆与该县地方自治局的22所人民图书馆构建了单体图书馆辐射半径4.5千米的农村图书馆网[1]。

俄罗斯农村图书馆在十月革命以前主要由教会图书馆和人民图书馆构成。数据显示，1855—1914年俄罗斯教会图书馆的数量迅速上升，由1855年的10780所增长到1914年的33889所，详见表1-1。

表1-1　1855—1914年教会图书馆的数量变化情况[2]

年代	1855	1881	1894	1902	1907	1911	1914
数量(所)	10780	15615	21535	29915	30323	32149	33889

19世纪末期由沙皇政府主导的人民图书馆数量也迅速增长，1892年全国仅有33所，1916年则达到15000所，详见表1-2。

表1-2　1892—1916年人民图书馆的数量增长情况[2]

年代	1892	1898	1904	1911	1914	1916
数量(所)	33	3002	4500	1000	12627	15000

统计数据显示，十月革命前全俄罗斯已经拥有各类图书馆7.59万所，其中大部分在农村地区，共有藏书4600万册，其中地方自治人民图书馆13876所，占总数的18%，藏书940万册；教区图书馆1465所，教堂图书馆31828所，占全俄罗斯图书馆总数的44.1%。

二、苏联时期的俄罗斯农村图书馆发展状况（1917—1991年）

1917年以后，大部分农村教堂及其图书馆被关闭，藏书严重损毁或被盗。苏维埃政权利用从贵族、地主庄园及私人那里征用来的图书建立起新型农村图书馆网——木屋阅览室，并成为农村意识形态和政治教育中心，同时担任扫盲工作。1919年1月人民图书馆被归入人民教育委员会非学校教育部，更名为大众图书馆。国内战争开始以后，农村图书馆陷入瘫痪状态，1919年11月俄罗斯联邦教育委员会非学校教育部向地方党组织发了《关于对木屋图书室实施帮助》的函，即便如此，农村居民也很少有在图书馆读书和看报的机会。俄罗斯国内战争及后来所实施的新经济政策给农村图书馆事业带来了沉重的打击，1920年人民教育委员会非学校教育部重组到政治教育部，农村图书馆成为推行苏维埃政权政策的基层堡垒。1921年国家对农村图书馆的财政投入停止，地方预算减少，不再免费发放图书，失去经济来源的农村木屋阅览室大批关闭。资料显示，1921—1923年农村木屋图书室关闭了90%，农村大众图书馆关闭了60%。20世纪20年代中期废除新经济政策后，俄罗斯农村图书馆网迅速恢复并达到国内战争以前的水平，到了1941年大众图书馆的数量达到了57000所，详见表1-3。

表1-3　1916—1941年俄罗斯农村图书馆数量[5-6]

年代	1916	1923	1927	1934	1941
数量(所)	15000	13400	16940	50870	57000

苏联卫国战争期间，德国法西斯的军事进攻给苏联图书馆事业带来了重大损失，50%的农村图书馆毁于战火，损失了近亿册文献。农村图书馆损失最为惨重的是苏德军队会战的地区。如斯大林格勒州10个区的180所农村图书馆全部毁于战火，损失藏书25万册。库尔斯克州115所农村图书馆被战火毁坏，丧失藏书5.5万册[5]。1943年卫国战争有了转机，同年2月成立了国家文献基金会。为了恢复农村图书馆的馆藏，该基金会组织出版了52套农村图书馆必备出版物，另外还有人民教育委员会基金对农村馆藏资源建设进行资助，出版社、图书贸易组织、公民个人也为农村图书馆提供了大量捐赠文献。各村图书馆馆员不畏战争的侵扰，仍然坚持为读者服务。1941—1943年俄罗斯欧洲部分的许多村图书馆已经没有房舍，文献保存在简易棚的柜子中，馆员们不但要完成图书馆的借阅登记工作，而且还组织一些战争宣传的小册子向读者推荐阅读，如《他们为祖国而战》。在战争期间坚持组织动员农业生产，1942年2月24日国家向所有农村图书馆下达了《关于在政治教育机构培训农业人员》的命令，各农村图书馆组织了农业机械维修类的图书，成立农业机械研究小组，为农业生产做准备[7]。

苏联卫国战争胜利以后，苏联政府的重要任务之一就是恢复和继续发展农村图书馆网，广泛开展农村居民图书馆服务。1945年苏维埃俄罗斯联邦和其他加盟共和国开始对农村图书馆进行登记，以便弄清农村图书馆网的战后状况。登记数据显示，50%的区图书馆藏书不足5000册，62.7%的村图书馆馆藏不足1000册，国家要求各省制定5年计划，全面恢复农村图书馆网，并且要超过1941年以前的水平。苏维埃俄罗斯联邦布置任务，在2~3年内每座村图书馆的馆藏数量要增加到2000~3000册，区图书馆要达到1万册。1948年，俄罗斯联邦24个州（边疆区）和自治共和国的1.7万个农村居住点获得了农村图书馆服务，根据俄罗斯联邦文化教育机构事务委员会统计，各区图书馆的数量达到了1941年的112%，农村图书馆数量达到97.9%。1950年，农村图书馆的数量比第二次世界大战前增加了3000所，藏书量增加了3万册。到1956年，全国已经拥有农村图书馆6.6万所[5]。第二次世界大战后至20世纪50年代，农村图书馆不但在数量上得到了恢复，而且布局更为合理，图书馆服务更为科学、有序。

集中化管理是这一时期农村图书馆事业的重大变化。根据苏维埃俄罗斯联邦文化部的倡议，1966年开始组织大众图书馆集中化管理试验，同年苏联文化部批准通过了《组织统一大众图书馆网条例》，要求各加盟共和国文化部协同工会委员会，考虑各共和国的民族自然、地理、经济、文化特征尝试将大众图书馆联合到统一图书馆网。根据该条例的要求所有农村大众图书馆的藏书、工作人员编制、行政和经济管理都要纳入到统一的图书馆系统中，并且要集中进行文献装配和编目加工，在各市、区成立集中图书馆系统的中心图书馆。各州每个区（县级行政单位，绝大部分农村地区集中在区的管辖范围内）设立一所中心图书馆，而各村图书馆则成为中心馆的分馆。根据该条例，20世纪60—70年代中期，人口较为集中的苏联欧洲部分的农村图书馆大部分实现了集中化管理，而广大西伯利亚和远东地区保留了原有状态。经过集中管理后的农村图书馆馆藏装配和馆藏利用有所改善，开始以更为经济和先进的方法服务于不同类型的读者。1975年通过了《国家大众图书馆集中化条例》，要求全苏大众图书馆实施集中化管理，20世纪80年代几乎所有大众图书馆都实现了集中化管理。数据显示，到1989年为止，苏维埃俄罗斯联邦形成了2196个集中图书馆系统，联合了47638所大众图书馆，其中80%以上为农村馆[8]。

三、俄罗斯时代农村图书馆的发展状况（1991—21世纪初）

20世纪90年代以后，俄罗斯农村图书馆数量呈逐步下降且趋于稳定的态势。这种数量上的逐步缩减主要基于两个原因：一是取消户籍制度，城市化进程加速，农村人口向城市迁徙使得一些村子人口锐减，大量村庄被撤消或合并；另一个原因是苏联时期自上而下的农村图书馆建设方式和管理方式使农村图书馆建设具有盲目性，片面追求农村图书馆的数量，造成农村图书馆网“大跃进”式的发展。这一时期农村图书馆的数量变化情况，通过表1-4可以看出其特点。

表1-4　1990—2007年俄罗斯农村图书馆数量变化情况[9]

年代	1990	1991	1995	2000	2005	2007
数量(万所)	4.88	4.61	4.24	3.99	3.85	3.84

通过表1-4可以看出，20世纪90年代以后农村图书馆的数量呈逐年下降的趋势，这一数字的变化也反映了俄罗斯农村图书馆建设逐步回归理性。到了

2005年俄罗斯农村图书馆的数量基本趋于稳定。以2004年的数据为例，全俄共有农村图书馆约3.8万所，占全俄公共图书馆总数的80%以上，平均每100所村庄有25所固定图书馆，52.4%没有图书馆的村子可以获得流动图书馆服务，而23.9%的人数极少和极为偏远的村子仍然没有任何形式的图书馆服务[10]。

20世纪90年代以后，俄罗斯农村图书馆的组织形式开始向多元化发展。许多农村图书馆不适合集中化管理，90年代中期俄罗斯的农村图书馆开始了“去集中化管理”的进程，在这一过程中，一部分农村分馆，成为独立的图书馆，另外一部分与农村文化宫或中小学校图书馆合并，还有许多地区农村图书馆仍然采用集中管理模式。20世纪90年代中后期俄罗斯实施政治体制改革以后，全部农村图书馆成为自治图书馆，由联邦和地方两级预算提供财政支持。90年代末更加重视农村图书馆的微观管理，更为重视图书馆员的专业水平和文化水平，越来越多的具有图书馆学高等和中等教育学历的人员加入到农村图书馆员的行列。统计数据显示，2001年农村图书馆员中具有本科学历的人员达到17.9%，具有图书馆学中等专业学历的人员占57.1%，具有非图书馆学专业中专学历的人员占25.5%[11]。为了提高农村图书馆员的专业知识水平和业务能力，更好地进行农村图书馆服务，2000—2003年在20个州、边疆区的综合图书馆和中心图书馆成立了农村馆员继续教育中心。俄罗斯图书馆协会及州、边疆区协会经常举办农村图书馆工作学术会议、研讨会，以此来提升农村图书馆服务水平。

进入21世纪以后俄罗斯经济开始复苏，农村图书馆的财政条件有了明显改善，国家和地方财政预算开始增加对农村图书馆的投入。2000年俄罗斯联邦文化部通过与索罗斯基金“开放的社会”研究所合作，开始对俄罗斯农村图书馆实施现代化升级工程。其目标是通过区域和地方政府与索罗斯基金共同投资实施“农村图书馆”计划，逐步更新农村图书馆硬件设施及补充馆藏，在其基础上形成农村现代信息和教育中心，缩小城乡文化发展的差距。俄罗斯共有85个联邦主体（州级行政区）参加了该计划，2000—2003年在该计划的框架内，为俄罗斯农村图书馆出资补充馆藏文献500万册，免费赠送图书50万册。2003—2004年在萨玛拉州、特维尔州、梁赞州、楚瓦什共和国境内实现了对250个农村图书馆进行现代化升级[10]，为这些农村图书馆购置了计算机、打印机、电视机、复印机、传真机等硬件设备，并开通了互联网。升级后的农村图书馆功能受到更多村民的欢迎，用户数量开始增加，并且更为频繁地到访图书馆。农村图书馆在农村社会的作用开始提升，用户的结构趋向多元化，有村政府的工作人员、大中小学生、企业家、退休人员、失业者等。

20世纪90年代中期以后，俄罗斯农村图书馆的社会作用发生了明显的变化，逐步改变了20世纪90年代以前的功能定位——强化意识形态和实施政治教育。农村图书馆开始成为联系自治区、州和国家图书馆系统的纽带，通过馆际互借和互联网为地方居民获得本馆没有的文献、信息。90年代末，许多农村图书馆成立了法律信息和法制教育中心，为农村公民收集整理法律信息，提供法制教育。图书馆在农村社会还充当居民与政府的交流媒介：一方面，图书馆将农村社会意见转达给政府；另一方面，将地方政府的决策信息和资料传递给农村居民。农村图书馆的重要任务之一就是收集俄罗斯联邦、州和地方政权的官方文件，并将这些信息传递给农村居民，为建设公民社会服务[12]。此外，图书馆还为居民获得地方社会生活所有领域的信息提供保障，包括地方预算与税收、自治财产与地方政权结构、公民的权利与自由等信息和文件。此外，农村图书馆还广泛参与农村社会生活，帮助儿童、青年、老人、失业者克服信息真空和心理封闭综合症。农村图书馆还通过收集整理地方历史资料，恢复民族传统，将地方文化作为人类存在的价值体系予以保护。

第二节　俄罗斯远东地区农村图书馆发展的历史

从古代起，俄罗斯远东地区就有30余个大小不同的民族在这里繁衍生息，尽管他们的发展状况不尽相同，但他们都为这一地区的古代文明做出了自己的贡献。这些民族分别属于乌果尔－芬语系、突厥语系、满－通古斯语系和古亚细亚语系。其宗教信仰在古代均为图腾崇拜和原始萨满教，后来陆续接受了外来的佛教、伊斯兰教及东正教。1858年和1860年沙皇俄罗斯与中国清政府先后签订了《瑷珲条约》和《中俄北京条约》，黑龙江以北、乌苏里江以东、库页岛的远东地区从此纳入到俄罗斯的版图。由此，俄罗斯拉开了远东农村地区图书馆建设的序幕。

一、远东农村地区早期的教会图书馆事业

俄罗斯远东地区农村图书馆的发展历史与俄罗斯整体状况相似，早期的农村图书馆建设和服务工作主要依赖教会及其神职人员。1858年以后，虽然远东地区还没有大规模的城市出现，但随着沙皇俄国向远东地区的领土扩张，远东地区

人口数量不断增长，村庄和小镇的数量开始增多，人口规模逐渐扩大。在西伯利亚教区的扶植下，远东地区大部分村庄建设了教堂和教会学校，开办了隶属于教堂和学校的图书馆，俄罗斯远东地区的农民从那时起开始接受图书馆服务。

远东地区农村教堂图书馆的藏书建设遵循教会的相关法令和要求。根据1862年2月15日西伯利亚教区主教颁布的《关于创建教区图书馆》法令[13]的要求，大祭司亚伯拉·罕奥格洛布林编制了西伯利亚及远东地区《所有教堂必备的灵修图书目录》。该目录重点介绍了42种书，其中有29种教堂神父的作品集，4种是关于教会和圣经故事的图书，另外还有《圣经》《先知》《教会章程》《训诫集》《日读月书》《与分裂派教徒正确辩论的教令》《对分裂派教徒的规劝》等教堂日常用书。1867年12月3日西伯利亚教区主教重申继续发展教堂图书馆，并颁布了关于《正确配置教堂图书馆藏书》的教令。该教令建议教堂图书馆在购取图书时应依照经过审核批准的图书目录。该目录分为三个部分:第一部分包括斯拉夫语和俄语版的旧约和新约、福音的诠释和要理问答；第二部分是关于神父工作类的图书；第三部分是教堂历史、礼拜和圣人传记的解释类图书。按西伯利亚教区的要求，第一部分图书应该作为图书馆的首批购进图书，第二部分和第三部分的图书由各图书馆逐步购买补充[14]。除了宗教类图书，19世纪后半期，远东地区许多农村教堂图书馆还通过西伯利亚宗教事务所获得了1806年出版的维什涅夫斯基的《算数》书、1814—1822年出版的托尔契夫的《简明圣史》和四卷本的《文学创作原理》。1868年西伯利亚宗教事务所从莫斯科印刷所订购了关于接种天花疫苗和实施一般医疗救助的4种小册子[15]，并向西伯利亚和远东地区的农村教堂图书馆广泛发放。这些世俗类图书丰富了19世纪远东地区农民的日常生活，提高了他们的文化水平，并帮助他们解决疾病的困扰，使远东地区人民在现实生活中直接受益于图书馆，增强了人们对图书馆的信赖，为图书馆日后成为农村社会生活不可分割的一部分打下了坚实的基础。

根据莫达维利辛镇圣三一教堂图书馆所保存的目录清单，可以较直观地对1867年12月3日以后十年的一系列教会图书馆藏书内容进行分析。根据目录记载，这一时期该图书馆一共有222部藏书，这一数字只是大概的，因为该清单前两个必要部分的图书内容的几页目录被撕掉了，剩余的目录从第三部分开始，有“神父的作品”和“宗教内容的其他图书”，这部分共记载了71部图书（占总数的32%）[16]。在“宗教内容的其他图书”的篇首记载了该部分内容的几小类图书：“教理”类、“辩论”类（关于宗教、异端邪说、分裂的辩论内容）、“交谈”

类（布道的规则类、训诫类及其他类图书）、祈祷仪式解释类、教堂管理类（教会法汇编、章程、细则、文集）、“劝谕”类（戒规、教堂的训诫）、“混合内容”类（词典、索引及其他）。目录的其他两章为世俗类图书，占17%，有历史类(包括世界史、俄罗斯历史、传记、回忆录及其他)、文学创作原理、物理、代数、算数、扫盲类等图书。目录还记载了教堂收藏的经济和工程文件、证书、平面图、图表、收支账簿。该图书馆的定期宗教出版物占有很大比重，一共有12种期刊114册，占图书馆总藏书的51%。1860年以前只有四种隶属于教会学院的杂志，1860年以后，各类新的教会定期出版物开始产生。6年后，宗教定期出版物数量增加到37种。其中具有全俄性质的期刊有19种，其余18种为各教区公报[17]。这些期刊和报纸在主教区图书馆的收藏较为全面，但远东地区农村教堂图书馆通常只收藏西伯利亚教区教会公报，及若干种全国性教会公报。

19世纪中期以后，远东地区农村图书馆开始关注教民和当地社会的世俗文化生活，教堂图书馆开始为所在地的农村社会提供“世俗阅读”服务和组织各类文化艺术活动。1885年6月10日西伯利亚宗教事务所研究了《教堂教区图书馆及书库的配置》问题。1885年8月2日，该事务所颁布了通告，通告写道：按照监督祭司资料的神父的要求——在地方要建立人民阅读的教会图书馆，建立销售或免费赠送给信徒宗教—道德类图书的书库。特别要求在教堂、尤其是在教堂图书馆组织非祈祷仪式阅读。半年之内，西伯利亚和远东地区的18个教区图书馆都开展了非祈祷仪式阅读[13]。20世纪初西伯利亚和远东地区的所有农村教堂图书馆在星期日及其他节日里都进行“世俗阅读”或称“人民阅读”，有时伴随这些阅读活动还举办“朦胧画”“魔灯”及合唱等文艺活动。世俗阅读及教堂图书馆所举办的文艺活动，不但提高了农民的文化水平，而且为农村社会营造了浓厚的文化和艺术氛围，使19世纪远东地区的农村生活具有了色彩。

1905年哈巴罗夫斯克教区状况的一份总结报告这样评价世俗阅读的内容：“除了宗教道德内容的文章，平日里关于圣地巴勒斯坦社会的出版物、农业类、医疗类及其他知识领域的文章成为阅读的对象”。1915年滨海边疆区教区状况总结中记载了这样的负面评价：“必须讲，阅读和座谈整体上在大多数情况下是无序的，针对一些情况、著名事件和听众的心情组织设计临时性的阅读和座谈主题。”[18]虽然如此，这些世俗阅读活动仍然成为教堂图书馆读者工作重要和必要的形式之一，而且从农村图书馆工作的角度来看，其内容变得丰富了，农村教堂图书馆从纯粹的宗教活动辅助机构过渡为不以宗教活动为唯一目标的文化机构。

教堂和修道院都有图书登记制度，在监督祭司和传教士的图书馆中都有图书外借记录本，教会图书馆的辅祭每年会对登记记录进行核查。教堂的辅祭必须负责图书馆日常管理工作。根据滨海边疆区1910年的资料记载，在教堂神职人员（主牧师、牧师、辅祭、诵经士）中，辅祭占22.4%，阿穆尔州占辅祭16.3%，整个西伯利亚和远东地区占17.9%，全俄罗斯占13.9%。另外，有的教堂牧师也要担任图书馆馆员。总体上，俄罗斯帝国1个牧师对应1924个信徒，而西伯利亚和远东地区为2261个信徒，高于俄罗斯的平均水平[19]。除了一般服务，在教堂里牧师必须阅读布道稿，进行教理教学，组织宗教、道德、历史及其他专题座谈，参加戒酒协会的活动，组织慈善活动。此外，牧师还是教会学校的法律教师，他们所从事的这些工作都是无偿的。牧师们不但参加教会图书馆的工作，而且对世俗社会的地方自治图书馆（早期农村图书馆的主要类型之一）提供实际帮助。1906年，滨海边疆区的地方自治图书馆中8%的图书馆员来自于神职人员和村镇文书官。鄂霍茨克一共有16名图书馆员，其中有4名（25%）具有宗教神职头衔，1912年该县已经有37名图书馆员，其中8名（21.6%）为神职人员。1903年，双城子（г. Уссурийск）一共有30名图书馆员，其中5名为神职人员（16.7%）[20]。通过上述数字可见，神职人员不但要承担农村教堂图书馆管理任务，组织好农村教堂图书馆在宗教活动中的辅助作用，发挥教堂图书馆在世俗社会的教育和文化功能，而且在此之余还积极帮助和加强世俗农村图书馆（地方自治图书馆）的管理工作，用其特有的精神影响力发展了早期的农村图书馆事业，为早期的俄罗斯远东地区农村民众接纳图书馆、喜欢图书馆起到了不可估量的作用。

资料显示，1914年沙皇俄国一共有7.59万所不同类型的图书馆，藏书总量为4600万册，其中地方自治公共图书馆13876所，约占俄罗斯图书馆总数的18%，总藏书量为940万册，约有200万人使用这些图书馆。同年，全俄罗斯共有10个主教辖区图书馆，31828所教堂图书馆，1465所监督祭司教区图书馆。如此算来，教会图书馆占俄罗斯帝国图书馆总数的44.1%。西伯利亚和远东地区的农村教堂图书馆及地方自治图书馆大致是同样的情形，1914年，共有678所教堂图书馆、778所地方自治图书馆，其中远东地区共有245所教堂图书馆、389所地方自治图书馆[21]。

远东地区教会图书馆的数量增长幅度高于俄罗斯整体状况，如果俄罗斯1905—1915年图书馆的数量增长了14%，那么远东地区则增长了23%，由于经济和人口的优势，增长速度最快的是滨海边疆省（符拉迪沃斯托克教区），约增长了47%，详见表1-5。在哈巴罗夫斯克教区和符拉迪沃斯托克教区的农村地区除了教堂图书馆，还有传教士图书馆（传教士个人出资创办），另外还有教会学校图书馆。

表1-5　1905—1915年西伯利亚及远东地区的部分教区教会图书馆数量变化情况[22]

年代	教区名称				
	伊尔库茨克	哈巴罗夫斯克	克拉斯诺亚尔斯克	符拉迪沃斯托克	雅库茨克
1905	123	75	109	44	36
1907	125	76	114	48	37
1909	131	76	121	54	39
1911	143	79	128	56	41
1913	149	81	135	58	43
1914	153	85	137	59	43
1915	158	89	141	65	45

农村教堂图书馆通常供神职人员和教民使用，这些图书馆依靠教堂的资金运转。传教士图书馆则专门供神职人员使用，其图书补充多依靠神职人员的私人资金，有的地区教会每年为这类图书馆出资50卢布。这一时期，一些较大的村和镇的教堂图书馆拥有藏书达到近千册，但整体来看，农村教堂图书馆的藏书还不多。

布拉戈维申斯克教区主教在1907年的总结报告中对教堂图书馆给予了以下评价："总体上，教堂图书馆的藏书是较为匮乏的，远不能满足神职人员和教民的需求，一些教堂图书馆除了必须订阅的《教堂公报》和《教区公报》，其他的期刊和杂志就没有定购。至于神职人员利用图书馆的情况，根据多数监督司祭的反馈，多数神职人员，特别是底层的牧师读书很少或者不愿意读书，由于底层神职人员受教育程度较低和物质生活缺乏保障，迫使他们更愿意花费时间关注自己的经济状况。"[23]可见，远东地区农村教堂图书馆藏书较为匮乏，远没有达到教民对图书的需求，甚至宗教类图书种类也不多。

在藏书品种和数量上，教区图书馆（教区的中心图书馆）的情况稍好些。以布拉戈维申斯克教区图书馆为例，该图书馆每天的工作时间为上午10点至晚上8点，中间有2个小时的休息时间，星期日和节假日上午11点开馆。该教区图书馆1905年藏书达到8776册，订购了22种宗教类杂志和8种报纸。1905年，图书馆拥有688位长期读者，其中153位为付费读者，535位为免费读者。全年一共有14113人次使用了阅览室。1906年图书馆入藏了445种共552册图书和小册子，其中180册为捐赠的图书，276册是定期出版物及其附录。1907年，该图书馆的长期读者增长到780人，其中152人为付费读者，学生590人，农民、市民、商人79人，神职人员60人，另外还有特权阶层读者。1907年全年读者达到14049人次，共借阅图书25503册次，比1906年减少205册次。平均每位读者借书35.1册次[23]。

1898年，在阿穆尔省产生了教区图书供应库（需要货币购买），并在各县和村庄建有47所分库。1905年，牧师们从总书库和分库获得了价值9645卢布的78078册图书，在书库存在的7年时间里一共供应了价值75410卢布的548355册图书[23]。

1898年，在布拉戈维申斯克教区神职人员代表大会的基础上产生了县图书馆。开办县图书馆的问题在教区代表大会通过代表投票的方式决定。投票结果是：大部分代表（34票）投票支持开办县图书馆，一小部分代表（18人）反对开办县图书馆，支持开办监督司祭图书馆。教会最终决定自1899年从僧侣教堂的资金总额中划拨2卢布，从神职人员的私人资金中每年划拨1卢布用于县图书馆建设，布拉戈维申斯克教区共在6个县建立了县图书馆[23]。县图书馆—阅览室的组建工作委托给了专门成立的县委员会，教区专科学校的县分部主席被任命为县图书馆建设委员会的主席。但是用于开办县图书馆的资金明显不足。例如，斯科沃罗季诺县这项资金只有500卢布，而玛尔梅什县只有39卢布。针对这一问题，1899年教区代表大会决议把上一年投入3卢布的决定更改为从教堂僧侣的总资金中拨款0.5%，一共达到2770卢布。这些资金分别分配给教区图书馆各520卢布，每个县图书馆225卢布。但是这项措施并没有拯救县图书馆，到1906年，只有6个县开办了图书馆，另外4个县没有实现这一目标[24]。

1906年9月13日教区代表大会决定："自1907年起停止对县图书馆投资，将每年提供给县图书馆的这项资金转移给监督司祭图书馆或僧侣图书馆，两个办得好的县图书馆可以利用自己的资金和捐赠的资金补充定期出版物，还没有开办县图书馆的，必须将教区所拨付的款项转给各监督司祭区用于图书馆建设。"[24]斯洛鲍斯克县图书馆自1907年起合并到了僧侣图书馆，僧侣图书馆主要服务于神职人员。除了教堂图书馆，布拉戈维申斯克教区还有人民图书馆，为了培育教民的东正教教堂精神，在一些教区、主教区，由热心的神父成立了为数不多的人民图书馆，也有一些教区将人民图书馆与教堂图书馆合并。这些图书馆的馆藏由价格合理的图书、小册子、宗教—道德印刷品构成，这些资料或在重要日子或在固定的时间里发给教民阅读，或将其出售给想获得这些资料的人。

20世纪初，西伯利亚和远东地区教堂、修道院的数量空前增长。滨海边疆省的教堂图书馆数量增长最快，1905—1915年间增长了47%。例如，1891年符拉迪沃斯托克教区共有32所教堂，而1911年已经增长到56所（西伯利亚和远东地区教堂总数为638所，包括各类小礼拜室和祈祷室一共有1170所），而图书馆的数量已经达到了382所。1914年符拉迪沃斯托克教区共有隶属于教堂的图书馆41所、18所监督司祭图书馆，1915年又开办了3所教堂图书馆和3所监督司祭图书馆[25]。符拉迪沃斯托克教区的所有基层教区分布在27个监督司祭区，其中有3个区是皈一教派（东正教中保存一切旧的教仪的教派）教区，但不是在所有监督司祭区都有监督司祭图书馆。例如，古固尔斯克县的监督司祭图书馆位于第二监督司祭区。该监督司祭图书馆位于乌斯奇—基什尔茨克村教堂，由牧师H.契列潘诺夫管理，拥有藏书565册，共336种。图书馆由神职人员、教堂和监督司祭区财务室提供资金，分别从教堂和僧侣那里出资1卢布，监督司祭区财务室出资20卢布。1914年支持该图书馆建设资金达到了94卢布[26]。

1910年7月9日，在哈巴罗夫斯克省都主教主持的西伯利亚宗教事务所的委员和主教管区代表大会代表的特别会议上，哈巴罗夫斯克教区牧师H.梁普斯京特别强调了监督司祭图书馆对于布道活动的作用："神父的著作很贵，而且，出版数量较大，不适合每个教堂都购买，也要考虑是否各分教区监督司祭图书馆都应该引进这些著作。牧师需要根据教民阅读图书后的反馈来决定购买数量。"[27]针对这些问题，哈巴罗夫斯克教区公报刊登了推荐监督司祭图书馆引进图书的目录，以供教堂图书馆进行选择。

此外，1912年在哈巴罗夫斯克省开办了圣东正教教堂兄弟、上图尔奇迹创造者的监督司祭图书馆。该图书馆开办的第一年读者数量达到了1000人。该图书馆订阅了几乎所有的宗教期刊和地方报纸。除了报纸和杂志，同时还订购了500卢布的神学和哲学图书，这些图书可以作为外借馆藏免费借阅[28]。圣东正教教堂兄弟、上图尔奇迹创造者的监督司祭图书馆每天工作时间为上午10点到下午6点，图书外借工作和对图书馆的日常管理由女图书馆员负责，图书馆与书库共同使用一所建筑。

上图尔奇迹创造者教堂、圣东正教教堂协会监督司祭图书馆的书库储藏了免费发放的印刷品，这些印刷品由东正教修道院、教堂协会和戒酒协会印刷出版。除了传单，教堂协会在自己的书库中还有用于销售的图书：教堂祈祷仪式类的、神学内容的、训诫集、教科书，另外还有圣像、十字架、神像和文具用品。书库中有幻灯图片，这些图片按照要求被寄送到各堂区。协会为书库专门租赁了房舍，商品的销售和订购、收支账簿的记录和书库的资金管理在协会委员会的共同监督下由书库主任负责。1913年书库销售商品的总额为2400卢布，1914年1月1日书库销售商品总额为3337卢布。1913年书库运行的总费用（房舍、取暖、照明、售货员、勤杂员工资）一共800卢布[29]。

临近1915年，哈巴罗夫斯克省教区共有教堂图书馆79所，7所监督司祭图书馆，1915年开办了3所教堂图书馆。滨海边疆省教区在1915年前共有41所教堂图书馆，18所监督司祭图书馆，1915年新开办了3所教堂图书馆[30]。如此，甚至在第一次世界大战期间各教区图书馆的建设也没有停止。尽管教堂图书馆有一定的发展，但其数量要稍逊于其他类型的农村图书馆。1911年在全俄图书馆代表大会上宣布了公共图书馆和所有社会图书馆免费开放的原则，提出了设计图书馆网的必要性，并将图书馆资源集中到地方自治局的手中。全俄图书馆代表大会的决定得到了哈巴罗夫斯克省地方议会第41届例会的支持。1914年在哈巴罗夫斯克省的10个县建立了规范图书馆网[31]。这些图书馆网为地方居民提供完整、均等的图书馆服务，中心社会图书馆、区社会图书馆、人民图书馆、流动图书馆成为县城和农村图书馆网的主要节点。自此，地方自治图书馆开始在俄罗斯远东地区农村社会文化服务领域占主导地位。

总体上，教堂图书馆不仅组织结构严整，而且非常高效。但也有其缺陷，许多农村教堂图书馆的馆藏较为一致，馆与馆之间的文献缺少互补性，神职人员不能很好地将图书馆员的职务与自己在教区中的工作结合起来。但各教堂图书馆馆藏文献的重复性在20世纪初有了根本改变：教堂图书馆弥补了地方自治图书馆的不足，虽然教堂图书馆藏书的整体质量稍逊于世俗图书馆，但教堂图书馆的藏书结构具有多样性，这是因为教堂图书馆在远东这样边远地区的功能更加多元化。总体上来讲，20世纪初俄罗斯远东地区教堂图书馆作为社会文化现象处于繁荣阶段，为远东地区的宗教事业和农村社会文化发展做出了历史性的贡献。

二、远东地区世俗社会的农村图书馆事业发展状况

（一）19世纪八九十年代至20世纪初远东地区的农村图书馆事业

远东地区世俗社会的农村图书馆事业快速发展期始于19世纪的八九十年代

代，这一时期远东地区的公共图书馆事业发展速度整体高于俄罗斯全国水平。19世纪末至20世纪初，远东地区创建的各类农村图书馆，如社会图书馆、大众图书馆、中小学图书馆成为农村社会生活不可缺少的元素。这些图书馆为俄罗斯远东地区农村社会不同阶层的居民创造了舒适的精神生活环境，促进了远东地区居民社会教育水平和文化水平的提高。当然，该时期俄罗斯农村图书馆事业的所有突出问题在远东地区同样存在：物质基础薄弱、缺乏训练有素的专业馆员、办馆经费不足、满足读者需求的条件和能力较差。

这一时期，远东地区几乎所有的农村图书馆都是收费的。地方政府对农村图书馆建设发挥的作用不大，地方政府仅为农村图书馆划拨少量的资金，农村图书馆的主要资金来源仍然是捐赠，图书馆通常是在较为艰难的条件下开展工作的。俄罗斯远东地区农村图书馆的产生、发展和行使功能主要依靠一些进步知识分子的力量。正如，俄罗斯图书馆史学家K.杰鲁诺夫（К.Н.Дерунов）所说的那样，实际上无论是作为“国有机构”的省级图书馆，还是依靠善款生存的农村社会图书馆，或是依靠城市自治资金的城市和乡村图书馆，实际上都是在较为艰难的境况下建设发展的[32]。

虽然如此，19世纪八九十年代仍然可以视为俄罗斯远东地区公共图书馆工作的有利时期。从19世纪八九十年代起雅库特（雅库特共和国，现在为萨哈共和国）、符拉迪沃斯托克、赤塔、鄂木斯克、萨哈共和国等州开始建立边疆省、县和农村各类图书馆。在各种自然灾害和艰难的物质条件下，各省、州的城市和农村大众图书馆已经成为当地社会不可取代的文化知识传播中心[33]。

1886年符拉迪沃斯托克（海参威）创立的人民阅读协会是俄罗斯远东地区公共图书馆事业发展的标志性事件，该协会主要服务于学生和低等教学机构，并且积极承担将图书传播到俄罗斯远东乡村地区的责任。协会的创建者及协会免费阅读办公室的建立者是符拉迪沃斯托克的市长И.马科夫斯基（И.И.Маковский）。协会在农村地区积极开展教育活动、组织人民阅读，举办戏剧演出[34]。1894年在哈巴罗夫斯克市也创立了人民阅读委员会，它的目标是实施大众教育工作，同样承担将书籍发送到偏远地区的中介作用。

19世纪八九十年代，根据民众的倡议，远东地区开始创建县级公共图书馆，这一时期建立的基层图书馆具有民主性质，并且具有普遍性。这些图书馆对读者阅读进行了合理的收费，在文献使用方面没有任何限制。20世纪90年代末期，各种慈善机构、组织和个人也开始极为关注民众教育和文化发展事业。在这些机构和个人的协助下，远东地区产生了首批人民图书馆。1896年11月，在哈巴罗夫斯克市开办了免费的人民公共图书馆，1898年成立了两个分馆。1901年该图书馆的分馆被批准以A.巴塔宁（A.B.Потанин）命名[35]。1899年隶属于雅库茨克参议会的公共图书馆开始面向大众免费开放。该馆开放当天登记在册845种图书、1247册期刊。其主要读者群是18岁以下的年轻人和公务人员。在其运营的第一年，有478个读者，图书借阅量9147册[36]。同年维留斯克县（Вилюйск）的哥萨克学校的免费公共阅览室开始投入使用。

19世纪八九十年代，卡因斯克（Каинск）、尼布楚、上涅乌迪斯克（Верхнеудинск）、塔拉、库尔干、吉列斯克（Киренск）、库兹涅茨克、雅卢托洛夫斯科（Ялуторовск）、爱琴斯克（Ачинск）、比斯克（Бийск）、彼得巴甫洛夫斯克、布拉戈维申斯克市、阿穆尔河上的尼古拉耶夫斯克、萨哈林岛及其他地方开办了社会图书馆、大众图书馆和人民图书馆。19世纪末，在阿穆尔河沿岸的城市和农村已经有几十座图书馆：尼古拉耶夫斯克6座或7座，哈巴罗夫斯克市13座，布拉戈维申斯克市及其周边地区23座，总藏书量达到3.2万册，堪察加的彼得巴甫洛夫斯克区图书馆也得以建立并发挥功能。19世纪90年代，萨哈林岛上产生了第一批图书馆，克拉萨科夫产生了萨哈林岛最大的图书馆——亚历山大镇图书馆，拥有3千册藏书，242位读者[37]。19世纪后半期，在阿穆尔州和滨海边疆区开办了70多个大众图书馆，科学图书馆及其他图书馆。

19世纪90年代，远东地区的公共图书馆不仅在县城迅速出现，而且在农村地区也开始产生。它们首先在布拉戈维申斯克市、哈巴罗夫斯克市的周边农村地区得以建立。社会图书馆是这一时期农村图书馆的主要类型之一，隶属于社会组织和合作社开办的农村中小学图书馆、村屯教堂图书馆是将图书传递给远东农民和农民识字的主要渠道。但是早期这些农村图书馆馆藏文献较为匮乏、文献种类不多。

1901—1920年，远东地区教育工作者协会在农村地区开办了近100所农村图书馆。这些图书馆通常规模比较小，馆藏书籍几百册，一般由农村教师、牧师、县办事员管理。教育协会组织开办的农村图书馆通常与政府无太多关系，创建图书馆的发起人大多是教师和村民代表大会，也有农民自己开办的图书馆。临近1917年，远东农村地区开始形成公共图书馆网，尤其是二月革命以前，农村图书馆的数量迅速增长。在1914年远东地区有农村图书馆70余座，到1917年2月，仅阿穆尔州就有农村图书馆50余所[38]，每座图书馆按照官方指定的内容种类藏书，那一时期的农村图书馆一般有100~300册图书，但在当时的出版和文献资源条件下，数量已经不少了。

1897年以前，远东地区70%以上的农村居民是文盲。那时，大部分农民认为读书无用，他们被认为是无所事事、胡作非为，甚至是有罪的群体。各地的自治局认识到了农民这种无知的危害，开始决定通过建设农村图书馆来扭转这一现象。1898年2月18日，阿穆尔州议会决定为建设人民图书馆和阅览室给各地方自治局拨付款项。1899年在州议会的总结报告中首次通过了《农村图书馆建设》的条款[39]。州议会的议员们提出：缺少指导地方自治局对人民图书馆发展补助资金分配的规则极为拖延了人民图书馆的发展，并且成为困扰州议会的难题——给谁提供帮助？拨款的额度怎样定？在这样的质疑声中，议会制定了《从州自治局的预算资金中拨款建设和供给本州的人民免费图书馆的规则》，该规则指出：州自治局每年从自己的支出预算中拨款补助本州满足本规则规定条件的人民免费图书馆的建设和日常开销，资助只针对一些图书馆，而不是整体图书馆事业。资助金应拨付给具备以下条件的图书馆：① 拥有独立的房舍，或者处于学校建筑内，但要独立于班级存在；② 首批装配的平装图书总价不少于300卢布；③ 拥有为自己的劳动可以获得专门酬劳的图书馆员；④ 图书馆要有固定的开放日和开放时间。州议会分配的州自治局资助金金额不应该多于图书馆实际需求资金的一半，另一半资金由地方解决。地方资金通常指的是各县自治局、农民和其他协会的拨款。

1897—1906年远东地区在县城及农村地区开办了第一批自治局图书馆，其中有学生和教师图书馆，之后又产生了自治医生图书馆、农业图书馆和人民图书馆。地方自治学校图书馆是远东地区早期的县城和农村图书馆类型之一。以阿穆尔州为例，1893年之前在阿穆尔州农村地区有20所地方自治学校，其中有6所学校拥有图书馆，但这些图书馆的馆藏文献数量较少，平均每个图书馆拥有181册藏书，而且馆藏文献种类极为单一，36.5%的馆藏是中篇、短篇小说，17%是宗教内容的图书，27%为其他类型的图书[39]。这些学校图书馆依靠地方自治局、阿穆尔州教育部、教堂、农民协会、私人的资金维持运转。学校图书馆存在一些特殊的情况，一些地方自治人民图书馆也开设在学校里。1895年阿穆尔州扫盲委员会和地方自治局认为学校与人民图书馆的这种组合并不是最好的形式。因为人民学校和人民图书馆有各自不同的任务，这种混搭会损害两个机构的利益。让人民学校教师承担图书馆的管理任务也不够方便，同时教师也没有更多时间来完成人民图书馆的其他工作。所以，人民图书馆开办在人民教育部学校和地方自治局学校的趋势有所削弱。1897年阿穆尔州农村地区共有72所学校，1900年达到100所，1909年减少到83所[40]。

1912年阿穆尔州县城和农村地区一共有127所地方自治学校，此外还有42所教会学校。另外，阿穆尔州还有190所各类机构开办的小学，其中168所开办在农村地区，隶属于农村的小学校也开设小型图书馆。这些学校图书馆的藏书数量差别较大，从几十册到1000册不等。到了1915年，阿穆尔州的所有自治学校都开办了学校图书馆，其中48.6%是人民图书馆[40]，这类图书馆不但对学生和教师开放，而且服务所有农村居民。

19世纪末，阿穆尔州、哈巴罗夫斯克边疆、滨海边疆省的官办和社会资金开办的人民图书馆已经深入到农村地区，官办图书馆中的人民图书馆在农村地区较为普遍，而且成为农村地区的主要图书馆类型。1897年以后，随着中东铁路的开建，来自西伯利亚和俄罗斯欧洲地区的大量移民开始涌入远东地区，大量小型的城镇和村庄开始兴起，地方自治政府开始关注农村地区的文化建设，开始向农村和小城镇投资兴办人民图书馆。这一时期人民图书馆在俄罗斯的欧洲发达地区已经比较普遍，但由于远东地区地处偏远、人烟稀少，人民图书馆的建设起步较晚。远东地区的人民图书馆建设是在沙皇政府、皇家自由经济协会扫盲委员会和人民戒酒慈善救济会的资助下开展的，地方自治局每开办一所人民图书馆，都会得到来自政府和上述机构的资金扶持，这些资金主要用于新建图书馆的馆藏建设。但是地方自治局要想获得这些扶持资金，需要自行解决人民图书馆的馆舍、图书馆员的工资、供暖及保证图书馆未来生存发展的必要资金来源。读者使用图书馆的图书和定期出版物必须是完全免费的，对所有类型的读者必须一视同仁，图书和定期出版物必须允许外借。数据显示，1898年，滨海省各县及农村地区的人民图书馆数量达到了35所，其中有21所是针对俄罗斯居民的图书馆，14所是针对其他民族的图书馆。1914年前夕，滨海省已经拥有42所独立的农村人民图书馆（非隶属于学校的人民图书馆）。这种独立的农村人民图书馆的馆藏文献数量通常为300~400册。在区分与地方自治局图书馆①（在1916年滨海省已经拥有110所地方自治局图书馆）之间的关系上，农村人民图书馆采用了“农村大众图书馆”或“农村社会图书馆”（即是指地方居民共用的）的称谓[41]。

这些人民图书馆从创办主体来看，可以分为以下四种类型：第一种是由官方机构和组织开办的人民图书馆，如人民戒酒慈善救济会和教区政府所创办的；第二种是地方自治管理机关建立的，其中包括地方自治局、村、屯协会；第三种是私人创办的各种教育协会和一些公民成立的文学艺术促进会建立的人民图书馆；最后一种是隶属于教会学校的人民图书馆，教区政府和由地方牧师自发组织的宗教团体参加了这类人民图书馆的创办。1910年阿穆尔州地区开始推广木屋阅览室。这类阅览室有别于普通的人民图书馆，这些图书馆在自己的馆藏中优先装配定期出版物。另外，地方自治局创办了博物馆—图书馆模式的图书馆①，这也是人民宫的一种简化形式。这类图书馆由图书馆和博物馆构成，通常收藏地方志文献资料、图片和雕塑，直观教学的教辅材料等。隶属于图书馆创办博物馆的思想是 Н.Ф.费多罗夫（1829—1903）提出的，他反对将图书馆建成博物馆的分部，他认为图书馆和博物馆应该在内涵与形式上建成一个无法拆分的整体。

1894年12月20日人民戒酒慈善救济会颁布条例促进各地人民戒酒慈善机构在农村地区开办农村图书馆。1897—1909年，人民戒酒慈善机构在滨海省农村地区开办了39所图书馆，这些图书馆在构建本馆馆藏时利用俄罗斯人民教育部颁布的免费图书馆—阅览室的图书推荐目录。向读者推荐这样一些出版物，例如：周刊《农村公报》，插图型军事月刊《兄弟的帮助》，韦林农民协会出版的《农民》周刊，军队教育委员会挑选的用于下层军官的杂志《骑士》，В.И.巴福塔洛夫斯基主编的插图周刊《友好的语言》，Э.С.鲍尔塔拉茨基的《俄罗斯历史日历》，1905年人民阅读常设委员会的出版物《在法国农民是如何独立的》，И.舒巴拉特的《建议农民更好布局农业生产的图书》，А.А.祖波利林1902年出版的《沃洛克拉姆县农民是如何改善自己的经济状况的》。

1905年，《滨海省地方自治局公报》上记载，滨海省地方自治局议会例会于1905年10月25日决议为隶属于各县议会为农村教师建设图书馆拨款投资[41]。

此外，一些贵族和社会上的知识分子、实业家也经常资助开办公共图书馆、

① 地方自治局图书馆一般可以理解为由地方自治局开办并且依靠地方自治局的资金供给的图书馆，1917年以前这类图书馆有这样一些类型：地方自治局公共图书馆（以两种形式存在：隶属于地方自治局议会的图书馆或者在县城的较大居民点拥有独立馆舍的图书馆，或是隶属于地方自治局中等专科学校的公共图书馆）；地方自治局人民图书馆（由农村社会组织、教育机构或私人资金开办的免费图书馆）；学校图书馆（服务于地方自治局中小学、中等专科学校和地方居民的图书馆）；地方自治局公务员图书馆（不是地方自治局工作人员的可以通过支付一定的费用获得图书使用权利，极少对公务员以外读者免费）；地方自治局儿童图书馆（一般来说，这类图书馆或是学校图书馆，或是地方自治局公共图书馆的儿童部）。

流动图书馆。例如，B.B.奥博列斯基男爵从1898年开始资助地方自治局图书馆的建设，1898年12月31日奥博列斯基男爵慈善事业的追随者、阿穆尔州第一份报纸的创办者A.B. 古米列夫斯基牧师，在远东铁路线上建立了第一个流动图书馆——书柜图书馆。在书柜图书馆开办的初期，一共拥有60部图书，并且编制了目录。1904年，哈巴罗夫斯克边疆省在贵族 H.E. 希维尔斯教授的支持下，按照俄罗斯著名出版家、教育家和学术艺术的庇护者Ф.Ф.巴甫连科的遗嘱开办了22所巴甫连科图书馆—阅览室。在他去世以后，遗嘱的执行人向哈巴罗夫斯克地方自治局写信提出以下建议：地方自治局寻找房舍、图书馆员及其他硬件，并向遗嘱执行人寄来50卢布，而遗嘱执行人反过来向村子寄送由巴甫连科出版社出版的100卢布的图书（向哈巴罗夫斯克边疆省的每所图书在统一的时间内寄送了500~900册图书）。1911年，哈巴罗夫斯克边疆省的每所巴甫连科图书馆平均拥有馆藏726册，读者86人，其中19%为成年人。到了1915年，每所图书馆每年接受10卢布的拨款[42]。巴甫连科的《直观字母》《百科全书字典》、世界各民族童话、传记图书馆、科普文献帮助农村居民成为会思考的人。而且这不是一次性的慈善活动，而是目的明确的教育计划。此外，在哈巴罗夫斯克边疆省可以找出许多积极倡导县城、农村图书馆建设和直接利用个人的资金创办学校图书馆、人民图书馆的公民及社会各阶层的代表，他们有贵族、商人、地主、各类知识分子、富农等。

（二）十月革命以后远东地区的农村图书馆状况

1920年以后，随着远东地区苏维埃政权的建立，图书馆建设工作经历了短暂的活跃和表面的繁荣之后，开始陷入困境。“战时共产主义”政策对远东地区文化事业是一次严峻考验。1921—1922年冬，大多数文化机构停止了国家拨款，州级和县级政治教育部门缩减了预算[43]。1922年秋，远东地区公共图书馆和乡村阅览室数量迅速下降，许多文化机构被关闭。随着苏维埃政权的建立，由于物质匮乏和意识形态的变化，不可能保留所有的旧图书馆网，只有极少数的图书馆能够获得国家物资的供应，并在一定程度上扩大自身的规模，确保工作人员的数量和图书装配。1922—1923年远东地区图书馆事业遇到了一系列问题，其中包括城市和农村图书馆的文献保障水平差距巨大的问题。随着“战时共产主义”政策的结束，图书馆馆藏装配工作发生了改变，农村图书馆由免费装配馆藏变为购买文献装配馆藏，大多数农村图书馆的物质装配和技术设备仍然匮乏，合格的图书馆员数量不多。

向新经济政策过渡阶段是发展和加强远东地区的苏联图书馆系统的一个重要里程碑。许多图书馆体系被整顿和扩大，依靠地方预算保留了图书馆网，并快速扩展了主干图书馆网，在组织和物质上得以壮大，和平的环境和新经济政策的成功实施促进了远东地区图书馆事业的稳定、发展。

这一阶段远东地区的图书馆网发生了较大的变化。1927—1928年，该地区有国家固定图书馆13个、工会图书馆158个、流动图书馆577个，1929—1930年该地区的图书馆数量分别为23个、177个和648个，其总藏书量为133.9万册。每座国家固定图书馆平均藏书2.4万册，城市的区图书馆藏书0.55万册，农村地区每个图书馆平均馆藏为300册[43]。藏书结构发生了根本的变化，从藏书结构上来看，社会政治和经济类藏书取代了小说的数量地位，占总藏书数量的1/2左右。读者的组成发生了改变，工人和农民读者数量大为增加。然而，1930—1933年，大众图书馆的总体发展状况不是很理想，大众图书馆网点数量和藏书没有明显增长，而且，一些地区的文化、教育机构网在缩减。

在这种条件下，1934年3月27日ЦИК СССР（苏联中央执行委员会）出台了《苏联图书馆事业》的决议，该决议具有直接指令地方领导机构的性质。决议最终确定了图书馆改革的主要战略目标——建立图书馆事业稳固的物质和技术基础，坚持主要通过国家拨款的原则。图书馆界的专家对这一决议的重要作用予以了肯定，在经济、文化、社会生活全面国有化的条件下，这是推进图书馆事业的唯一方法，脱离国家机构，图书馆根本不能生存。ЦИК СССР决议的实施使远东地区的图书馆工作有了明显的提升，尤其是1936—1940年，图书馆网、馆藏有了全面和明显的增长，馆藏装配得到了改善，图书馆数量开始增加。

统计数据显示，这一时期远东地区的图书馆网络和公共图书馆藏书数量高速增长。这种增长程度超过了РСФСР（俄罗斯苏维埃联邦社会主义共和国）的整体水平，尤其是基层（村、镇、国营农场、集体农庄）图书馆网数量急剧增加，工业迅速发展的地区乡镇学校图书馆网显著扩大。1934年，远东地区的图书馆普查结果表明，全区共有512所图书馆，其馆藏超过230万册图书，其中农村图书馆为179所，占远东地区图书馆总数的35%，但是，其馆藏量只占远东地区所有类型图书馆总馆藏量的10%。一般情况下，农村图书馆拥有藏书数量为200~800册图书。20世纪30年代下半期，每个州（边疆区）平均有200~400座图书馆，到1941年，远东地区图书馆网增长到1360所，农村图书馆达到476所，比20年代末的图书馆数量高出近3倍，农村图书馆总藏书量增加4倍以上[44]。但是各州、区之间的图书保障率不够均衡，经济和文化较为发达地区的农村图书馆藏书数量总体高于其他州，如滨海边疆区、哈巴罗夫斯克边疆区。

苏联卫国战争（第二次世界大战）使俄罗斯农村图书馆事业发生了深刻的变化，远东地区也发生了同样变化。战争给图书馆工作带来了极大的困难，农村图书馆藏书增长速度放缓，来自中央财政预算的入藏文献大幅减少，本地售书组织成为馆藏的主要来源渠道。为了给前方（苏联东欧战场）向远东地区疏散的设备和人员腾出房舍，农村图书馆的面积也随之缩减，图书馆工作人员的数量也大为减少。统计数据显示，战争期间远东地区公共图书馆数量减少了2倍。农村图书馆网也经历了巨大的变化，图书馆数量急剧缩减，比第二次世界大战前减少2.5倍[45]。第二次世界大战后的几年里，图书馆事业经历了巨大的财政危机，农村图书馆常常没有固定的房舍，通常设在村委会或俱乐部内，基础设备极为匮乏，旧的设备也严重损坏。

第二次世界大战结束后，隶属于苏联文化部的独立图书馆数量明显增加，与第二次世界大战前相比，大众图书馆网有所增长。1951年，远东地区的大众图书馆数量增加了近1.5倍，如雅库特、滨海边疆区都有明显增加，萨哈林图书馆网数量增长了近4.5倍。1947—1951年远东地区农村图书馆网显著扩大，在此期间增长了3倍。购书资金和图书馆建设资金大幅增加，其藏书总量增长了近7倍[46]。这一时期建立了农村俱乐部和农村图书馆网，工会图书馆网络也在扩大。然而，20世纪50年代初这些位于农村地区的图书馆物质和管理状况较差。20世纪50年代中期关闭了一批农村小型图书馆、农村各居住点的图书馆，并宣布其没有发展前景。

20世纪五六十年代扩大图书馆网是苏联图书馆事业主要战略方针，远东地区图书馆网增加了近2倍，哈巴罗夫斯克边疆区、阿穆尔州、堪察加和萨哈林地区图书馆网增加2~2.3倍，马加丹地区增加了3.5倍。20世纪50年代中后期，该区域的图书馆发展进程与俄罗斯整体一致，公共图书馆的总体数量减少明显。1957年，远东地区图书馆数量减少了10%，是历年减少比例最高的。截至1963年1月1日，远东地区公共图书馆总量为2406所，占西伯利亚和远东地区总量的19%，其馆藏总量为183万余册[46]。20世纪50年代，对于远东地区来讲，迫切需要解决的是其北部偏远地区的农村图书馆服务问题。北部地区农村居住点分散，图书馆距离区域中心遥远，交通非常困难，缺乏受过专业训练的图书馆员，来自于当地居民的图书馆员完全没有接受过专业培训，基础设施差，远东地区几乎一半的州、区面临这些困难。从数量上来看，到20世纪50年代中期，远东北部区域公共图书馆网与1941年相比，增加了近3倍，与1950年相比增长了近1.7倍，1955年，共有522所图书馆，其中75%位于农村地区[46]。然而，自20世纪50年代末开始，尽管这一地区人口增长迅速，但农村图书馆网几乎没有扩大。第二次世界大战后的几年里，北方少数民族居住区的图书馆服务领域出现了一系列严重的问题，主要是意识形态与少数民族的民族信仰的矛盾问题，这些问题在第二次世界大战后的许多年里没有得到解决，并导致严重的社会问题。50年代后期，远东地区各边疆区、州农村图书馆网建设得到加强。各州（边疆区）农村图书馆的登记读者越来越多，并且其组成也发生了明显的变化：农村地区的专家型读者成为新的主流读者群。如果20世纪40年代末开始首次尝试对农村专家读者实施差异化服务，那么50年代中期，开始实施分领域服务体系。

第二次世界大战后的几年里，俄罗斯远东地区极为重视发展培养图书馆人才教育机构网，农村图书馆也因这些图书馆人才教育机构而获益。1945年，在雅库茨克和萨列哈尔德开办了培养少数民族人才的文化教育学校，学校设有图书馆学部。1946年在哈巴罗夫斯克边疆区（比罗比詹，现为犹太自治州首府）开办了文化教育中等专业学校，每年培养70名图书馆专业毕业生[47]，这些毕业生的一部分被分配到远东地区的基层图书馆和农村图书馆工作，为提高农村地区图书馆服务水平起到了积极的作用。

尽管建立了中等专业教育网，远东地区的图书馆人才还是严重短缺，尤其是新成立的远东各州的农村地区，如堪察加、萨哈林、马加丹州。为了继续扩大远东地区培养图书馆人才的规模，开始发展图书馆专业函授和夜校教育，在哈巴罗夫斯克市开办了列宁格勒国立文化学院（ЛГИЛ）教学咨询点。1960年在西伯利亚和远东地区成立了培养图书馆人才的高等教育机构——西伯利亚国立文化学院。20世纪50年代末，农村图书馆工作人员的结构明显变化。1958年，俄罗斯远东地区88.6%的农村图书馆馆员具有中等和高等教育学历——而且很大一部分是图书馆专业毕业生[47]。

第二次世界大战后直到20世纪60年代初，远东地区图书馆建设有了极大的进步，图书馆网和藏书不断增长，读者数量和文献流通量不断增加，形成了有利于图书馆资源开发和利用的新环境。然而，不能说这个时期的图书馆系统已经能够完全满足居民日益增长的图书需求，远东地区的科学、生产人才数量的增长和层次提高的需要，与图书馆服务的落后的矛盾日趋尖锐。20世纪七八十年代初，远东地区的显著特点是人口增长迅速，其增长幅度超过10%[48]。这一时期由于远东地区新经济领域的发展，不仅远东地区当地人口生育明显增加，而且随着贝加尔—阿穆尔公路的建设，涌入大量移民，农村人口和居住点的数量急剧增加，农村图书馆事业的发展，没有跟上快速增长的区域发展速度。

这一时期，国家所采取的一系列推动图书馆事业发展的措施对远东地区图书馆事业发展起到了突出的作用。ЦК КПСС（苏联共产党中央委员会）1977年颁布的《关于加强图书馆在劳动人民共产主义教育和科技进步中的作用》决议是农村图书馆事业发展的助推器。该决议确定了对图书馆实施建立集中管理制度（集中图书馆系统）的重大决定。在该项决议的推动下，20世纪70年代，远东地区农村图书馆网络增长率明显提高，1971—1976年，增长超过了1/3，适应了该地区农村人口增长的节奏[48]。

20世纪七八十年代初，图书馆集中化机制使农村图书馆居民服务体系发生了根本性的变化。在集中化原则的基础上大规模的农村图书馆结构调整于1981年前全部完成。该地区建成了123个集中图书馆系统（ЦБС），这些集中图书馆系统联合了2000余座公共图书馆，其中包括1500余座农村图书馆[48]。创建大型集中图书管系统代替分散的小型图书馆在当时是一项重大的举措，并取得了较大的成就。当然，远东地区图书馆集中化有其优点，也有缺陷。集中化在农村居民图书馆服务中显示了巨大的优势，但还远没有解决与之有关的实质性问题：物质设备问题、运输问题、人员问题。在远东地区地域辽阔且偏远的特殊条件下，集中化并不总是能促进和改善图书馆居民服务，为农村图书馆稳定和发展创造条件，特别是在农村地区，加强农村地区人力资源保障，防止农村图书馆人员流向城市或其他地区是农村图书馆工作非常重要的内容，这要求行政部门在决定取消所谓“没有前景”的居民点图书馆时要十分慎重，避免农村图书馆人才因此而流失，这一问题在集中化刚一实施时就被预见到了。按居住点规模保留农村图书馆（或其分支机构）是远东地区根据自身的区域特点组织建立集中图书馆系统的基本原则，在居住点分散、人口少的偏远地区，以若干居住点人口总数为基准来设立农村图书馆这一补充规定则对于稳定远东地区农村图书馆网产生了重要作用。

20世纪80年代初，远东地区农村图书馆出现了居民文献保障率降低的趋势，读者的增长速度放缓，馆藏结构和馆藏利用不佳。这是由于藏书质量和国家图书馆系统管理状况恶化，也是因为文献信息渠道再分配不畅通的影响。农村图书馆的物质设施基础依然薄弱，图书馆人力资源和图书馆专家保障水平低下。图书馆作为意识形态机构，作为施加政治影响的工具无法提高图书馆和图书馆员的地位。20世纪80年代下半期，是苏联社会生活和社会经济生活转型的开端，这一时期远东地区的农村图书馆网的组织和构建遵循苏联统一的行政、行业原则。1986年1月1日远东地区图书馆的总数为3521所，10年间（1976—1985年），其数量增加了近3.5%。PCΦCP文化部所属的公共图书馆网同期占62.9%，在文化部公共图书馆网中农村图书馆占73.5%，10年间其数量增加了12%，而且全区各州、边疆区、共和国的增长水平均衡。这一时期远东地区每1万名农村居民拥有6所图书馆（共和国为8所）[48]。尽管如此，远东地区的图书馆保障率仍没有达到各加盟共和国的相应水平，虽然在与《公共图书馆建设的统一规范》衡量对照的基础上，图书馆网在所在地区是处于饱和状态的，但由于远东地区面积较大，交通不够发达，尤其是远东的北方地区农村居民的社会文化机构（图书馆）的享有率偏低。人口密度低的农业经济区居民图书馆覆盖率相对较低，如雅库特农业经济区的图书馆覆盖率为该区总人口的62%，而人口集中区的覆盖率超过70%[48]，如哈巴罗夫斯克边疆区。很明显，由于人口密度低、居住点分散，远东地区不适合苏联社会文化机构的“人口规模标准”，远东地区必须对这种图书馆的建设原则和标准进行修订执行，针对不同地理区域实施图书馆配置的差异性“人口标准”。

西伯利亚和远东地区图书馆资源保障综合评价指标水平较高的是托姆斯克和新西伯利亚地区，雅库特处于中等水平，滨海边疆区、堪察加和萨哈林州相对较低。特别是对于农村地区居民文化机构密度较低的地理区域内，大众图书馆享有率较低，远东地区较之俄罗斯的欧洲部分，其图书馆密集性要低得多。考虑俄罗斯远东地区面积较大，人口稀少，苏维埃俄罗斯联邦文化部在第十个和第十一个五年计划为远东地区划拨了俄罗斯各州区农村图书馆平均人口标准的41.5%的图书馆配置率[48]。1978—1983年，在远东地区开始实施这一行政指令。

20世纪80年代前半期，远东地区新建150余所图书馆，新建或改建70余处图书馆建筑，向这里派遣了4000多名图书馆员，划拨了33万册图书[49]。这一时期，虽然远东地区人口和专业人才增长主要发生在城市居住区，但大多数新开的图书馆建在农村地区。然而，新建的图书馆配置不总是很合理，往往在比较容易开办的地方开设图书馆，而不是在特别需要的地方。远东地区与俄罗斯欧洲部分相比，图书馆资源发展水平较低，因此不仅要克服数量不足的问题，而且需要制定有助于图书馆服务质量提高的战略。远东地区不同区域的经济、文化发展水平和发展速度差异较大（不同类型的乡镇居住区，极为分散的农村居住点，新的农业垦区，少数民族区（尤其是极北方的民族）），所以要针对区域发展特征形成本地区专门的图书馆资源发展和配置的理念。

远东农村地区的典型特点是大部分农村居住点极为分散，交通工具没有充分发展，通信落后。因此，农村区采用图书馆系统优化的策略——把农村图书馆作为国家基层公共图书馆，在МБА（馆际互借）的基础上，在现代技术设备支持下科学配置使用图书馆资源。这一时期，俄罗斯远东地区特别重视加快农村地区的图书馆建设和改善图书馆服务，为农村图书馆事业发展和完善创造条件。保留各区极为分散的居住点和交通不发达的村的图书馆是加强农村图书馆（或其分支机构）建设的必要举措。这一时期，远东地区着重采取了稳定农村地区图书馆人才的措施，防止他们流失到城市或其他地区，对取消那些所谓的没有发展前景的农村居住点图书馆时十分慎重，典型的例子，如堪察加，甚至保留了最偏远和最小村子的图书馆。

20世纪80年代末，在俄罗斯远东新型农业地区组织图书馆服务的任务是特别迫切和重要的。这里所创建的图书馆网需要侧重于面向每个具体区域的经济和文化的长期发展，需要注意解决新的农业开发区的工作和生活的特点与其图书馆系统的落后性的矛盾。要考虑农村居民不断增长的、多元化的、与过去活动性质和生活方式具有明显区别的新的需求。使用流动图书馆服务形式的同时，还努力使用适应典型的远东北方地区的邮政系统的服务组织方法，需要不断发展具有前瞻性、稳定性和灵活性的图书馆服务系统。

远东少数民族地区原住民的图书馆服务工作更为重要。需要具体详细地研究分析居民的民族构成、传统、职业、生活方式的细节。远东地区原住民的图书馆服务系统建立在区中心图书馆和ЦБС（集中图书馆系统）农村分馆的基础上，针对少数民族居民的图书馆服务需要增加流动图书运输工具和加强物质技术设备。针对少数民族的流动图书馆服务形式被广泛使用，并有进一步发展的趋势。掌握多种民族语言，并能够用这些语言从事文献工作的人才对促进远东地区少数民族图书馆工作，及加强他们对图书的利用具有重要意义。

20世纪90年代初，远东地区农村图书馆网只求数量不求质量的增长结束。1996年1月1日远东地区公共图书馆的数量下降到2801所（是1991年的88.6%），其中大众图书馆减少到2231所（是1991年的99.5%），农村图书馆数量下降到1475所，是1991年的82.5%。1986—1996年，公共图书馆网的数量总体减少了约15%，其藏书总量减少了近9%[50]。自1991年以来，阿穆尔州、布里亚特的藏书不断减少，这种现象的产生主要是由于财政预算减少、馆藏装配减少、文献老化和复本下架。萨哈共和国（雅库特）、滨海边疆区、萨哈林地区的藏书略有增加。总体上，大多数州、区、共和国馆藏保持了远东地区的平均水平。

20世纪90年代中期以后，俄罗斯农村图书馆的文献保障率有所增长，1996年每位读者17.3册[50]。远东地区的大部分州、边疆区居民文献保障率达到了全俄的平均水平，某些地区甚至超出了2~4册，如萨哈（雅库特）、马加丹州和犹太自治州。统计材料显示，1986—1996年远东地区农村图书馆馆藏数量总体缩减，这一时期馆藏减少了10%左右。20世纪90年代中期远东地区的农村图书馆文献流通量明显下降，1996年1月1日，文献流通量不到200万册（是1986年1月1日的75%），尤其是滨海边疆区、哈巴罗夫斯克州、阿穆尔州文献流通量下降显著（下降20%~25%）。这一时期，远东地区的公共图书馆读者阅读率和馆藏流通率低于全国水平（分别为22.1和1.27）[50]。阿穆尔地区的读者阅读率和馆藏流通率低于区域平均水平，滨海边疆区和萨哈林地区、楚科奇自治州最高。然而，这不能证实馆藏流通率高于平均水平的州，馆藏被充分利用，馆藏流通率直接取决于读者阅读率和馆藏保障，文献保障率较低的州，其文献流通率通常较高。文献保障率最高的地区，如滨海边疆区、阿穆尔州、马加丹州，其文献流通率相对较小。因此，文献流通率不能作为图书馆馆藏装配质量的客观指标，而应该综合研究文献保障率和读者阅读率。

俄罗斯联邦文化部的统计数据中显示，1996年俄罗斯农村图书馆服务的居民覆盖率的平均水平为36.4%，远东地区农村图书馆覆盖率为从22%~24%（萨哈共和国）到55%~69%（楚科奇州、马加丹州）。平均而言，远东地区高于全国平均指标，达到了45%[51]。应该指出，20世纪90年代初，图书馆的运行情况大为改变，读者阅读性质和文献信息流结构发生了变化，信息需求者的组成和结构发生了改变。社会和经济生活中的诸多变化使农村图书馆的建设和治理方式也发生了前所未有的改变。90年代俄罗斯政治生活和社会生活出现的急剧变革深刻影响到了出版和图书发行领域，图书出版、图书贸易权利的下放和国家垄断的废除，使图书流处于某种难以控制的状态。而且由于通货膨胀印刷产品价格无限增长，无形之中将农村图书馆置于比前些年更为复杂的状态。尽管如此，从农村图书馆数量的变化情况来看，这一时期俄罗斯远东地区的农村图书馆数量逐步趋于稳定，农村图书馆的功能更为多元化（详见第三章）。

第三节　俄罗斯远东与我国东北地区农村图书馆历史的比较分析

一、宗教组织在俄罗斯远东和我国东北地区农村图书馆早期建设中的作用比较

从农村图书馆早期建设的主体来看，俄罗斯远东和我国东北农村地区最早让农村居民接触图书的都是宗教组织或宗教人士。19世纪中后期，俄罗斯远东地区农村图书馆的最早建设者是东正教教会，教会在远东地区相对较大的城市如哈巴罗夫斯克市、符拉迪沃斯托克市建立了郊区图书馆，在一些小镇建立了藏书数量相对较多的教堂图书馆，在农村居住点建立了礼拜堂图书馆，虽然这些图书馆在现在来看规模很小，礼拜堂图书馆一般有藏书几十册，教堂图书馆一般有藏书200~300册不等，但对于19世纪的俄罗斯远东地区来说，已经极大地丰富了农民的文化生活。我国东北地区19世纪中后期，随着清政府对东北“龙兴之地”解禁政策的实施，关内的移民数量不断增多，东北地区农村人口开始猛增。但这一时期东北农村地区还没有相应的公共文化活动和公共文化服务设施。这一时期东北地区的道教相对兴盛，在县城、大的镇和一些村有道观或道庙。以黑龙江省宾县为例，1877—1909年全境共有宫、观18处，1928年全县共有道教信徒1635人，1938年则达到33680人，占总人口的13.2%[52]。这些道教的修道场所通常会有一些道家典籍，有的道士也会为农村居民或教众传法讲道，道教信徒也可以翻阅道观里的图书，但由于道观里的图书数量极少，通常为几部或十几部不等，而且都是道家藏书，农村信众看不懂，主要由道士讲道传法。19世纪后期到1949年以前，东北地区的基督教、伊斯兰教和佛教开始兴盛起来，尤其是外国和中国本土的基督教传教士在东北的农村地区的布道活动较为频繁，他们在较大的城市建立了众多的教堂，尤其是在哈尔滨、沈阳、大连等地建立的教堂数量最多，在一些县城和大的镇建立了礼拜堂，基督教的传教士在我国东北地区延续了自己的传统，在一些较大的教堂里设有藏书室，典藏一些宗教类读物和世俗类图书，供信众使用。20世纪初到20世纪30年代以前哈尔滨地区的西方人较多，尤其是俄罗斯人的数量最多，占到哈尔滨当时总人口的1/2左右，所以许多大教堂的藏书室多为俄文宗教类图书[53]。根据东北各地的县志记载，基督教传教士经常到农村

地区去传教布道，在农村乡镇设立礼拜堂，他们传教时会手持圣经为农民讲道，有时也会向农民借阅一些世俗类图书或讲解一些医疗卫生知识。1949年建国以后，东北的道教、佛教、基督教开始萎缩，一些道士、僧人逐步还俗，农村的信众也随之减少，由宗教人士所引领的农村阅读活动也随之消失[54]。总体来看，19世纪中期至20世纪初俄罗斯远东地区宗教组织对农村图书馆事业的影响较大，在物质投入和人力资源保障方面对远东地区农村图书馆活动给予了重要的支持，使农村社会在缺少政府和社会的关注时期，较早地接受了文化的洗礼。而同一时期，我国东北农村地区还处于较为原始的农耕时代，农民在本村没有条件接受任何形式的公共文化服务。东北地区的宗教团体和组织在农村地区设立图书室或文化活动场所的情况极少。

二、俄罗斯远东与我国东北地区政府、社会对农村图书馆建设情况的比较

从农村图书馆世俗社会的建设主体来看，俄罗斯远东地区与我国东北地区的差异也较大。从我国东北地区来看，县及县以下农村地区的图书馆、图书室建设主要是由政府投资兴办，社会资本参与较少，私人建立的农村私家图书馆也较为罕见。俄罗斯远东地区农村图书馆建设，除了政府发挥了较大的作用，社会组织、团体对农村图书馆的资金投入和物质支持也起到了决定性的作用。清朝末年到民国时期，从中俄两地区农村图书馆网建设主体的作用和效果来看差异也较大。俄罗斯远东地区在19世纪八九十年代，就已经大规模建设大众图书馆和人民图书馆。而我国东北地区在19世纪末，除了哈尔滨俄罗斯侨民建立的公共图书馆之外还没有一所公共图书馆。东北地区清政权下最早的华人群众文化机构始设立于光绪三十一年（1905年），当时称作“宣讲所”，第一个宣讲所是盛京将军赵尔巽饬学务处创办的，自盛京创办宣讲所后，1905年起东北地区的各县、乡才开始设立“宣讲所”[55]。一些宣讲所设有阅报处、简易识字学塾，宣讲所阅报处可以算做是我国东北地区县乡最早的公共阅览室。宣统三年（1911年）辛亥革命后，民国政府将宣讲所改为通俗讲演会（也称讲演所）。民国八年（1919年）随着“五四”新文化运动的发展，东北地区许多地方开始兴办民众教育馆，民众教育馆通常下设图书阅览所或阅览部，但民众教育馆一般只在县城设立，乡村地区不设立这样的文化教育机构。民国时期东北地区的县城基本都设立了县图书馆，但没有在农村地区设置专门农村图书馆的举措。俄罗斯远东地区和我国东

北地区农村图书馆建设主体的建设理念也明显不同。虽然我国东北地区建国以后，尤其建国初期、1958年前后和1985年前后，农村图书馆（室）在国家政策的要求下，其建设数量规模有了明显的增长。但与俄罗斯远东地区农村图书馆建设不同的是，我国东北地区农村图书馆（室）建设缺少延续性，根据笔者查阅的东北各县市地方志资料显示，1958年农村图书馆建设到了一个高峰期，之后一直呈缩减态势，到了“文化大革命”时期，全部农村图书馆（室）、文化站都被关闭，藏书和设备在混乱之中几乎全部散失[54-56]。从1966年开始直至1980年东北农村地区没有一家农村图书馆（室）正常发挥功能。20世纪80年代上半期，农村图书室建设又从零开始，到80年代中期，农村图书馆建设形成了第二个高峰期，此后又日益萎缩。而俄罗斯远东地区农村图书馆建设的明显特征就是具有延续性。从19世纪末的沙俄时期远东地区农村图书馆奠定了初步的网络基础，1917年十月革命后，这些图书馆网没有遭到破坏，1920年苏维埃远东政权成立以后，政府在对旧的农村图书馆的藏书结构加以改造之后，仍然沿用沙俄时期的农村图书馆网络。即使在第二次世界大战中，远东地区农村图书馆网虽然有所萎缩，但许多有条件的图书馆仍然坚持开馆。1991年苏联解体以后，远东地区的农村图书馆也没有因此产生大的变化，在对藏书结构及农村图书馆的功能进行了调整之后，仍然使用旧有的农村图书馆网络。

三、俄罗斯远东与我国东北地区农村图书馆网发展状况的比较分析

从俄罗斯远东与我国东北农村图书馆事业及网络的发展态势来看，两地区差异较大。从数量及藏书规模上来看，如前面所述，19世纪末20世纪初俄罗斯远东农村地区的图书馆网已经初具规模，而我国东北这一时期农村地区仍然还没有专门的农村图书馆，但在县城和较大的镇设立了民众教育、讲习机构，如宣讲所、通俗教育所、劝学所等，这些机构有的设立了书报阅览处，详见表1-6。

表1-6　清末东北各地设有书报阅览处的教育讲习机构一览表[52, 54-67]

辽宁省		吉林省		黑龙江省	
名称	设立时间	名称	设立时间	名称	设立时间
开原县阅报宣讲所	1906	伊通州宣讲所	1906	阿城宣讲堂	1907
安东县宣讲阅报所	1907	通化民众教育馆	1910	巴彦县教育讲演所	1908
铁岭县西宣讲所	1909	西安县通俗讲演所	1910	兰西县劝学所	1908

续表

辽宁省		吉林省		黑龙江省	
名称	设立时间	名称	设立时间	名称	设立时间
凤城县宣讲所	1909	辉南直隶劝学所	1910	宾县书报纵览所	1909
营口县第一宣讲所	1910	永吉民众教育馆	1914	绥化宣讲所	1909
锦州东南西北宣讲所四处	1910	梨树县教育公所	1915	依兰宣讲所	1910
营口县第三宣讲所	1910			龙江县民众教育馆	1910
岫岩县宣讲所	1910			泰来民众教育馆	1912

19世纪90年代在俄罗斯远东地区的公共图书馆不仅在城市迅速出现，而且也开始在农村地区产生。这一时期，阿穆尔河沿岸的城市和农村已经有几十座图书馆：尼古拉耶夫斯克市6座或7座，哈巴罗夫斯克市13座，布拉戈维申斯克市及其周边地区23座。1901—1920年，远东地区教育工作者协会在农村地区开办了近100所农村图书馆。这些图书馆通常规模比较小，收藏几百册书籍，一般由农村教师、牧师、县办事员管理。而我国东北地区县城创办图书馆始于20世纪初的清代末期。清光绪二十三年（1897年），清政府奉天提学司图书科提出在各县设立图书馆[55]。但东北最早的县图书馆始建于1908年，即光绪三十四年（1908年）在绥芬厅（今宁安县）的同知李达春在衙内设立的藏书楼，该藏书楼书库60平方米，阅览室30平方米。之后，1909年滨州（今宾县）知府创办“书报纵览所”[56]。辛亥革命以后东北地区县图书馆开始增多，“九一八”事变前在辽宁省境内已经有县立图书馆27所，吉林省26所，黑龙江省23所[54-56]。但这一时期东北乡村地区仍然没有建立正式的图书馆网，这一方面与俄罗斯远东地区有着明显的差距。

20世纪50年代起，我国东北地区开始着手建立农村文化室或农村图书室，这一时期东北农村地区才有了有史以来东北地区的第一批专门的农村图书室。这些农村图书室是在新华书店的支持与辅导下建立起来的，各地农村图书室的藏书主要由新华书店划拨的通俗读物构成。1951—1952年，在东北人民政府文化部的支持下，农村图书室发展得很快，但由于没有持续的购书经费，到1952年大部分农村图书室都停办或撤销了。1958年以后，东北农村地区又建立了不少图书室，以辽宁省为例，1965年年末全省共有农村文化室21341个，但只有少数图书室办得较好，大部分图书室在文革开始后停办[55]。文革时期东北农村地区也建立了一批图书室，1976年以后这些图书室大部分被撤销了。十一届三中全会后，东北地区各县图书馆开始恢复工作，农村地区又开始普遍发展图书馆网。这一时期，县图书馆与乡村图书馆的关系是业务辅导关系，乡村图书馆通过县图书馆向市和省图书馆进行馆际互借。1983年农村体制改为乡村两级，原来由生产队兴办的文化室全部解体。与我国东北地区农村图书馆建设的大起大落、一波三折的状况恰恰相反，俄罗斯远东地区在20世纪30年代以后就形成了比较成熟的农村图书馆网，农村图书馆网络一直延续至今，在80余年的发展过程中其数量相对稳定，其变化也主要体现在管理方式和农村图书馆功能方面。

四、俄罗斯远东与我国东北地区农村图书馆管理方式的对比分析

19世纪末至20世纪80年代，俄罗斯远东与我国东北地区农村图书馆的管理方式存在着较大的差异。俄罗斯远东地区农村图书馆从产生之初就重视图书馆管理工作。首先从宏观上来看，远东地区早期的教会图书馆就是体系完备的图书馆系统，该系统采用松散的三级管理形式：在较大的城市中有教区图书馆，在镇和小城中有教堂图书馆，在村子中有礼拜堂图书室。而我国东北地区早期可以提供图书阅读的宗教场所并没有图书室和图书馆的概念，仅是将宗教场所的读物提供给信众阅览。从世俗社会来看，俄罗斯远东地区无论是政府还是社会组织对农村图书馆的建设都形成了一定的管理模式和发展机制。如俄罗斯皇家自由经济协会扫盲委员会和人民戒酒慈善救济会对人民图书馆建设就是本着先从首都圣彼得堡开始发展建设农村人民图书馆系统，冉由各地的人民戒酒慈善救济分会分别在当地按照圣彼得堡的模式开展当地的人民图书馆建设。而且这一时期沙俄政府还出台了相关的法规对农村图书馆建设进行管理和约束，如1890年发布的《人民免费阅览室条例及其监督方法》。社会组织、团体与政府在农村图书馆建设领域的协作也是俄罗斯早期农村图书馆建设和管理的一大特征，如俄罗斯皇家自由经济协会扫盲委员会与各地方自治局协作建馆，其协作方式是由自由经济协会扫盲委员会出资装配图书馆馆藏，地方自治局提供馆舍和保障图书馆正常运转的其他资金。而我国东北地区从19世纪末期到清政权结束之前，政府还没有形成系统建设农村图书馆甚至是县图书馆的理念，清代末期设置的宣讲所其主要功能也不是图书阅览，仅有少部分宣讲所设有图书室。1949年以后，我国东北地区农村图书室的建设方式与俄罗斯远东地区较为相似，政府在农村图书馆的宏观管理方面

起主导作用。另外，东北地区这一时期农村图书室建设在一定程度上也受当时苏联模式的影响，即在各村设立文化室，文化室会提供图书阅览的功能，俄罗斯远东地区在苏维埃政权建立之后每个村庄都设有文化宫，许多文化宫内设有图书室或图书馆，当然还有很多村庄的图书馆是独立于文化宫的。建国以后，我国东北地区农村图书馆的建设开始通过各类法规的下达得以实施。如建国后第一个影响东北农村图书室建设的法规就是1950年东北人民政府颁布的《东北区文化网组织工作纲要试行条例》，此后，1953年东北行政委员会文化局又制定了《东北区文化馆、站、俱乐部暂行条例》，要求文化站、文化室或俱乐部要设立图书室。由此，东北农村地区开始了有史以来第一次系统的农村公共文化服务体系的建设。但建国以后东北地区农村图书馆建设和管理与俄罗斯远东地区相比宏观上缺乏连续性，处于"建设—毁坏—建设—毁坏"的低效率恶性循环的怪圈中，前面已经述及这一问题，此处不重谈。从农村图书馆微观管理方面来看，我国东北地区农村图书馆微观管理理念与俄罗斯远东地区具有较大的差距。我国东北地区农村文化室或图书馆有重建设轻管理的缺陷，无论是清代时期的宣讲所，还是民国时期的民众教育馆，或是1949年以后的农村图书室都极少配备专门的图书馆员针对农村居民开展图书馆服务。19世纪末期开始，俄罗斯远东地区则无论是农村教堂图书馆还是世俗社会的大众图书馆或人民图书馆，教会、政府、社会都会努力为图书馆配备专职的图书管理人员，这一传统一直延续到现在。而我国东北地区直到今天还没有对农村图书馆（农家书屋）的专门管理和服务人员配置问题给予应有的重视。

五、俄罗斯远东与我国东北地区农村图书馆馆藏建设及读者服务情况的对比分析

俄罗斯远东与我国东北地区农村图书馆馆藏建设及读者服务情况也存在明显的差别。通过俄罗斯远东和我国东北地区农村图书馆建设的历史资料来看，无论是宗教团体还是世俗社会建立的农村图书馆都存在着馆藏建设经费不足的问题。但与我国清代末期东北政府和社会相比较而言，俄罗斯远东地区教会组织为农村图书馆的馆藏建设和读者服务做出了巨大贡献，如1905年，牧师们从总书库和分库获得了价值9645卢布的78078册图书，在书库存在的7年时间里一共获得了价值75410卢布的548355册图书。1898年，在布拉戈维申斯克教区神职人员代表大会的基础上产生了县图书馆以后，为了弥补县图书馆馆藏建设资金不足，教

区大会决议从僧侣的总资金中拨款分配给教区图书馆和县图书馆。我国东北地区的宗教组织远不如俄罗斯远东地区教会的组织庞大、资金雄厚，道教、伊斯兰教、基督教在农村地区的堂所图书数量有限，一般仅有几部图书，就藏书规模上来说还难以称得上是图书馆或图书室，所以其对农村居民和信众的文化价值是有限的。从宗教组织对农村居民的图书服务方面来看，我国东北地区的宗教组织或政府远不如俄罗斯远东地区的组织力度大。俄罗斯远东地区教会不但在资金上对农村图书馆馆藏建设予以支持，而且还委派或由神职人员自愿担任教堂图书馆的管理人员开展对农村教众的图书服务。从俄罗斯农村教堂图书馆馆藏图书的构成上来看，教会建立农村图书馆的目的不仅是为宗教服务，而且也重视向信徒和农村居民传播世俗文化。除了哈尔滨，我国东北地区在1908年以前没有面向公众的公共图书馆，各县宣讲所有少部分设立书报阅览室，但书报览室并不是宣讲所的主要业务，而且藏书极少，多则几百册，少则几十册。民国以后，东北地区逐步建立起来的县级图书馆系统的藏书和读者服务工作与俄罗斯远东地区相比也存在着较大差距。根据黑龙江省地方志记载，民国时期县图书馆多数是租用民房三四间，藏书除四五种报纸外，图书不过千册，由于经费困难和战乱影响，图书馆时开时闭。辽宁省地方志记载，“九一八”事变前，辽宁省全境共有县级图书馆27所，县政府拨付少量经费，有的因经费不足而停顿或撤销，各馆的房舍数间，藏书一般为几千册，少则几百册。每日来馆阅读的读者多则几十人，少则只有三五人[54]。“九一八”事变以后，伪满洲国接管县图书馆，藏书损毁严重。黑龙江省巴彦县县志记载，民国四年（1915），巴彦县图书馆藏书330种，2218册，每日阅读人数30人次，1931年以后，因日伪政权实行奴化教育，封锁进步书刊，图书馆藏书减少到66种[57]。从农村图书馆服务的角度来看，俄罗斯远东地区的服务理念更强，这主要表现在：一是教会组织或世俗社会的团体和个人志愿到农村图书馆担任图书馆服务人员，来引导农村居民阅读，为那些有阅读习惯的农民提供良好的人文服务环境；二是政府重视农村图书馆的读者服务，无论是沙俄政府还是苏维埃政权都为大部分农村图书馆提供专职图书管理员。我国东北地区除了县级图书馆配有专职的馆员，即使在建国以后，乡镇图书馆（文化室）或农村图书馆（室）绝大部分都没有配备专职的图书馆管理员。图书馆员在农村图书馆的缺席，明显影响了农村读者对农村图书馆藏书的利用积极性，导致了我国东北地区农村图书馆的利用率很低。

第四节　结论与对策

通过对俄罗斯远东和我国东北地区农村图书馆建设的历史进行追溯和对比分析，总体来看，我国东北地区县城图书馆产生的时间比远东地区要晚近半个世纪，农村图书馆的产生时间则比俄罗斯远东地区晚近一个世纪。但通过上述资料分析，可以清楚地看到，我国东北地区与俄罗斯远东地区农村图书馆建设的差别不在于时间早晚，而是社会各阶层对待农村图书馆的价值认识及建设理念的差异。我国东北地区早期农村图书馆建设源自于政府层面的单方面认识，缺乏广泛的社会基础，而俄罗斯远东地区农村图书馆建设源于农村民众的需求和社会对农村地区的文化关怀。尤其是农村教堂图书馆体系的建立完全是基于对（农村）人的精神关怀开展的，每一位参与农村图书馆建设和管理的宗教人士，都是从自身“关心人”的内在精神需求投入到农村图书馆建设事业和管理工作的。另外，俄罗斯远东政府开展农村图书馆建设也是建立在社会民众广泛呼吁的基础上的。所以，可以得出这样一个结论，俄罗斯远东地区农村图书馆建设有真实的、已经表现出来的社会的基础。而我国东北地区早期的农村图书馆是政府认为“需要建设”的产物，农村社会和民众对图书馆的需求并没有得到直接、真实的表达，或者说我国东北地区农村居民在图书馆建设和使用中是被动的。

通过前文的资料和数据分析证明，我国东北地区早期（19世纪末至20世纪初）对最底层的农村图书馆建设的关注度不足，很少在村庄建立农民阅读场所，这一时期东北地区县及县以下的农村地区没有形成图书馆网络。这一点与俄罗斯远东地区的农村图书馆建设形成了鲜明的对比，同一时期，俄罗斯远东农村地区已经形成了覆盖面较广的农村教堂图书馆系统、地方自治局和人民图书馆系统。这一时期，俄罗斯远东与我国东北地区农村图书馆建设产生这样大差异的主要原因是我国东北地区政府和社会对农村文化发展关注不够。全社会的共识是农村图书馆存在和发展的基础，从俄罗斯农村图书馆建设和发展的历史来看，俄罗斯农村图书馆发展到今天，主要依赖于社会各阶层对农村图书馆建设的共同认识。俄罗斯农村图书馆系统及其服务机制在社会精英阶层和政府的引导下产生、发展，今天，图书馆已经成为俄罗斯农村生活不可或缺的部分。笔者认为，政府管理层对农村图书馆建设的关注、社会精英阶层和团体的扶持、农村社会对图书馆的内在需求决定了农村图书馆事业的可持续性。

通过对俄罗斯远东和我国东北农村地区农村图书馆建设的特点进行分析，我们不难发现，俄罗斯远东与我国东北地区农村图书馆建设相比较而言更具历史延续性。纵观俄罗斯农村图书馆发展史，从18世纪末至今，俄罗斯经历了多次大规模战争和重大历史变革，但期间农村图书馆建设从未中断。这种农村图书馆建设的历史延续保证了经验的积累，使图书馆与农村社会形成了不可分割的血肉联系。虽然在1949年建国以后，我国东北地区农村图书馆的数量和规模有了极为显著的增长，国家和政府对农村图书馆建设比以前的任何一个历史时期都更为关注，但其特点是“激情式”建设，这种建设模式在20世纪50年代初期、50年代末和80年代初都反复出现过，但其结果都是高调建设之后，这些农村图书室很快被社会和大众遗忘，或停办，或被撤销，只有较少的图书室发挥了应有的功能。笔者认为，农村图书馆建设只有通过长期的建设和管理经验的积累才能不断成熟、完善起来。农村图书馆持续建设和发展是其发挥社会、文化功能的基础，农村居民也只有在农村图书馆（室）长期存在并正常发挥功能的基础上，才能逐渐培育良好的阅读习惯，形成阅读文化。

通过俄罗斯远东与我国东北地区的对比研究，我们发现历史上我国东北地区农村图书馆微观管理环节比较薄弱。通过俄罗斯远东地区农村图书馆的日常管理情况来看，农村教堂图书馆通常由牧师或其他神职人员从事管理工作，他们主动引导农村教民或非教民从事宗教或世俗图书的阅读活动。世俗社会的人民图书馆和地方自治局图书馆也有教会人员或政府委派人员进行日常管理。从历史资料来看，无论是清朝末年、民国时期，还是建国以后，我国东北地区农村图书馆的日常管理工作相对粗糙，甚至大部分农村图书室没有专人管理。另外，笔者认为，历史上我国东北地区农村图书馆难以持续建设、发展的一个主要原因是社会及民众对农村图书馆建设的诉求不充分，产生这一现象的原因主要有三点：一是由于我国封建农耕社会历史长久，农村社会和农民对文化、知识的接受具有迟钝性；二是东北地区在19世纪中期以前主要是农耕和渔猎社会，东北社会整体受到的文化熏陶较少，东北农村土著居民缺少接受文化的基础；三是东北地区是移民型社会，尤其是农村地区以关内移民开荒的农民居多，在文化和心理上还没有完全扎根。所以在这样的民众文化心理认知的基础上，做好微观管理工作是农村图书馆实现社会价值的关键。专职图书馆员在农村图书馆微观管理工作中起决定性作用，农村图书馆馆藏建设、读者工作、图书馆文化活动和社会工作离不开农村图书馆员。只有通过图书馆员日复一日的细化工作才能编织出农村图书馆的社会价值和文化价值，使其成为农村社会生活和精神生活的载体。

历史上来看，我国东北地区与俄罗斯远东地区农村图书馆的馆藏建设相比较缺少长期、稳定的资金投入。无论是清代末期、民国时期，还是建国以后，农村图书馆包括县图书馆的馆藏文献不但品种、数量少，而且难于更新。另外，历史上我国东北农村图书馆的馆藏文献保护工作也做得不好，在历次大的历史变革中，农村图书馆藏书都会经历重大损失。在文献保护方面我们应该向俄罗斯农村图书馆系统学习，苏联、俄罗斯历史上的动荡和变革可以说比较频繁，而且较为剧烈，但无论是政治变革、政权变更，农村图书馆工作并没有因此而发生恶性变化。事实上国家的变革与绝大部分文献的关联度不大，农村社会和农村民众应该在历史的变革中保护文献免受其害。另外由于我国东北地区农村居民缺少阅读文化和阅读传统，农村图书馆的利用率与俄罗斯远东地区相比较低。笔者认为，农民的阅读习惯不是一朝一夕形成的，对于图书馆和馆藏文献的利用，需要农村图书馆的管理者不断引导，通过一个人带动一批人，一代人带动下一代人的方式，以坚韧不拔的精神、历史责任感和民族使命感来培育农村居民的阅读文化，农村一旦形成阅读文化，整个民族都会在未来长期获益。

参考文献

[1] История библиотечного дела в Ямбургском уезде[EB/OL].[2012-12-13]. http://libr-kingisepp.narod.ru/istoriya_bibliotek_pdf.

[2] деятельность церковных библиотек на урале в начале XX века как социокультьркный феномен[EB/OL]. [2012-12-13]. http://www.lib.csu.ru/vch/265/019.pdf.

[3] Общедоступная библиотека и государство в России[EB/OL]. [2012-12-13]. http://www.turgenev.ru/2librarian/publications/pb0030.pdf.

[4] Модель публичной библиотеки для России[EB/OL]. [2012-12-15]. http://www.turgenev.ru/2librarian/publications/pb0007.pdf.

[5] Библиотечное дело страны на рубеже тысячелетий[EB/OL]. [2012-12-15]. http://www.russtat.ru/stat/345POM2008_120-143_Grikhanov.pdf.

[6] Полубояринов М М. Библиотечное дело СССР в цифрах[J]. Библиотечное дело в СССР：сб.ст.Министерство культуры，1957.

[7] История Осташковской (Поведской) сельской библиотеки[EB/OL]. [2012-12-17]. http://torzhok.tverlib.ru/history_ostashkovo.

[8] Библиотека в пространстве культуры： история и современность[EB/OL]. [2012- 12- 18]. http://sun.tsu.ru/mminfo/000063105/kult/07/image/07-003.pdf.

[9] Общедоступные библиотеки Российской Федерации в цифрах:2006 год[J].Федеральное ангество по культуре и кинематографии，2007.

[10] Кузьмин Е И， Манилова Т Л. Состояние и перспективы развития сельских библиотек в Российской федерации[EB/OL]. [2012-12-18]. http://www.library.ru/1/kb/ articles/article.php?a_uid=190.

[11] Непрерывное образование сельских библиотекарей:состояние， проблемы， опыт[EB/OL].[2012-11-12]. http://www.rba.ru/content/activities/section/26/ publ/sborn. pdf.

[12] Проблемы и перспективы развития сельских библиотек в условиях административных реформ[EB/OL]. [2012-12-20]. http://otherreferats.allbest.ru/journalism/ 00111100_0.html.

[13] Рощевская Л П. Церковные библиотеки в Сибири и на Дальнем востоке во второй половине XIX-нач.XX в[M]. М. : Книга，1977:243-256.

[14]Извлечение из Всеподданейшего отчета обер- прокурора Святейшего Синода по ведомству православного исповедания за 1867 год[J]. Перм. епарх. Ведомости， 1869（14）:139.

[15] Традиционная культура русского крестьянства Сибири XVIII- XIX вв[M]. Екатеринбург: УрО РАН， 1996: 303，304.

[16] Извлечение из Всеподданейшего от- чета обер- прокурора Святейшего Синода по ведомству православного исп оведания за 1866 год[J]. Перм. епарх. ведомости， 1868（26）:289.

[17] Шашков А Т. Материалы для изучения церковно- монастырских библиотек Урала и Сибири XVII-начала XVIII в[C]. сб. науч. тр. Екатеринбург:ЦНБ Уро РАН， 1994：75-96.

[18] Фунтикова С П. Православные библиотеки : прошлое и настоящее : учеб. пособие. Изд. 2-е[M]. М.: МГУКИ，2002.

[19]Всеподданейший отчет обер- прокурора Св. Синода по ведомству православного исповедания за 1910 год[J]. СПб.，1910:22，23.

[20] Анисимова Т Я. «Приморская земская неделя» о библиотеках // История библиотеки – история страны : тез. докл. и сообщ. науч.практ. конф.， посв. истории библиотеч. Дела в Приморье[C]. Владивосток， 1995:37.

[21]Всеподданейший отчет обер- прокурора Св. Синода по ведомству православного исповедания за 1914 год[J]. Ведомости за 1914 год Петроград， 1916:14，15.

[22] Преображенский И В. Что говорят цифры о состоянии Церкви в царствование

Императоров : Николая I， Александра II， Александра III и в настоящее царствование по 1915 год : статистическая справка для соображений по вопросу о церковной реформе [J]. Прибавления к Церковным ведомостям，1916(51):165－169.

[23] Анисимова Т Я. «Амурская земская неделя» о библиотеках[M]. Благове щенск，1981：42.

[24] Благове щенск. епарх[J]. ведомости，1906(2): 504.

[25] Обзор деятельности Ведомства православного исповедания за 1915 год[J]. Ведомости за 1915 год. Петроград， 1917: 6，7.

[26] Всеподданейший отчет обер-прокурора Св Синода по ведомству православного исповедания за 1915 год[J]. Ведомости за 1914 год Петроград, 1917:14, 15.

[27] Хабаровск. епарх. Ведомости[J]. 1910（2）：504.

[28] Хабаровск. епарх. Ведомости[J]. 1912（9）：163，164.

[29] Хабаровск. епарх. Ведомости[J]. 1915（9）：162，163.

[30] Всеподданейший отчет обер-прокурора Св Синода по ведомству православного исповедания за 1915 год[J]. Ведомости за 1914 год Петроград, 1917:14, 15.

[31] Анисимова Т Я. «Хабаровская земская неделя» о библиотеках[M]. 1986:42.

[32] Матвеев М Ю. К истории образования региональных библиотек в России[J].пробл.нац.б-к，1998（3）:204.

[33] Сборник узаконений и распоряжений правительства по делам печати[M].СПб，1978.

[34] Бердников Л П.Кланяйтесь залам библиотечным[M].Новосибирск，1982：142-146.

[35] Полишик Ф М. История библиотечного дела в дореволюционном Хабаровске[M].1985：90.

[36] Захарова Т В. Из истории организации Якутской государственной городской научной библиотеки(1886—1912)[C]// Книжная культура Республики Саха(Якутия).Новосибирск，1993：44.

[37] Пайчадзе С А. Книжное дело на Дальнем Востоке[M].Москва，1987:129.

[38] Рошевская Л П. Культурная жизнь и книжное дело Дальнего востока[J].Книжное исследование，1988（5）:51.

[39] Щербакова М М. Уникальная библиотека. Общества изучения Амурского края[J]. Вестн. ДО РАН，2002(2):111.

[40] Щербакова М М. История развития библиотеки. Общества изучения Амурского края в культурно- историческом контексте[M]. Библ. ассоц. Примор. края， ПГПБ им. М. Горького. Владивосток， 2004:96-99.

[41] Никитина Н Ф.Из истории библиотечного дела в Примории[J].Вестн. ДВГНБ， 2005（1）:36-59.

[42] Казбанова С В. Штрихи истории библиотек Хабаровского края[С]// Проблемы научно-исследовательской работы библиотек Хабаровского края， 2002 : 39，40.

[43] Посадсков А Л. Библиотечное дело сибири и дальнего востока в условиях перехода к новой экономической политике(1922—1923 годы) [С]// Развитие библиотечного дела в Сибири и на Дальнем Востоке.в советский период，1994:3.

[44] Посадсков А Л.Библиотечное дело Сибири и Дальнего востока в предвоенное десятилетие (1931—1941гг) [С]//Развитие библиотечного дела в Сибири и на Дальнем востоке, Новосибирск，1992:55，56.

[45] Карпинина И Б.Сельские библиотеки Сибири в годы Великой Отечественной войны и послевоенного восстановления народного хозяйства(1941—1950) [С]//Книжное дело Сибири и Дальнего востока.Новосибирск，1983:156-161.

[46] Маслова А Н.Организация деятельности Сибири и Дальнего Востока во второй половине 1940- начале 60- х гг[С] //Организация и ресурсы информационно- библиотечного обслуживания специальстов и ученых.Новосибирск，1994:3-44.

[47] Карпинина И Б.Деятельность сельских культурно-просветительных учреждений Западной Сибири в период восстановления народного хозяйства(1946- 50- е годы) [С]//Культурное развитие Сибири и Дальнего востока. Новосибирск，1980:216-242.

[48] Маслова А Н. Библиотеки Сибири и Дальнего Востока в 70- х- первой половине 80- х гг. XX в.:Тенденции развития[С]//Развитие библиотечного дела в Сибири и на Дальнем Востоке.Новосибирск，1981:142-168.

[49] Жданова Т А .Библиотечные кадры Сибири и Дальнего Востока в одиннадцатой пятилетке [С]// Библиотечно-библиографические ресурсы Сибири:Оптимизация библ.обслуживания. Новосибирск，1984:95-102.

[50] Петрова Л И. Региональная библиотека в динамике развития в 90-х гг[С]//Формирование и развитие единой информационно-библиотечной системы Сибири.Новосибирск，1996: 131-146.

[51] Маслова А Н.Региональные проблемы библиотечного дела [J].Сов.библиотековедение, 1985(5):63-68.

[52] 宾县地方志办公室. 宾县县志[M]. 哈尔滨：黑龙江人民出版社，1991：893.

[53] 哈尔滨市地方志编纂委员会. 哈尔滨市志・文化[M]. 哈尔滨：黑龙江人民出版社，1999: 245.

[54] 吉林省地方志编纂委员会办公室. 吉林省志・文化艺术志/社会文化[M] .长春：吉林人民

出版社，1992:12，13.
[55] 辽宁省地方志编纂委员会办公室. 辽宁省志・文化志[M] .沈阳：辽宁科学技术出版社，1999：359.
[56] 黑龙江省地方志编纂委员会办公室. 黑龙江省志・文学艺术志[M] . 哈尔滨：黑龙江人民出版社，1994：1000.
[57] 巴彦县志办公室. 巴彦县志[M] . 哈尔滨：黑龙江人民出版社，1990:628.
[58] 阿城县地方志办公室. 阿城县志[M] . 哈尔滨：黑龙江人民出版社，1988:486.
[59] 依兰县志办公室. 依兰县志[M] .哈尔滨：黑龙江人民出版社，1990:822.
[60] 绥化县地方志编纂委员会. 绥化县志[M] .哈尔滨：黑龙江人民出版社，1985:328.
[61] 龙江县地方志编纂委员会. 龙江县志[M] .北京：中国城市经济社会出版社，1991:371.
[62] 兰西县志办公室. 兰西县志[M] .海口：海南出版社，1992:472.
[63] 泰来县地方志办公室. 泰来县志[M] .哈尔滨：黑龙江人民出版社，1992:525.
[64] 通化县地方志编纂委员会. 通化县志[M] .长春：吉林文史出版社，2000:597.
[65] 梨树县地方志编纂委员会. 梨树县志[M] .沈阳：辽宁教育出版社，1992:671.
[66] 柳河县地方志编纂委员会. 柳河县志[M] .长春：吉林文史出版社，1991:593.
[67] 永吉县地方志编纂委员会. 永吉县志[M] .长春：长春出版社，1991:576.

参阅但没有引用的文献：

[68] 肇东县志办公室. 肇东县志[M] .哈尔滨：黑龙江省出版总社，1985.
[69] 金县地方志编纂委员会. 金县县志[M] .大连：大连出版社，1989.
[70] 铁岭县地方志编纂委员会. 铁岭县志[M] .沈阳：辽沈书社，1993.
[71] 灯塔县地方志编纂委员会. 灯塔县志[M] .沈阳：辽宁人民出版社，1990.
[72] 海城市地方志编纂委员会（内部出版）.海城县志[M] .1987.
[73] 沈阳市县地方志编纂委员会. 沈阳市志[M] .沈阳：沈阳出版社，1990.
[74] 辽阳县地方志编纂委员会. 辽阳县志[M] .北京：新华出版社，1994.
[75] 黑山县地方志编纂委员会. 黑山县志[M] .沈阳：辽宁大学出版社，1992.
[76] 法库县地方志编纂委员会. 法库县志[M] .沈阳：沈阳出版社，1990.
[77] 锦县地方志编纂委员会. 锦县志[M] .沈阳：沈阳出版社，1990.
[78] 新民县地方志编纂委员会. 新民县志[M] .沈阳：沈阳出版社，1992.
[79] 彰武县地方志办公室. 彰武县志[M] .彰武印刷厂，1988.
[80] 《克山县志》编纂委员会. 克山县志[M] .北京：中国经济出版社，1992.
[81] 安达市地方志办公室. 安达县志[M] .哈尔滨：黑龙江人民出版社，1992.
[82] 尚志县地方志编纂委员会. 尚志县志[M] . 北京：中国展望出版社，1990.
[83] 克东县地方志编纂委员会. 克东县志[M] .哈尔滨：黑龙江人民出版社，1987.

[84] 海伦县地方志办公室. 海伦县志[M] .哈尔滨：黑龙江人民出版社，1987.
[85] 嫩江县地方志编纂委员会. 嫩江县志[M] .海口：中国三环出版社，1992.
[86] 《拜泉县志》编纂委员会. 拜泉县志[M] .哈尔滨：黑龙江人民出版社，1988.
[87] 肇源县地方志编纂委员会. 肇源县志[M] .北京：中国标准出版社，1986.
[88] 呼兰县地方志编纂委员会. 呼兰县志[M] .北京：中华书局，1994.
[89] 大安县地方志编纂委员会. 大安县志[M] .沈阳：辽宁人民出版社，1990.
[90] 通榆县地方志编纂委员会. 通榆县志[M] .长春：吉林人民出版社，1994.
[91] 榆树县地方志编纂委员会. 榆树县志[M] .长春：吉林文史出版社，1993.
[92] 蛟河县地方志编纂委员会. 蛟河县志[M] .长春：长春出版社，1991.
[93] 德惠县地方志编纂委员会. 德惠县志[M] .长春：长春出版社，2001.
[94] 扶余县地方志编纂委员会. 扶余县志[M] .长春：吉林人民出版社，1993.
[95] 辉南县地方志编纂委员会. 辉南县志[M] .长春：吉林人民出版社，2000.
[96] 乾安县地方志编纂委员会. 乾安县志[M] .长春：吉林人民出版社，1999.

第二章　俄罗斯远东与我国东北地区农村图书馆现状的比较分析

研究目的

（1）通过对俄罗斯远东地区农村图书馆建设的法律保障体系进行梳理分析，使我们更清楚地了解俄罗斯远东地区农村图书馆建设和治理工作成功的基础；通过对俄罗斯远东地区农村图书馆建设的总体状况进行分析，和对远东地区当前农村图书馆的信息化建设、现代化升级的具体内涵和工作内容进行解读、研究，更加客观、清晰地认识我国东北地区农村图书馆建设工作存在的不足。

（2）通过对我国东北地区与俄罗斯远东农村图书馆的法律保障体系进行对比研究，找到我国东北地区农村图书馆建设法律保障体系和现行法律条款、内容的缺陷与不足；通过对俄罗斯远东地区各自治区中心图书馆与我国东北乡镇图书馆的建设状况、管理模式的对比研究，找到我国东北地区乡镇图书馆的硬件建设和管理方式的改进方向；通过对俄罗斯远东地区农村图书馆与我国东北地区农家书屋网络建设、馆舍建设、馆舍内部功能结构和美学设计的比较研究，找到我国东北地区农家书屋网点建设、馆舍建设及书屋功能设计和细节设计中存在的问题。

（3）在对俄罗斯远东和我国东北地区农村图书馆的法律支撑体系、建设现状对比研究的基础上，总结我国农村图书馆的两大体系——乡镇图书馆和农家书屋建设在法律保障、网点布局、馆舍建设、图书馆内部结构功能设计、美学设计及管理方式几个方面存在的不足，并提出相应的对策。

研究方法

（1）文献调研法：文献调研主要通过两种途径，一是通过网络进行文献调研；二是通过俄罗斯在华留学生和远东科学图书馆员工查找俄文纸质文献。

（2）调查访问法：课题组对我国东北地区的30个乡镇、80个村的图书馆和农家书屋进行实地调查访问及问卷调查，委托俄罗斯在华留学生和远东科学图书馆的工作人员对俄罗斯阿穆尔州、滨海边疆区的10个自治区中心图书馆和50所农村图书馆进行问卷调查。

（3）比较分析法：从农村图书馆建设的法制基础、图书馆的网点建设、馆舍的内部结构和功能的细节设计、美学设计等几个方面，对俄罗斯远东和我国东北地区农村图书馆建设的现状进行对比分析，找出当前我国东北地区农村图书馆建设各环节存在的问题和不足，并提出相应的解决对策。

第一节 俄罗斯及远东地区农村图书馆建设与治理的法律保障

俄罗斯的农村图书馆体系较为发达，目前，全俄境内共有农村图书馆约3.61万所，全部属于地方自治图书馆①。地方自治法规是俄罗斯农村图书馆生存发展的重要保障，此外，俄罗斯的各类图书馆法规也较为健全，是开展农村图书馆工作的法律基础。本节将对俄罗斯联邦地方自治法、联邦图书馆法、地方图书馆法中关于农村图书馆工作的相关条款进行深入分析，并对联邦和地方农村图书馆专门法进行研究、介绍，力求完整再现俄罗斯农村图书馆的法律支撑体系，以期对我国和东北地区的农村图书馆法制建设具有借鉴价值，同样期望农村图书馆建设工作能在我国的其他相关法律法规中得到应有的体现。

一、俄罗斯联邦地方自治法规是农村图书馆建设和运行的基本保障

《2015年以前俄罗斯联邦图书馆事业发展纲要》[1]显示，目前俄罗斯联邦境内共有农村图书馆约3.61万所，全部属于地方自治图书馆，占全俄地方自治图书馆总数的77.1%。所以，俄罗斯联邦的地方自治法规与农村图书馆工作密切相关。《俄罗斯联邦境内地方自治组织的共同原则》是分别颁布于1995年8月28日的No154-ф3号和2003年10月8日的No131-ф3号同名法律。这是一部俄罗斯联邦地方自治的基本法，这两部法律于2006年1月1日同时生效[2]。其中No131-ф3号法律中关于地方自治图书馆的法条则从正式颁布的当日即开始生效。该法的一些条款明确涉及了自治图书馆问题，其中包括："确定城市或农村居住点、地方自治区等相应自治主体内组织居民图书馆服务工作的问题"，要求"确定自治区图书馆机构的服务细则及自治图书馆的不动产所属权问题"（第50章）。

① 自治图书馆中70%为农村图书馆。

根据No131-ф3号联邦法《俄罗斯联邦境内地方自治组织的共同原则》的规定，地方自治政权机构自治图书馆有这样一些管理权限：建立、取消和重组图书馆；确定图书馆工作的目标、任务、方向、程序及其工作条件；图书馆的财政支持，自治采购和设备分配，调整图书馆服务和图书馆产品的价格和税率；批准图书馆的章程，对其进行修订和补充；保障图书馆有效利用、支配属于自治所有权的财产；没收多余的、没有利用起来的或没按用途使用的财产；任用或罢免图书馆领导；监督图书馆工作；自治主体必须在平衡地方预算的基础上，在条件允许的前提下独立完成图书馆的财政和物质设备保障；地方自治机构可以以定购者的身份，在竞争的基础上完成与解决图书馆服务问题，或直接提供相关服务。

根据《俄罗斯联邦公民法》[3]和No131-ф3号《俄罗斯联邦境内地方自治组织的共同原则》两部联邦法的规定，自治机构财产所有权（拥有、使用、支配权）属于城市、镇、村或其他自治主体，并有权在其地理界线范围内行使地方自治。自治主体有权把自治不动产临时或长期转交给图书馆用于图书馆活动和居民图书馆服务，同样也可以以签订合同的形式将某一地段的管理权转给图书馆。这一权利的移交以地方自治主体的名义由地方自治机构（文化管理处）来实施，自治主体章程中预先规定的内容，由居民直接参与制定。地方自治机关有权创建图书馆机构，审批其章程，任免图书馆的相关领导，听取图书馆工作总结汇报。地方自治机关有权以自治主体的名义考查自治图书馆对其职责的履行状况，以保障图书馆工作实施到位（第51章第4款）[2]。

除了上述联邦地方自治法之外，对自治图书馆发展具有重要意义的还有以下联邦地方自治法规和文件：1996年11月26日颁布的No138-ф3号法律《关于保障宪法所赋予俄罗斯联邦公民的选举和被选举到地方自治机构的权利》；1997年9月25日颁布的No126-ф3号法规《关于地方自治的财政基础》；1996年6月3日签署的No802号俄联邦总统令《关于分阶段形成地方自治社会机构》；2002年8月12日通过的No585号俄联邦政府决议《关于批准组织国家或自治财产拍卖销售的条例，和批准专门拍卖属于国家或自治所有权的开放无限股份公司股票》；1996年3月1日俄联邦国有资产委员会发出的NoAP-18/1599号文件《关于筹备将联邦所有制项目转移为自治项目》[4]。这些法规和文件对自治主体的图书馆建设、改造产生了实质性的影响，这些法规具有加强图书馆的财政保障、社会保护、物质技术、工作方法和人才保障等方面的作用，同时对优化居民图书馆服务具有重要意义。

二、俄罗斯联邦层面的图书馆法是农村图书馆工作的支撑法律

2009年6月，俄罗斯国家议会根据2004年的No122-ф3号联邦法、2008年10月的No183-ф3号联邦法、2009年的No119-ф3号联邦法，对1994年12月29日颁布的No78-ф3号联邦《图书馆事业法》[5]进行了修订。该法是俄罗斯联邦境内图书馆事业建设发展的基础法律。它从不同角度涉及了俄罗斯自治图书馆，包括农村图书馆的建设与治理问题。该法对俄罗斯公民享有图书馆服务的权利进行了具体描述："通过创建国家和自治公共图书馆（包括农村图书馆），以免费的形式，实施图书馆基本服务，保障公民享有图书馆服务的权利"。《图书馆事业法》的第15章"图书馆事业发展的政府责任"的第二款对此项进行了补充"俄罗斯联邦主体国家政权机关及地方自治机关有责任保障公民获得图书馆服务的权利"。第7章第5款则对图书馆用户的权利进行了细化："在国家和自治图书馆（包括农村图书馆）中，图书馆用户有接受服务和获得俄联邦官方语言文献、在俄联邦各共和国内获得该共和国官方语言文献的权利"。该法明确了自治图书馆的地位，"国家图书馆与自治图书馆（包括农村图书馆），集中图书馆系统（ЦБС）①依照有效法律程序，从注册那一刻起即获得法人地位"，即任何一所独立的自治图书馆，包括独立的农村图书馆从注册时起就具有了法人地位。第20章第1款根据俄联邦2009年No119-ф3号文件进行了补充修订，"自治区地方自治机关可以赋予（农村）居民点图书馆联合体的总馆以'区中心图书馆'的地位。"俄联邦文化部No682号《俄罗斯联邦主体内自治公共图书馆网组织基本条例》[6]对本法第11章第1款进行了补充规定，即"不是法人的自治图书馆，可以通过加盟到结构性主体（如中心图书馆系统），按规定程序，根据No131-ф3号法规、本条例及图书馆创建文件，承认其法人地位。"第15章第2款对自治图书馆的馆藏财政保障进行规定"俄罗斯联邦主体的国家政权机构及地方自治机关，应保障相应的国家和自治图书馆及其馆藏装配的财政支出。"

颁布于1997年11月14日的俄罗斯联邦文化部No682号法规《俄罗斯联邦主体内自治公共图书馆网组织基本条例》（以下简称《条例》）[6]是No78-ф3《图书馆事业法》联邦法的具体化补充法规。《条例》的第1条对"自治图书馆""自治图书馆系统"的定义和职责进行了明确："自治图书馆、自治图书馆系统（其中

---

① 通常设置在州、边疆区、共和国下属的各自治区，每个自治区一般有一个集中图书馆系统，集中图书馆系统由自治区中心图书馆和分馆组成，农村图书馆通常属于分馆。

包括中心图书馆系统——ЦБС）是由地方自治机关创建并提供主要财政支持的图书馆。自治公共图书馆的主要工作目的是在居住区所在地组织公民图书馆服务。"《条例》强调自治图书馆工作的法律依据和法律准则。"自治图书馆、自治图书馆系统的工作受《俄罗斯联邦宪法》《俄联邦公民法》《图书馆事业法》《呈缴本法》《非商业组织法》《俄联邦地方自治组织共同原则》《俄联邦文化立法原则》这些联邦法规的约束。"根据《俄联邦公民法》第27~29页的《关于签定合同》中的第3条规定："地方自治图书馆要在合同的基础上与其他图书馆、机构、组织、个人进行协作组织图书馆服务"，本条强调了图书馆服务要与其他官方、社会组织协作，并需要有合同作为依据。

《条例》对自治图书馆（包括农村图书馆）的数量、规模、服务形式进行了具体规定："在每一个自治主体区域内（可以是城市、城市的区、农村区、村庄）至少要有一座自治属性的图书馆（自治图书馆、中心图书馆或分馆）。其任务是在该地理范围内组织固定、流动或其他形式的居民图书馆服务"（第8条），"从中心图书馆、分馆、图书馆服务站到其服务点超过3千米（或步行超过0.5小时）的居住点或其偏远部分的居民享有流动形式的图书馆服务，其停留时间、地点由自治图书馆行政机关确定"（第9条）。《条例》还要求自治图书馆的馆藏要按照文献的内容和类型，根据本地理区域内居民需求来装配。如果在一个自治主体的地理区域内只有一个自治公共图书馆或分馆（如中心图书馆系统（ЦБС）的分馆），那么该馆的馆藏在内容方面必须要全面，并要考虑该地理区域内所有年龄段居民的需求。"自治公共图书馆、农村地区的图书馆馆藏规模要达到每位居民平均5~6种文献，城市或城市类型的镇子中每人3~4种文献。"依法创建、重组、关闭自治图书馆也是图书馆工作中需要涉及的一项重要内容，《条例》第11条规定："自治图书馆、ЦБС及其他自治系统内图书馆的建立、重组及关闭由本领域的现行法律来确定""图书馆（不同类型的图书馆）的合并、联合事宜可以由图书馆的创建机构组织，同时要在各方面达成一致，并在考虑居民实际需求的情况下，由图书馆提出合并或联合，前提是，图书馆不会因此而使服务功能削弱（减少服务项目、限制馆藏的利用等）"。联邦层面的法规条例不一定适合俄罗斯的所有自治地区，所以《条例》还指出："在不违反现行法律的情况下，根据各自治区域的特点（气候特点、地理特点、经济特点、民族特点等）允许对相关条款予以改变执行" （第14条），这为各自治主体制订地方专门图书馆法规（包括农村图书馆法）留下了空间。

制定图书馆服务的最低标准，对于推动地方自治图书馆在地方社会（包括城市和农村居民点）发挥更大作用具有重要意义。2008年2月20日俄联邦文化与大众传媒部通过了第32号《农村文化机构（公共图书馆和文化休闲机构）服务的最低资源保障规范》[7]（以下简称《规范》）的命令，该《规范》确定了农村居民享有图书馆服务和获得高质量服务的基本权利，并为地方自治机构制定相应的农村图书馆标准提供了依据和支撑。

《规范》的第三部分《农村公共图书馆服务的最低资源保障标准》[7]（以下简称《标准》）是根据P50464—94号《居民服务：名词定义》、P50691—94号《服务质量保障模式》、7.50—99《信息情报工作目录名词与定义》等7项俄罗斯联邦国家标准，及No2300—1号《消费者权利保护法》、联邦文化部No590号《关于批准〈图书馆馆藏统计工作细则〉》、IFLA/UNESCO的《公共图书馆服务发展指南》、独联体成员国议会间大会于2002年11月15日颁布的No22-2号决议《新型图书馆》及前面述及的共12部法规制定的，共用近20页的篇幅对农村图书馆工作进行了全方位的规定。《标准》的核心内容主要集中在第5章，该章通过7款对农村图书馆资源最低保障标准进行了详细规定。

《标准》首先对农村图书馆的物质、技术资源进行了要求（第5章第1款）。该款主要有4部分内容。一是对农村图书馆建筑的位置、布局及工作时间的要求，对独立馆舍、位于多层建筑中第一层的馆舍建设进行了具体要求，对消防通道、电梯、进出口的滑行台（斜坡道）进行了规范，对农村中小学图书馆要有独立进出口等多项内容进行了细化规定。图书馆作息时间需要根据“农村居民的要求及其利用图书馆的频次，由俄联邦各主体执行政权机关或地方自治机关来制定”。二是对农村图书馆馆舍面积进行了规范，要求藏书室面积要根据馆藏图书量来确定，“开架借阅馆藏室及借书处不少于100平方米”“闭架书库每1000册占5.5平方米”“限制性借阅馆藏室每1000册占地7平方米”；需要根据居民数量确定读者阅览座位数量，“每100位村民不少于1.5平方米的阅览座位”。此外还对图书馆工作人员的办公、职业工作空间面积进行了量化规定。三是对安全保障、医疗卫生、流行病预防规则及图书馆的劳动保护进行了具体要求。四是对农村图书馆的专门设备、技术设施进行了量化要求，包括如电脑数量、复印机、DVD、电视机、互联网开通、计算机CPV大小、硬盘大小、显示屏尺寸、激光打印机的速度等。

《标准》还对农村图书馆人力资源的要求进行了细化（第5章第2款）。这里包括两项内容。一是对农村图书馆专业人员的配备要求。这里规定了3种方案，可以选其一执行：第一，根据居民的数量来确定编制内工作人员的最低需求标准；第二，根据图书馆工作的基本流程来确定编制人数；第三，根据图书馆工作指标（读者数量、分馆数量、读者来访频次等）确定编制人数。二是对农村图书馆工作人员个人素质及职业技能水平的要求，如图书馆专家必须获得图书馆学专业高等教育、馆领导和专家至少在5年内接受1次培训等。此外，还要求农村图书馆职员要有较高的职业道德水准、审美素质、责任心，要以公正的态度、渊博的学识、客观并热情的态度来组织图书馆服务。

《标准》对图书馆馆藏建设做出了具体要求（第5章第3款）。这里包括两项内容：一是对馆藏装配和更新的要求；二是对馆藏保护的要求。在第一项内容中特别对盲人读者和视力低下的读者的馆藏服务进行了规定，要求必须保障盲人和视力低下者能够获得他们需要的所有类型的专门载体的文献："发声图书""盲文图书""大字体图书"。

《标准》还对农村图书馆创建主体的工作进行了要求（第5章第6款）。其中包括五项内容，如"农村图书馆行政机关及其创建者必须在其全权框架内促进农村图书馆间的合作及与其他类型图书馆的合作""图书馆行政机关及其创建者要保障所有图书馆职员定期获得继续教育""保障农村图书馆提供给居民的服务受到内部和外部监督体系的评估"等。

三、地方图书馆法是农村图书馆工作的具体法律依据

目前，俄罗斯联邦89个主体（直辖市、州、省、区、边疆区）中有78个州、区颁布了图书馆事业法[8]。笔者对《滨海边疆区图书馆和图书馆事业法》[9]《萨哈共和国图书馆事业法》[10]《阿穆尔州图书馆事业法》[11]《列宁格勒州公共图书馆居民服务组织法》[12]进行了深入研究，自治图书馆和农村图书馆的专门内容较少，其法条多是参照俄罗斯联邦No78-ф3号《图书馆事业法》制定的，少部分的法条是考虑本州（区）的特殊因素制定的。所以关于俄联邦主体的《图书馆事业法》在此不进行深入探讨。

资料显示，一些地方图书馆专门法中关于农村图书馆建设与治理的法律条文相对详尽，并较具借鉴价值[13, 14]。这类地方图书馆专门法，通常都是相关自治主体依据前面述及的各类相关联邦法律和图书馆法制定的。由于这类专门法数量较多，考虑篇幅所限，这里仅选择两部法规进行分析研究，尽量做到以点带面。

2010年12月29日弗拉基米尔州颁布了第1384号决议《弗拉基米尔州公共图书馆采用规范要求的方法及公共图书馆资源保障标准》[15]，该决议阐明了弗拉基米尔州中心图书馆与农村图书馆的关系“中心图书馆按照自身的功能，它是中央集中图书馆系统的合法继承机构，可以领导城市和农村的社区图书馆”“中心图书馆不仅要对具有分馆地位的城市社区图书馆实施工作方法上的帮助，也要对独立的或文化—休闲综合体中的农村图书馆实施工作方法帮扶”（第2部分第1款），该决议对农村图书馆建设、设备、馆藏的标准进行了明确规定：“为了使弗拉基米尔州的所有居民包括人数少于500人的农村居民点都获得图书馆服务，除了固定图书馆，还要实施流动图书馆服务，建立图书分理站、图书角，而且还要借助当地交通系统，根据居民的需求，定期提供纸质图书和其他载体的信息材料”“对于人数少于500人，距离居民行政中心在5千米以内的农村居民点，可以建立社区图书馆分理站，或流动图书馆”“对于人数多于500人，距离行政中心超过5千米的农村居民点，可以建立社区图书馆分馆”“图书馆的每一个读者座位为2.5平方米或每100位农村居民设置不少于1.5平方米的读者座位”（第2章第2款）。“农村图书馆的技术工具和设备必须保障能够实现图书馆的基本功能，同样要考虑这些装备是否能够得到合理使用”，此外，还在该条下列出了设备的基本数量要求。另外，还规定“过时或物理上老化的图书馆专门设备，要根据法律按时注销，图书馆的创建机构要根据俄罗斯联邦的现行法律制定农村图书馆专门设备的使用规则及使用时间标准”（第3章第5款）。

2006年10月19日由普斯科夫州图书馆馆长联席会议审议通过，普斯科夫州政府批准的《普斯科夫州自治图书馆工作的新标准》[16]参照联邦文化部与大众传媒部的第32号命令的第三部分《农村公共图书馆服务的最低资源保障标准》对该州自治图书馆的工作人员编制数量进行了细化规定：“图书馆服务的居民数量在300~500人间的可获1个编制；500~1000人可获1~1.5个编制；超过1000人的，每1000位居民可提供1名图书馆工作人员（编制），也可以每500名超过15岁的居民拥有1位图书馆员”。对于农村图书馆的电脑设备这样规定：每1000名用户可设置1台电脑（农村图书馆的电脑数量可以不按用户人数来定），为了保障图书馆工作合乎规范地开展，要求每2名图书馆工作人员配备1台电脑。由于普斯科夫州经济条件相对落后，该《标准》规定：“距离潜在用户的居住地7千米以内，可以设立一所固定图书馆”（第5章第4款），农村图书馆的工作时间：“（在取得地方自治机关同意的情况下）每周36小时”。《标准》对农村图书馆的馆藏提出了具体要求“自治图书馆（含农村图书馆）的馆藏品种中必须有50%是各类载体的新出版物”“农村图书馆年馆藏更新率不低于馆藏总量的8%~10%”（第3章第2款），“农村图书馆定期出版物最低标准：不少于1种区域性报纸和1种区域性期刊；不少于2种全版国家级日报；不少于1种国家级周报”（第3章第6款）。《新标准》对农村图书馆与社会团体、组织的联系进行了具体要求，“要依靠当地居民，吸引他们关注图书馆问题”“通过建立图书馆友谊协会，慈善救济会吸引社会团体参加图书馆管理工作”“参加当地社会、文化、教育工作”“宣传本馆服务的价值，能提供的机会”“向社会团体宣传本馆的目标、任务、工作前景”“向当地社会汇报本管的工作”（第7章1、2、3、4、5、7款）。财政问题是农村图书馆建设和运转的基本问题，是图书馆治理的重要内容，《新标准》规定普斯科夫州自治图书馆（包括农村图书馆）的建设和运转费用“由地方预算资金承担，根据情况由国家财政预算从社会资助合作基金拨款；由区域发展基金、财政补贴基金承担，同样由国家和地方非预算基金承担；由来自于各类组织、私人的捐助、赞助资金来承担”（第8章第2款）。

由于俄罗斯实施的是地方自治制度，所以每一个州、区都制定了各类农村图书馆专门法规，有的以“决议”的形式，有的以“标准”的形式制定，有的法规较为详尽具体，有的则较为概括。一般来讲，都是以俄联邦文化与大众传媒部颁布的第32号令的第三部分《农村公共图书馆服务的最低资源保障标准》为基础，考虑本地区的各要素特点制定的，由于这类法规较多，所以本书仅以《宾赞州社会文化中心农村图书馆工作的新型标准》[17]为例予以介绍。该《标准》共分为7章，全方位地反映了农村图书馆的工作原则、对房舍的要求、馆藏的要求、农村图书馆的社会作用与任务、读者服务、馆员的职业培训等细则。

《标准》规定了社会文化中心内设图书馆的社会作用和任务，对农村图书馆进行了定位（第1章）。“当今，农村图书馆是农村社会结构、地方社会生活不可分割的重要组成部分”（第1款），“联邦和地方图书馆法，中央和地方的资金来源是保障农村图书馆稳步工作的基础”（第10款）。本标准的第2章要求“为了保障当地不同民族的居民获得本民族语言的文献、信息，图书馆需要研究居民的民族构成，弄清不同民族群体对文献、信息的语言载体需求状况”（第5款）。“农村图书馆的特殊作用在于在居民当中普及历史——地方志知识和信息，为此，图书馆应认真搜集、保存地方历史、文化生活内容的文献”“图书馆组织纪念记事和地方志工作，研究、传播自己的‘大故乡、小故乡’的历史和文化”（第8款）。

第3章“图书馆馆舍与布局”共由7款组成，基本参照俄联邦文化与大众传媒部颁布的第32号令制定，此处不赘述。

“图书馆馆藏”部分（第4章）对宾赞州农村图书馆馆藏范围、不同载体类型的馆藏文献的数量和比重进行了要求，对于期刊、报纸的种类和数量，馆藏更新率等进行了详细规定。其中特别针对少数民族读者的馆藏问题进行了规定“对于不同民族群体的读者的图书出版物的数量要参考国际原则制定：500位居民—100册，总数2000位居民以下，每10人1册”（第6款），“为了保障图书 馆的馆藏质量，必须不断进行馆藏更新，每年馆藏更新率必须不少于现有图书总量的7%，其中包括250种新书，还有170种不同载体的新出版物，包括通过图书馆间交流渠道保障的期刊”（第9款）。

“图书馆舍”部分对馆舍面积极内部布局进行了要求（第5章），主要参考俄联邦文化第32号令制定，此处不重复，第6章“图书馆职员”对馆员的数量、馆员的知识储备、知识更新进行了规定，主要参照第32号令，不赘述。

《宾赞州社会文化中心农村图书馆工作的新型标准》[17]中“图书馆与社会的联系”部分要求“图书馆要塑造自己的正面形象，吸引采纳社会建议，展示自身的特点和优势，宣传馆藏资源的价值，宣传自己的服务和提供的机会，促进不同类型的居民参加具有重要意义的社会、文化、教育项目”（第7章第2款）。

第二节　俄罗斯远东地区农村图书馆建设的现状研究

一、俄罗斯远东地区农村图书馆事业的基本状况

俄罗斯远东地区是俄罗斯八大联邦行政区之一，共有9个州、边疆区和共和国，其中包括滨海边疆区、哈巴罗夫斯克边疆区、犹太自治州、阿穆尔州、萨哈林州、马加丹州、勘察加州、楚科奇自治区、萨哈（雅库特）共和国。总面积617.99万平方千米，总人口670余万人，其中农村人口约占20%。农村图书馆数量分别为：哈巴罗夫斯克边疆区239所，阿穆尔州335所，萨哈林州114所，滨海边疆区430所，堪察加州75所，马加丹州14所，楚科奇自治区25所，萨哈共和国416所，犹太自治州80所（详见附录）。

进入21世纪以后，随着政治体制改革的深入，俄罗斯远东地区各州、边疆

区和共和国根据本地区的财政状况、农村社会的实际状况对农村图书馆给予的关注程度有所不同。因此，俄罗斯远东地区的州与州之间的农村图书馆发展、建设状况也不尽相同。如滨海边疆区和哈巴罗夫斯克边疆区较之远东地区的其他州、边疆区和共和国农村图书馆建设更为超前，建设理念更为先进。另外，俄罗斯远东地区的州、区之间人口密度存在较大差异，以各州、边疆区、共和国首府为中心和经济发达的阿穆尔河流域及沿海地区人口较为密集，其农村图书馆密度相对较大，而远东北部区和内陆地区人烟稀少，有的村庄之间的距离达到几十千米，甚至上百千米，这些地区的农村图书馆总量相对较少，服务的读者数量也相对少些。由于课题组没有获得远东地区9个州、边疆区、共和国农村图书馆的全部信息资料，所以这里仅通过对哈巴罗夫斯克边疆区、勘察加州、马加丹州、萨哈林州和楚科奇自治州五个自治主体的农村图书馆状况进行介绍，以求展现俄罗斯远东地区的农村图书馆事业的基本面貌。

（一）哈巴罗夫斯克边疆区农村图书馆状况

哈巴罗夫斯克边疆区建于1938年10月20日，位于俄罗斯远东地区南部中心地带，与我国东北的黑龙江省毗邻。哈巴罗夫斯克边疆区共有6个边疆区直属市、1个区直属市、7个市内区和17个自治区下属的31个城镇、179个行政农庄。全边疆区超过5000人的居住点只有22个（包括哈巴罗夫斯克等所有市镇）。目前边疆区总人口为140万，农村地区总人口为273659人，占19.5%（详见附录四）。人口稠密区集中在边疆区南部和西伯利亚铁路沿线地区。哈巴罗夫斯克边疆区的主要人口是俄罗斯人（占91.8%）和乌克兰人（占2.1%）[18]。此外还有犹太人、那乃人（赫哲族）、鄂温克人、埃文基人、雅库特人、乌里奇人、朝鲜人、鞑靼人、莫尔多瓦人、尼夫赫人等24个少数民族。

2009年，哈巴罗夫斯克边疆区共有俄罗斯联邦文化部系统的图书馆328所，比2005年减少7所，下降了2.1%（全俄罗斯减少5%以上）。其中包括远东国家科学图书馆、哈巴罗夫斯克边疆区盲人专门图书馆（ХКСБС）和14个集中图书馆系统（ЦБС），边疆区的绝大部分农村图书馆隶属于集中图书馆系统，这些图书馆中有166所图书馆服务于北方人口稀少的各自治区[19]。

哈巴罗夫斯克边疆区规模最大、网络最广的是农村公共图书馆，全区共有231个（比2005年减少了5所）农村公共图书馆和8所农村儿童图书馆，占全区图书馆总数的70.4%，农村图书馆的居民覆盖率为每1145位农村居民拥有一座图书馆，俄罗斯的农村图书馆平均保障率为每1002人拥有一座图书馆[19]，所以哈巴罗夫斯克边疆区的农村图书馆保障水平略低于俄罗斯联邦整体水平。

2010年，哈巴罗夫斯克边疆区的全部图书馆为全区35.4%的人口提供了图书馆服务（相比2005年增加了1.6%），其中农村地区图书馆读者占农村人口总数的39.6%，城市为34.3%。这一指标的增长是由于图书馆服务区域扩大（全区的注册用户数上升了3.9%）。在各自治区中，农村图书馆服务读者的比例最高的是尼古拉耶夫区（70.3%）、鄂霍茨克区（66.1%）、乌利奇区（58.9%）、苏维埃港区（57.8%）、那乃人区（56. 5%）。这项指标最低的是哈巴罗夫斯克区，其读者占当地居民总数的19.3%；瓦尼诺区的读者比率也不高，约为其人口总数的27.5%[20]，这是因为该区较为偏远的居住点驻扎有部队图书馆，这些图书馆的读者没有统计到全区读者总数里。

农村图书馆的居民保障率在哈巴罗夫斯克边疆区的各自治区的情况也存在较大的差异。农村人口比例较大、人口居住分散的自治区这一数据指标相对较低，如图古洛—丘比坎斯克区100%是农村人口，这个区的这项指标为每405人拥有一所图书馆。农村人口居住较为集中的自治区的这项指标则较高，如瓦尼诺自治区的农村人口占30.1%，人口居住比较集中，为每1500位农村居民拥有一所图书馆，共青城自治区的农村人口占97.6%，但居住相对集中，各村人口较多，这项指标为1700人拥有一所农村图书馆[21]。

2010年年初的统计数据显示，农村图书馆数量最多的是拉佐区和哈巴罗夫斯克区，分别为21个和57个，最少的是阿雅诺—迈斯基区——5所，图古洛—丘比坎斯克区6所。全区非固定图书馆网一共有381个，主要分布在农村地区，比2005年减少70个，减少了15.5%。这项指标的减少主要是由于经济的不稳定性、人口减少、缺乏运输工具、地方新文献匮乏等原因。非固定图书馆服务点减少比较严重的自治区有：拉佐区减少27处，比金区减少24处，鄂霍茨克区减少17处，苏维埃港区减少8处，那乃人区减少5处。一些区则与此相反，网点的数目有所增加。居民图书馆服务网点较稳定的是尼古拉耶夫区，该区保留了原有的81个网点，与2005年相比没有变化。自治主体中非固定网点较为密集的自治区有：尼古拉耶夫区81个，鄂霍茨克区70个，上布列亚区54个，拉佐区37个，共青城区33个[21]。通常非固定图书馆服务主要是保障没有固定图书馆的偏远农村居住点的住户、季节性捕鱼队和没有图书馆的学校及幼儿园。

（二）马加丹州的农村图书馆网建设状况

马加丹州成立于1953年12月3日。州内共有53个自治主体，其中包括1个州附属市和8个自治区的21座城镇、23个行政村庄[22]。2010年俄罗斯人口普查数据显示，马加丹州共有居民161248人，其中农村人口7124人（详见附录六），占4.4%。主要居民有俄罗斯人、楚科奇人、爱斯基摩人、埃文基人、尤卡吉尔人、楚瓦什人、科里亚克人、奥罗奇人和雅库物人等60多个民族。

2010年马加丹州共有44个公共图书馆为居民提供服务，包括三个州级图书馆（马加丹州图书馆、州少年图书馆、州儿童图书馆）和41个自治图书馆。44个图书馆中有7所图书馆专门为儿童提供服务，在少数民族密集的地区有14所自治图书馆。全部公共图书馆中共有14所农村图书馆，比上一年减少了一所，减少的原因是由于地方自治改革（根据No131号联邦法《俄罗斯联邦地方自治组织原则》），梅温芝镇图书馆隶属关系发生了改变，该镇的一所农村图书馆并入文化宫，成为文化宫的分支机构。总体上农村图书馆服务的读者数量大为下降，2009年农村图书馆为全州59%的农村人口提供了服务。2009年，马加丹州的农村图书馆网的密集度（图书馆保障率）为每509位农村居民拥有1座图书馆。数据显示，2010年农村图书馆的居民到访量有所增加，平均为每所图书馆370人，2009年为368人，2008年为324人[23]。

目前，由于苏苏曼区没有公共图书馆而具有跨居住点图书馆（中心图书馆）的地位，自治图书馆之间的联系受到破坏，无法实现集中采访，该自治区图书馆员培训系统也因此受到了影响，缺少来自于区中心图书馆的方法指导。只有坚基区（Тенькинский район）完整保存了图书馆网络，成为一个正面的例子。坚基区自治区行政首脑会议决议在坚基区集中图书馆系统（ЦБС）的基础上成立了马加丹州坚基区跨居住点集中管理图书馆系统，马达文村、交通村、奥姆恰科村、奥罗图科村自治图书馆成为坚基区ЦБС的组成部分。另外，北埃文基（Северо-Эвенский район）自治区也保留了ЦБС系统。各自治区关闭或并入其他文化机构的图书馆共14所，其中亚戈德诺耶区减少2所，中坎区减少1所，坚基区减少1所。变更图书馆隶书关系的有11所，其中有亚戈德诺耶区2所、奥拉区7所、苏苏曼区1所、哈森区1所[24]。

马加丹州农村非固定图书馆网发生了变化，2010年非固定图书馆借阅点总数为101个，比2007年减少了6个。其中北埃文基区减少1处、中坎区减少1所、苏苏曼区减少2所、亚戈德诺耶区减少1所，马加丹地区ЦБС系统减少1所。总体来看，马加丹州农村图书馆网络数量仍然处于继续萎缩的趋势，在过去的5年里，非固定图书馆网点的数量下降了30%。由于取消居住点和居民搬迁的原因，关闭了中坎区的乌斯奇镇的中心图书馆和奥姆苏克昌区（Омсукчанский район）上巴拉基强镇的分馆[24]。地方自治改革引起的公共图书馆地位的变化、人口外流、地方财政匮乏、新文献供给不足导致了固定图书馆的借书点进一步减少、图书馆网继续缩减。

（三）萨哈林州的农村图书馆事业

萨哈林州位于远东地区的东南部，是俄罗斯远东地区，也是俄罗斯全境唯一的一个岛屿州。1932年10月20日建立，隶属于哈巴罗夫斯克边疆区，1947年分出改为独立的州。该州有15个城市和17个自治区的5个城镇、66个乡村[25]。萨哈林州总人口510834人，农村人口110985人（详见附录七），农村人口比率为21.7%。人口密度为每平方千米8.1万人。萨哈林州的俄罗斯人口数量最多，占人口总数的86.5%，其次是乌克兰人、白俄罗斯人、鞑靼人、摩尔达维亚人。此外还有尼夫赫人、埃文基人和那乃人等土著民族。

截至2010年，全州共有3个州立图书馆、176个自治图书馆为居民提供图书馆和信息服务。自治图书馆中有114所为农村图书馆，分别隶属于全州17个图书馆联合体，其中包括15个集中图书馆系统（ЦБС）、一个诺克里科区中心图书馆系统（РЦБ）和一个矿山区跨居住区图书馆系统（МБ）。在这些图书馆系统下联合了所有自治图书馆，包括农村图书馆，农村图书馆属于这些图书馆系统的分馆。通常每个自治区有一所中心图书馆，中心图书馆一般位于区行政中心所在地的镇或较大的村庄里。流动图书馆仍然是农村图书馆工作的重要补充部分，2010年全州的自治图书馆共有299个图书流通点，比2009年减少了5个[26]。

2010年，萨哈林州所有自治图书馆为22.32万位读者提供了图书馆服务，占全州居民总数的43%，与上一年度相比增加了345人，其中分布在农村地区的图书馆为6.94万名农村读者提供了服务，约占萨哈林州农村人口总数的62.5%，比2009年减少了1300人。各自治区15~24岁的年轻读者注册人数达到3.26万人，其中农村图书馆的年轻读者为7500人，比2009年减少了600人[27]。

总体上来看，有9个自治区中心图书馆系统的农村读者人数有所增加，其中有阿尼夫区（Анивский район）、多林区（Долинский район）、奥辛区（Охинский район）、霍尔姆区（Холмский район）、千岛群岛区（Курильский район）、南萨哈林区（Южно-Сахалинск）的集中图书馆系统（ЦБС），煤矿区（Углегорский район）、北千岛群岛区（Северо-Курильский район）图书馆联合体的农村图书馆。读者数量有所下降的自治区有斯米尔内霍夫区

（Смирныховский район）、托玛林区（Томаринский район）、诺克里科区（Ногликский район），分别减少了24人、38人和36人[28]。

2010年，自治图书馆的读者访问量为191.55万人次，比2009年增加了1.44万人次，其中儿童图书馆访问量增加了1.38万人次，城市图书馆增加了1.43万人次，而农村图书馆的访问量则下降了1.37万人次。其中图书馆到访人数增长的区有阿尼夫巴洛纳伊区、涅韦尔区霍尔姆区、南千岛群岛区、南萨哈林区集中图书馆系统（ЦБС）和煤矿区的跨居住点图书馆系统。2010年参加自治图书馆举办的大众文化活动的到访者人数有所增加，整体上，自治图书馆的各项活动参加者比去年增长了2.72万人次，儿童图书馆增长了8500人次，农村图书馆增长了1.22万人次。2010年，全州自治图书馆图书借阅量为543.15万册（比2009年增加4.31万册），儿童图书馆流通量增长3.61万册，农村图书馆下降了1.98万册。2010年的统计数据显示，2009年共有10个自治区的集中图书馆系统文献借阅量有所增长，其中三项量化指标都有所增长的有阿尼夫区、霍尔姆区、南千岛群岛区、南萨哈林区的ЦБС。读者访问量和文献流通量比上一年减少的有千岛群岛区、马卡洛夫区马卡罗夫ЦБС和诺克里科区的区中心图书馆(РЦБ)[29]。

2010年，由于人口数量下降、人口迁移、图书馆网数量减少、读者服务条件差等因素使农村图书馆的量化指标总体呈下降的态势。但这些因素并没有影响农村图书馆的服务质量指标，如平均阅读率、到访率和馆藏流通率，这些指标都比上一年度增长了0.1%[30]。

（四）勘察加州的农村图书馆现状

堪察加州成立于1932年10月23日，最初隶属于哈巴罗夫斯克边疆区，总面积为47.23万平方千米，有3座城市和7个自治区的27个镇、29个乡村[31]。2010年俄罗斯人口普查数据显示，堪察加州共有居民342245人，其中农村人口71554，占20.9%（详见附录二）。主要民族有俄罗斯人、乌克兰人、科里亚克人、伊捷尔门人、埃文基人、阿留申人和楚科奇人等。人口密度为每平方千米1人，南部地区人口比较多，是未来发展潜力较大的地区。

堪察加州共有110所公共图书馆，其中75个在农村地区，3所图书馆具有对自治图书馆提供方法保障和信息支持的中心图书馆的地位，还有3所图书馆服务于极北部（阿留申和贝斯特拉亚区）民族人口密集的地区。2010年，图书馆服务覆盖了边疆区总人口的47.9%，比去年减少了0.4%[32]。

2010年的堪察加基层图书馆的工作指标出现了下降：全州各自治区图书馆

用户数量减少了1600人，到馆量减少3800人次，图书借阅量减少了50500册。其中农村图书馆用户数量总体减少了300人，到馆量减少1100人次，图书借阅减少了10500册。堪察加彼得罗巴甫洛夫斯克自治区、乌斯季堪察加茨克图书馆系统和科里亚克自治区的图书馆指标发生了大幅下降，其原因是人口持续下降和图书馆网络重组。边疆区自治图书馆总藏书量近几年一直呈负增长的趋势，2005—2010年期间，它的总量下降了0.9%，减少了180.08万册[33]。

2010年，勘察加州各自治区的居民新文献保障量为每1000名居民250册，馆藏更新率为5.3%，每位居民的文献保障为5.2册，每位读者的文献保障为14.8册。2010年，勘察加州扩大了新文献的入藏量，每个图书馆平均分配到42种图书，1789册。彼得罗巴甫洛夫斯克中心国家图书馆，维柳琴斯克和叶利佐沃区自治区集中图书馆系统（ЦБС）对全州各自治区中心图书馆和农村图书馆的藏书整体上产生了积极影响。

（五）2010年楚科奇自治州农村图书馆概况

楚科奇自治州成立于1930年12月10日，成立之初隶属于远东边疆区，1953年12月3日之后隶属于马加丹州，1992年7月16日后脱离马加丹州，并获得俄罗斯联邦独立主体的地位。该州领土面积为73.78万平方千米。州内行政单位数量为2个州属市和6个自治区的18个镇、45个行政村庄[34]。2010年楚科奇州总人口48591人，其中农村人口16336人，占33.6%，是远东地区农村人口比例最高的行政区(详见附录九)。

2011年1月1日楚科奇图书馆网由40个图书馆组成，其中包括39个自治图书馆和1个州级中心公共图书馆区—— 楚科奇州公共综合图书馆，39所自治图书馆中有26所农村图书馆，5所儿童图书馆。全州共有四个集中图书馆系统：阿纳德尔集中图书馆系统（共有11所图书馆）、伊乌利哈集中图书馆（10所图书馆）、普罗维登斯集中图书馆系统（7所图书馆）和楚科奇集中图书馆系统（7所图书馆）[35]。另外还有及比利比自治区中心图书馆、白令戈夫区图书馆、恰温区中心自治图书馆和阿纳德尔市儿童图书馆。

根据2003年6月10日颁布的No131号联邦法《俄罗斯联邦区域内地方自治的组织原则》，2010年5月伊乌利京自治区行政首脑签署了115号决议《关于将施密托夫区图书馆并入伊乌利京自治区ЦБС》，施密托夫区图书馆2010年9月1日后不再以法人的资格存在，成为伊乌利京自治区ЦБС的一个农村分馆——雷尔卡伊宾村图书馆。因此，2011年楚科奇州增加了一个农村图书馆（2010年为25

所农村图书馆）[36]。

二、俄罗斯远东地区农村图书馆现代化升级

（一）远东地区农村图书馆自动化、信息化工程

2009年以后俄罗斯远东地区积极致力于农村图书馆的现代化升级，加快农村图书馆的信息化建设，通过建立现代的图书馆促进农村社会的文化、经济发展，协助农村企业的生产和建设，辅助农村地区教学机构完善教学过程。在农村图书馆工作中通过使用新的信息技术，稳固和强化农村图书馆作为农村社会信息中心、知识和文化中心、新农业技术中心的地位。通过农村图书馆信息化工程发展农村图书馆新的信息服务形式，促进图书馆服务范围的扩大，保障农村公民顺利获取各种信息，为用户创造新的信息获取条件。

1. 远东地区农村图书馆信息化的基本条件

农村图书馆信息化的首要任务是给农村图书馆装配计算机及与之配套的技术设备，为用户提供自由获取信息的平台，包括远程访问。以哈巴罗夫斯克边疆区为例，2005—2009年农村图书馆的信息化水平有了明显的提高。2009年拥有电脑的农村图书馆的数量比2005年增长了3.6倍，一共有125所农村图书馆安装上了电脑（详见表2-1），24所农村图书馆接通了互联网，接通互联网的农村图书馆增长了2.4倍，118所农村图书馆安装上了电话[37]。

表2-1　2005—2009年哈巴罗夫斯克边疆区农村图书馆电脑数量的变化情况[37]

年代	农村图书馆电脑数量(台)
2005	38
2006	49
2007	75
2008	98
2009	125

远东地区的农村馆员对农村图书馆信息化做好了充分的思想准备，他们清楚，自己对信息技术和现代图书馆的驾驭能力决定图书馆的服务质量，而且决定所在村的未来发展。他们迫切需要通过自主学习或接受培训完善和掌握信息技术。不仅如此，农村图书馆信息化对农村用户也是一个挑战，图书馆使用现代的技术设备和新的信息技术对城市居民来说是很平常的，但在远东地区农村社会这种技术设备刚刚进入普通农民的实际生活中。农村图书馆用户无法驾驭新的信息

技术设备，使农村图书馆难以向真正的信息中心过渡，因此教会村民使用电子信息设备，通过这些设备获取自己需要的信息资源也是俄罗斯远东地区农村图书馆的迫切任务。

2. 远东地区农村图书馆的信息化流程

目前，俄罗斯远东地区农村图书馆信息化工程主要分为以下几个阶段开展：

第一阶段（筹备阶段）：硬件配置和农村馆员技术培训。这个阶段主要是在农村图书馆原有的基础上，强化信息资源建设，购置增添图书馆信息化的必要硬件设备，形成新的信息服务和其他服务功能。

俄罗斯远东地区农村图书馆软件和硬件设备平台的建设通常要由各自治区中心图书馆，甚至是州公共图书馆或科技图书馆的信息化专家进行设计规划，设计者需要考虑农村图书馆的具体工作选择配置计算机的硬件和其他设备，同时要考虑设备和软件产品的寿命，并通过政府财政预算或社会资助资金购置、安装。在硬件和软件设备购置、安装完成后，需要根据图书馆的新情况制定保障农村图书馆日后工作的规范性文件，制定各种细则、条例来优化和规范信息技术条件下的农村图书馆工作，在这个新的平台下真正地实现农村读者服务的全方位信息化。

图书馆员自身的业务素质是实现农村图书馆信息化的关键。俄罗斯远东地区农村图书馆工作人员首次利用计算机开展图书馆工作都遇到技术和心理上的困惑。农村图书馆信息化成功的关键因素之一就是要有合格的图书馆工作人员。所以，俄罗斯远东地区在农村图书馆信息化过程中，对农村图书馆员的培训工作十分重视。掌握计算机的使用技术是现代农村图书馆工作者的必要职业素质。能够利用因特网满足用户的需求可以赋予农村图书馆员对工作更大的信心。但是，在远东地区各自治区的农村图书馆信息化过程的初期发生了这样的情况，即地方政府预算资金为农村图书馆购置软件和硬件投入了大量的资金，但却忽略了对要使用这些资源的人（农村图书馆员）的培训。针对这一问题，各自治区中心图书馆培训部在近些年的农村图书馆信息化过程中，开始把农村馆员的信息技术培训和新技术条件下的农村用户信息服务工作培训作为重点。

第二阶段：对农村居民和读者进行信息技术教育。目前，俄罗斯远东地区不是每个村民都有条件使用电脑。这个阶段的目的是培训、教授农村用户利用新类型的信息资源和非传统载体的信息、文献，帮助农村居民掌握独立操作信息技术设备的技能。研究制定农村用户图书馆信息化教育的教学计划，按照教学计划在已经建成的信息化农村图书馆开办培训班，培训不同类型的农村用户（农民、企业家、教师、行政干部、学生等）。农村用户的培训形式具有多样性，如研讨会、个性化辅导，让儿童了解电脑的个性化课程，帮助用户使用非传统的信息载体。

第三阶段：以信息化为契机全面提升图书馆的作用和农村馆员、用户的素质。这个阶段是远东地区农村图书馆信息化最后一个环节。这一阶段需要了解、确定村里居民的新需求，分析进一步拓展居民需求的途径，提高村民的信息意识，建立农村图书馆工作的新模式，为更快、更有效完成信息搜索创造有利条件。通过信息化加强图书馆在农村生活中的作用，提高农村图书馆员专业技能，为培训农村图书馆员使用新的信息技术和掌握图书馆自动化工作流程创造基本空间，为建立远东地区各州、边疆区的统一信息空间创造条件。

3. 远东地区农村图书馆信息化状况及成绩

2009年，俄罗斯联邦文化部和远东地区自治图书馆系统在区域社会组织“开放的社会”，以及地方当局和赞助商资助的基础上开始开展“新型农村图书馆工程”。在该工程的框架下，俄罗斯远东地区的哈巴罗夫斯克边疆区、滨海边疆区和阿穆尔州的20所农村图书馆获得了电脑、上网、办公设备、新书、音像和电子出版物。图书馆员和图书馆的用户开始接受互联网信息检索的培训。2010年，该项目开始向信息化农村图书馆方向发展，哈巴罗夫斯克边疆区、滨海边疆区、萨哈林州升级了14个自治区的28个农村图书馆[38]。同年，萨哈林州、楚科奇自治区与地方行政机构及共和国、州和自治区图书馆协作对12个农村图书馆进行了升级。区域跨部门项目实施两年后，萨哈共和国的三个自治区的5个农村图书馆实现了计算机化[39]。2010年年底，在哈巴罗夫斯克边疆区信息化基础设施的基础上，建立了远东地区第一个农业综合体工作者远程服务系统，该州大部分地区被纳入区域农村用户统一图书馆体系。

“新型农村图书馆工程”的实施是俄罗斯远东地区的农村图书馆的现代化升级进程中的特色催化剂。在该项目的基础上远东联邦区各州、区依靠自己的资金利用现有的经验，继续完善自己的图书馆。这项工程获益最大的是萨哈共和国、哈巴罗夫斯克边疆区和滨海边疆区，2009—2012年仅在萨哈共和国就建成了45个新型农村图书馆[39]。

2010年，俄罗斯远东地区举行了“新型农村图书馆——地方社会文化中心”项目竞赛，竞赛的结果是17个合作项目获得了支持，共有56所农村图书馆和11所州或自治区中心图书馆获得参加该项目的资格[39]。通过这些项目，在各自治区中心图书馆和农村图书馆的基础上建立了各地区的信息中心，其中有法律信息中心、农业信息中心、教育信息中心、环境信息中心、旅游信息中心、地方志信息中心等，在这些项目的框架内为参加项目的各合作馆提供了必需的计算机、电视、视频、音频设备及互联网接入。

虽然远东地区农村图书馆信息化程度不断提高，但每个自治主体内的不同自治区也存在较大的差异，如勘察加州各自治区农村图书馆拥有电脑设备的情况就有较大的差异，见表2-2 。

表2-2　勘察加自治州各自治区农村图书馆拥有电脑的情况[40]

自治区名称	拥有电脑的比率(%)
Быстринский贝斯特拉亚区	100
Елизовский 叶利佐沃区	68.4
Мильковский 米利科沃区	88.9
Соболевский 索博列沃区	75
Усть-Большерецкий 乌斯季博利舍列茨克区	33.3
Усть-Камчатский 乌斯季堪察加茨克	57.1
Тигильский　季吉利区	25.0
Карагинский 卡拉金区	100.0
Пенжинский 品仁纳区	12.5
Олюторский 奥柳托尔斯基区	9.1
Алеутский 阿留申区	100

由表2-2可见，同在一个州内，各自治区村图书馆拥有电脑的比例相差悬殊，奥柳托尔斯基区农村图书馆拥有电脑的比例仅为9.1%，品仁纳区仅为12.5%，而阿留申区、卡拉金区、贝斯特拉亚区的比例均达到100%。

所以，俄罗斯远东地区农村图书馆现代化升级工程只是保护和发展农村图书馆网艰巨工作的开始。为了发展远东地区农村图书馆事业，保障农村居民获得信息的权利、满足农村居民信息需要，缩小城市和农村之间的差距，就必须集中所有对农村图书馆感兴趣的力量，实施综合的方法来帮助这些图书馆。

为此，在远东地区农村图书馆信息化的过程中，滨海边疆区开展了“图书馆统一联合网”工程，该工程的发起者是滨海边疆区图书馆和滨海边疆区科技图书馆，该项目工程成立了软件工程和技术保障工作组。使用读者远程访问图书馆电子目录软件，开展了远程借阅的实验工作。阿努琴斯克区（Анучинский район）、卡瓦列罗夫区（Кавалеровский район）、米哈伊洛夫区（Михайловский район）的集中图书馆系统参与了该项目。通过建立边疆区图书馆的统一信息空间，创建联合电子目录，使各公共图书馆与农村图书馆的资源实现联合共享。由此提高了滨海边疆区各自治区中心图书馆及农村分馆的工作效率，保障农村读者，包括较偏远农村地区的读者获取图书馆馆藏出版物的全部信息。另外，各自治区中心图书馆网站建设也是农村图书馆信息化的主要内容之一。通过对各自治区中心图书馆Web网站的建设可以建立本自治区农村图书馆的电子名片，远程访问图书馆资源和信息资源，共享电子目录，建立虚拟参考咨询实时服务平台，包括图书馆信息的实时导航。目前，滨海边疆区大部分自治区中心图书馆都建立了自己的网站，并开始深加工自己的网站，这些中心图书馆也由此成为全球信息空间的一部分。

（二）远东地区的“新型农村图书馆工程”

1. 远东地区“新型农村图书馆工程”概况

进入21世纪以后，俄罗斯联邦政府认识到了农村图书馆在农村社会中的社会和文化作用，并开始关注农村图书馆事业，同时吸引社会各阶层、团体和机构对农村图书馆进行帮助和扶持，吸引农村居民关注农村图书馆建设。国家及各部门和图书馆界为此作出了重大的努力。2000年，俄罗斯文化部在《俄联邦目标计划（2001—2005年）》的框架内，资助了一系列农村图书馆的现代化改造。俄罗斯许多州、边疆区和共和国为农村图书馆的发展制定了目标计划。2000年以来，在俄联邦文化部和非营利性基金“普希金图书馆”“开放的社会”研究院（索罗斯基金）的努力下，在俄罗斯区域和地方机关共同投资的情况下，开始实施“农村图书馆”计划，同时合作开展“新型农村图书馆工程”。“新型农村图书馆工程”的目标是：为俄罗斯农村图书馆的全面发展创造条件，在图书馆的基础上形成农村现代信息中心和教育中心，促进农村图书馆对地方社会问题的关注，克服文化发展中的城乡差异。该计划主要按照这样几个方向实施：系统装配农村图书馆馆藏，提高图书馆员的专业水平，把农村图书馆作为农村社会的中心来发展。“农村图书馆”计划涉及俄罗斯联邦的85（俄罗斯共89个州、区）个州、区，吸纳远东地区的全部州、边疆区[41]。

远东地区实施“新型农村图书馆工程”的时间要比俄罗斯东欧地区晚4~5年。在俄罗斯联邦文化部与索罗斯基金会签订协议之后的第二年，即2003年，俄罗斯联邦中央区的楚瓦什共和国总统即签署了《关于建立楚瓦什共和国农村新型图书馆》的命令[42]。与楚瓦什共和国相比较而言，俄罗斯远东地区新型农村图书馆建设则迟了许多，该地区新型农村图书馆建设始于2009年。根据俄罗斯联邦计划《俄罗斯文化（2006—2012年）》，2009年滨海边疆区正式申请参加“开放的社会”研究所的“新型农村图书馆工程”，并于当年建立了2所农村新型图书馆，成为远东地区第一个建设新型农村图书馆的自治主体。远东地区“新型农村图书馆工程”的宗旨是使农村图书馆努力接近或符合农村公共图书馆的国际标准。“新型农村图书馆”需要重新梳理农村图书馆的工作内容，重建信息资源和购置新的技术设备，在新型图书馆中需要执行新的功能：对数据进行数字化处理，为读者提供数字资源。农村居民可以通过新型农村图书馆获得俄罗斯、欧洲、美国的主要图书馆的书目和资源；每位居民可以看到任何法律文本、总统命令、政府决议、农村和自治区行政机关首脑的决议。也包括教授读者互联网的使用方法和数据查找方法，培训农村用户使用电子百科全书、咨询手册、利用电子邮箱及扫描文件。每一个新型农村图书馆都需要执行新的信息服务形式，如建立自治区法律信息中心、自主教育和教育中心、社会和民众信息中心、文化休闲中心。

2. 俄罗斯远东地区“新型农村图书馆”的定位及硬件建设要求

俄罗斯远东地区要求新型农村图书馆拥有一套优化的物质和信息资源标准，这一标准可以在最低程度上保障为农村居民提供较高质量的图书馆服务。新型农村图书馆相对于农村传统图书馆确立了以下工作原则：保障全部公民平等和无障碍获取信息；获取各种类型的服务；保障阅读自由；为所有类型的居民提供他们所需要的图书馆文献和信息。

农村图书馆升级改造包括以下部分：组织建设舒适现代的图书馆环境（馆舍装修）；做好图书馆附近的园林绿化；及时装配所有载体类型的馆藏保障；图书馆工作流程自动化；开放获取区域内各图书馆和互联网上的信息资源；培训馆员用户服务的新技术、新方法和新技能；选择建立新型农村图书馆的地点。

根据俄罗斯联邦文化部制定的标准要求，新型农村图书馆应该建在常住人口500~1000人的村中。当然，远东地区各州、边疆区、共和国可以根据本地区农村人口的分布特点和地理特征制定符合当地人口数量的标准，而且，要通过对新型农村图书馆的合理布局，最大限度地为其周边的农村居民提供图书馆服务。例如，滨海边疆区要求新型农村图书馆与农村用户居住地的距离不应该超过3千米，或20分钟的步行路程，图书馆应该坐落在离公共交通站点较近的地方，并在交通便利的道路附近。新型图书馆的总面积一般不少于70~100平方米。另外，新型图书馆的馆舍建设要考虑内外部的装修设计，建筑物的外观要吸引读者，内部建设要使读者和用户感到舒适且符合当地居民的审美要求。在馆舍的建设过程中要本着规范、标准的原则，如照明、室温状况、消防安全、安保等。要科学设计图书馆日常工作空间，如文献搬运通道、用户和图书馆工作人员移动路径等。另外，新型图书馆的家具（书架、图书借阅台、桌椅等）必须符合长久使用的要求，并且要舒适且具备相应的功能。技术装备包括2套计算机设备、1台复印机、1台扫描仪、1台打印机、1套视听设备（电视机、放像机、音响、多媒体投影仪），并且要开通互联网[43]。

3. 远东地区新型图书馆信息资源建设的要求

新型图书馆的馆藏服务标准要求用户不仅能够自由地获取本馆的信息资源，而且应当能够获取俄罗斯图书馆信息空间的全部信息。新型农村图书馆要保障用户能够最大范围地获取各种载体类型的文献，如图书、期刊、视听文献、电子文献、CD、数据库，其中包括互联网上的数据库、有声图书等，并能够有充足的数量保证。

新型农村图书馆馆藏装配要重点考虑地方社会的现实需求，包括现代百科全书、词典、咨询手册，俄罗斯和国外的新文学出版物、儿童出版物，也包括历史、心理学、哲学、经济、法律、艺术、技术和农业、医疗和休闲类的现代出版物。新型图书馆馆藏必须剔除老化文献和旧文献，初次购进新文献应达到不少于现有文献数量的10%。为了实现新型图书馆的馆藏文献价值，其馆藏年更新率必须达到馆藏文献总量的5%或每1000位居民250册图书的标准。期刊和连续出版物的数量应不少于10~16种报纸和期刊[43]。影像出版物馆藏应包括认知题材的电影，拍成电影的俄罗斯和国外的经典作品、动画片、俄罗斯国产舞台剧的录像。农村新型图书馆的电子出版物应包括中小学教学计划中主要课程的教学光盘、电脑技术教育光盘、国产和国外艺术的多媒体出版物、俄罗斯和外国著名博物馆的多媒体出版物、俄罗斯国内和国外经典作品集的电子出版物、俄罗斯国内和国外著名艺术家专辑的电子出版物。

4. 新型图书馆的服务内容

远东地区建设新型图书馆的目标是为农村公民提供更为充分完整的服务，这些服务必须适合所有用户类型和读者群。新型图书馆有能力为农村各类用户提供不同类型服务和目标服务，其中包括文献服务、参与咨询服务、信息服务、教育服务、通信服务、休闲服务。远东地区新型农村图书馆根据本村居民的需求选择自己工作的专业方向，可以是信息法律和信息休闲中心、信息—民族文化中心、图书馆—博物馆等。

新型农村图书馆必须提供的免费服务包括：提供馆藏文献的具体信息；通过卡片目录系统和图书馆的其他信息化形式获得完整的馆藏信息；查找和选择信息源；借助其他图书馆尽量满足读者在本馆未能满足的需求；根据图书馆使用原则进行馆藏外借。新型农村图书馆实行广泛的参考咨询和信息服务，其中包括：编制主题目录和主题目录参考书；利用电话和电子邮箱进行定题和目标服务；准备和提供问题分析评论，提供信息分析和专题咨询；针对不同问题提供参考咨询服务。新型农村图书馆利用信息技术帮助用户进入企业和全球信息网，通过局域和远程访问扩展读者服务领域，农村图书馆成为新型图书馆以后，在其基础上将成为图书馆员和农村行政管理处领导的继续教育工作室。

远东地区已经建成的农村新型公共图书馆的运作模式表明，农村居民对它们的需求显著增长，读者的数量明显增加。最近几年注销的用户又开始返回图书馆，他们开始以超过过去2~3倍的频次光顾图书馆。在工厂和公司工作的公民、儿童和青年读者数量显著增加了[44]。所有参与该项目的新型农村图书馆馆员指出，图书馆在农村生活中的作用明显提升。图书馆界的专业人士、各级政府机构、媒体和社会组织的代表开始参观每个升级后的农村图书馆。新型农村图书馆不仅使其自身引起了人们的注意，而且使其所在的村庄也受到了社会的广泛关注。

第二节　俄罗斯远东与我国东北地区农村图书馆（书屋）的建设现状对比研究

此部分研究说明：为了能够直观具体了解我国东北地区和俄罗斯远东地区农村图书馆建设的状况，课题组对我国东北地区的黑龙江省、吉林省、辽宁省的乡镇图书馆、农家书屋和俄罗斯远东地区的阿穆尔州及滨海边疆区的自治区图书馆、农村图书馆进行了问卷调查。课题组分别对黑龙江省北安市的赵光镇、通北镇、城郊乡、二井镇，双城市（哈尔滨下辖市）的幸福乡、周家镇、新兴乡，宁安市（隶属于牡丹江市）的卧龙乡、石岩镇、江南乡；吉林省长春市的合心镇、烧锅镇、三岗乡，扶余县的蔡家沟镇、新城局乡、新源镇、七家子乡，德惠市的菜园子镇、达家沟镇、豆家店镇；辽宁省兴城市的四家屯乡、曹庄镇、菊花岛乡、白塔满族乡、塔山屯镇、小庄子镇、小庄子满族镇，葫芦岛市的双树乡、北港镇、塔山乡的30个乡镇和80个村的农家书屋进行了问卷调查（详见附录十和附录十二）。另外课题组对阿穆尔州的布拉戈维申斯克区（Благовещенский район）、伊万诺夫卡区（Ивановский район）、扎维京斯克区（Завитинский район）、斯沃博德内区（Свободненский район）、谢雷舍沃区（Серышевский район）5个区的5所区中心图书馆和25所农村图书馆，滨海边疆区的米哈伊洛夫区（Михайловский район）、什克托夫斯克区（Шкотовский район）、哈桑区（Хасанский район）、那捷日金斯克区（Надеждинский район）、斯帕斯克区（Спасский район）5个区的5所区中心图书馆和25所农村图书馆进行了门户网站和问卷调查（详见附录十一和附录十三）。利用问卷调查数据和俄罗斯远东农村图书馆门户网站上的信息，笔者分别对我国东北地区的乡镇图书馆和俄罗斯远东地区的区中心图书馆、东北地区的农家书屋和俄罗斯远东地区的农村图书馆的现状进行了比较研究。由于俄罗斯的行政建制与我国有所不同，所以在这里我们对其加以阐释说明，以便明晰和确立比较研究的对等性。俄罗斯地方为三级行政建制，即州、市（自治区）、村庄（小镇、农庄），与我国比较而言缺少了“地级市”“乡镇”这两个行政层级，俄罗斯的“自治区”和“市”是同级的行政单位，二者的区别是农村人口主要集中在“自治区”里，而“市”里的农村人口比例很小。“自治区”通常由1个或多个小镇及数十个村庄构成，而这些小镇和村庄在俄罗斯通常统称为“居住点”，这些小镇和村庄只有人口数量的区别，没有行政级别的差异。“自治区”的行政管理中心（政府）通常坐落在小镇里或较大的村庄中，一个自治区的人口在1万~4万人不等。虽然俄罗斯的“自治区”的行政级别和功能大致相当于我国的“县（市）”这一级，但从人口数量及其行政中心所坐落的地理位置及与“村庄”之间的关系来看，又与我国的“乡镇”极为相似，所以可以将远东地区的“自治区”与我国的“乡镇”对等起来，而远东的“村庄”“农庄”则可与我国东北地区的“行政村”对等起来。因此本部分的对比研究将从两个层面开展，首先是俄罗斯远东地区自治区的“区”图书馆与东北地区的乡镇图书馆状况的对比研究，之后对俄罗斯远东地区农村图书馆与我国东北地区的农家书屋状况进行比较研究，以此实现对我国东北与俄罗斯远东地区农村图书馆的建设状况进行具体、全面的比较研究的设想。

一、俄罗斯远东与我国东北地区农村图书馆建设的法律保障比较研究

我国东北地区农村图书馆建设与俄罗斯远东地区相比较而言，法律保障体系还不健全。宏观层面，到2013年8月为止我国还没有正式出台的公共图书馆法，当然，我们正在酝酿公共图书馆立法，目前已经起草了《〈中华人民共和国公共图书馆法〉意见稿》。如前面所述，俄罗斯和俄罗斯远东地区图书馆建设的法律保障体系则是另一番景象。俄罗斯联邦国家层面有1994年出台的俄罗斯联邦《图书馆事业法》，远东地区地方各州、边疆区、共和国大部分有自己本区域的图书馆法，如《滨海边疆区图书馆和图书馆事业法》《萨哈共和国图书馆事业法》《阿穆尔州图书馆事业法》。微观层面，我国及东北地区的一些图书馆法规和条例涉及农村图书馆建设的条款、规定相对粗糙。近年，我国也出台了国家和地方层面的图书馆或农家书屋管理条例，对农村图书馆建设进行规范。如《〈中华人民共和国公共图书馆法〉意见稿》[45]中也提到了县级以下地区图书馆建设的原则，但不十分具体，对农村图书馆建设仅有纲领性的作用。如该法第十五条（总分管制度）中规定“县级以上地方政府应在辖区内建设总分管制度”“县级以上地方文化主管部门可在一定区域内指定一所较大的公共图书馆为总馆，其他图书馆为分馆，在远离总馆和分馆的居民区设置稳定的流动服务点，形成能够覆盖辖区内所有人口的公共图书馆服务体系”。我国东北地区各省目前还没有出台图书馆法，但一些省出台了公共图书馆管理条例或管理办法，如辽宁省2004年颁布的《辽宁省公共图书馆档案馆管理办法》[46]。东北地区目前还没有出台像俄罗斯远东地区那样具有专指性的关于乡镇图书馆（室）的法规或条例，但各省一般会有当地人大常委会通过的《乡镇综合文化站管理办法》[47]，但这类法规涉及乡镇图书馆建设的内容极少。例如，《辽宁省乡镇综合文化站管理办法》中只有第三章第十一条第四点提到了乡镇文化站要“在县级图书馆的指导下，开办图书室，开展群众读书读报活动，为当地群众提供图书报刊借阅服务。”《吉林省乡镇综合文化站管理办法》[48]则只在第三章第十条中提出“乡镇综合文化站基本功能空间应包括：书报刊阅览室”。吉辽两省的《办法》中并没有像俄罗斯相关法规那样涉及农村图书馆建设的具体建设要求、方法和原则。而关于行政村的农村图书馆建设的问题，我国东北地区还没有任何一部图书馆法规涉及。东北地区所能够遵照的，与农村图书事业直接相关的法规仅有一部，即新闻出版总署2008年出台的《农家书屋工程建设管理暂行办法》，该《暂行办法》对农家书屋的建设标准与要

求、社会捐赠管理、出版物选配、农家书屋管理等具体问题和事项进行了详细规定。《暂行办法》的功能、作用和内容与俄罗斯《农村文化机构（公共图书馆和文化休闲机构）服务的最低资源保障规范》有些相似。两地区农村图书馆建设的地方规章制度的建立方式也较为相似，如我国东北各省也根据《暂行办法》制定了本省的《农家书屋建设管理办法》，而俄罗斯远东地区各州、边疆区则根据《最低资源保障规范》制定了本地区的《规范》。但从中俄这两项法规的内容来看，《暂行办法》远不如《最低资源保障规范》全面、详尽、具体。如馆藏更新问题、管理人员的配置问题、管理人员的培训问题，后续的管理等问题在《最低资源保障规范》都有体现，而我国的《暂行办法》仅适用于农家书屋的初期建设，对于后续的资金投入、馆藏更新等后续发展问题没有涉及。

二、俄罗斯远东地区"区"中心图书馆与我国东北乡镇图书馆建设状况的比较研究

（一）远东地区各自治区的"区"中心图书馆与我国东北地区乡镇图书馆的结构和功能的比较

俄罗斯远东地区的各自治区行政中心所在的镇或村庄中通常坐落着区中心图书馆或跨居住点图书馆，区中心图书馆或跨居住点图书馆与本区各村和小镇图书馆通常是总分馆关系。各村图书馆以村庄的名称命名，同时还有自己的分馆序号。以滨海边疆区的哈桑区（Хасанский район）为例，其总分馆集中图书馆系统包括区哈桑区中心图书馆、札鲁比诺镇（п.Зарубино）图书馆、滨海镇图书馆（п.Приморский）、巴拉巴什村（с.Барабаш）图书馆、别兹维尔霍夫村（с.Безверхово）图书馆 、戈沃兹杰沃村（с.Гвоздево）图书馆、札纳德沃洛夫卡村（ с.Занадворовка）图书馆、促卡诺沃村（с.Цуканово）图书馆。中心图书馆对这些镇、村图书馆有进行业务指导、馆员培训等方面的职责。通常区中心图书馆设有借阅部、组织培训部（或培训—编目部）、阅览室、文献采访部、服务部、成人部和儿童部[49]，其中文献采访部不但负责区中心图书馆的馆藏装配工作，而且为本区的所有村、镇图书馆进行文献采访、文献分配和财务结算。有的区中心图书馆还设有流动图书馆服务部，专门服务于人口极少、地理位置偏远的农村居住点的居民，如哈巴罗夫斯克边疆区的上布列亚区（Верхнебуреинский район）的跨居住点集中图书馆系统的中心馆。另外，有的自治区行政中心所在的镇或村不但设有区中心图书馆，有的还设有独立建制的区儿童图书馆。从建制上来看，

我国东北地区的乡镇没全部设有图书馆（室），从实地调查的情况来看，绝大部分的乡里是没有图书馆的，很大一部分人口规模小、经济不发达的镇里也没有图书馆。如课题组所调查的黑龙江省北安市的城郊乡、二井镇，双城市的幸福乡都没有图书馆（室）。经济较为发达的哈尔滨市道里区新发镇原来是有图书室的，但后来因为房舍不够，该图书室的馆藏文献都转移到了道里区康安社区图书馆了，这个镇里也就没有图书馆了。从图书馆的服务功能来看，远东地区的区中心图书馆功能齐备，积极开展对所在地及周边村、镇居民的开放式服务。而东北地区的乡镇图书馆则很大程度上只是作为一种形式存在，其最基本的读者服务功能尚没有发挥出来。课题组在调研过程中发现，虽然许多乡镇图书馆的管理人员在调查问卷上的“图书馆的开放时间”这一选项上选择了“全天开放”，但实际上许多乡镇图书室多数时间是关门的，即使开门的时候也很少有人来阅读，尤其见不到农民读者。东北地区的乡镇图书馆虽然名义上是面向农村居民的，但由于乡镇图书馆大多没有独立馆舍，通常设在乡镇政府内，所以这些图书馆（室）更像是乡镇政府内部人员的文化设施。另外，就我国的国情来看，一般村民没有十分重要的事是很少到乡镇政府的，从一般村民的心理来讲，他们认为乡镇政府不是普通村民随意出入的地方，所以设在乡镇政府的图书室便很少有村民问津，他们不认为这是给自己使用的，而且大部分农村居民甚至不知道镇政府内有供他们自由阅读的图书馆。从东北地区乡镇图书馆与农家书屋的功能关系上来看，在调查问卷上，有的乡镇图书馆管理员在“乡镇图书馆与农家书屋的关系”这一选项上选择了“业务指导”关系，但在“有无专职图书管理人员”这一选项上却选择了“镇干部代管”，显而易见，镇图书馆是镇干部代管，其业务水平就难以达到专业化的要求，更无法实现对本镇各村农家书屋进行科学的业务指导的设想。在对农家书屋的实际调查中也验证了这一点，在对农家书屋的调查问卷上有这样一个选项，即“书屋管理员是否有定期培训指导”，绝大部分的书屋管理员选择了“无”，所以多数乡镇图书馆对农家书屋的业务指导也只是名义上的。

（二）远东地区“区”中心图书馆与我国东北地区乡镇图书馆馆舍建设的比较

俄罗斯远东地区“区”中心农村图书馆的馆舍主要涉及两种类型。一种是人口较多（区总人口3万人以上）、经济较发达的区中心图书馆，这类图书馆会建设专门的独立用房，通常规模相对较大，一般会拥有两层楼的独立馆舍，建筑风格多为现代建筑，如图2-1所示。另一种是人口较少（区总人口2万人以下），农村人口所占比重较大区的中心图书馆一般会选择附属于住宅或公共建筑的一部分

（占用一个单元或第1~2层）来作为图书馆用房，如图2–2所示。馆舍面积通常在500平方米以上。

图2-1　布拉戈维申斯克区中心图书馆(阿穆尔州)

图2-2　哈桑区中心图书馆(滨海边疆区)

我国东北地区的乡镇经济大部分不够发达，从课题组的调研数据来看，黑龙江省的乡镇图书馆都没有独立馆舍，通常设在乡镇政府的办公用房内或与乡镇文化站合用一室，而且面积较小。以黑龙江省北安市的通北镇为例，该镇是国家级重点镇，黑龙江省百强镇，在课题组所调查的所有乡镇中人口是最多的，达到10万人，但图书馆的面积仅有60平方米。而北安市的赵光镇也是国家级重点镇，总人口7万人，在问卷“图书馆（室）总面积”这一栏上，被调查者填写的是“10平方米”。俄罗斯远东地区的中心图书馆馆舍内部建设注重功能设计，并遵循本州的相关标准。通常远东地区的区中心图书馆办公房间面积要按照工作人员编制数量及他们所从事的工作性质来确定，原则上不少于读者区总面积的20%。办公房间的布局必须遵循方便工作人员之间的联系、方便读者服务的原则。工作区的面积根据区中心图书馆各部门的工作性质和规定的标准确定。例如：馆藏装配和馆藏加工部每位职员的工作面积为9~12平方米，科学培训部的每位职员的工作区面积为9平方米，行政工作人员为5~6平方米，馆长（副馆长）为15~25平方米，并且办公房间和部门房间的设计、布局应该保证工作的舒适性。我国东北地区的乡镇图书馆馆舍建设及内部空间设计目前还没有可以遵循的相应标准。通常乡镇图书馆（室）房舍面积的大小要根据乡镇政府的用房情况和重视程度来确定。笔者对所调查的我国东北地区30所乡镇的12座图书馆和俄罗斯远东地区的10所区中心图书馆的馆舍面积进行了统计，其结果见表2–3。

表2-3 我国东北地区乡镇图书馆和俄罗斯远东地区区中心图书馆面积的对比

面积(平方米)	中国东北地区	俄罗斯远东地区
	乡镇图书馆数量	区中心图书馆的数量
10~50	4	0
50~100	6	0
100~150	2	0
150~500	0	4
500~1000	0	6

由表2-3可见，课题组所调查的东北地区的乡镇图书馆馆舍面积大部分在100平方米以下，其中面积在50平方米以下的乡镇图书馆数量比例也很大。在所调查的东北地区的乡镇图书馆中没有150平方米以上的。而在俄罗斯远东地区的10所区中心图书馆中，没有150平方米以下的，而且500平方米以上的图书馆达到了6所。

三、俄罗斯远东地区农村图书馆与我国东北农家书屋建设状况的比较研究

(一) 俄罗斯远东地区村图书馆与我国东北农家书屋对农村地区的覆盖程度的比较

俄罗斯远东地区农村图书馆建设重视选址工作。俄罗斯远东地区地域辽阔，人烟稀少，村图书馆会选择建在人口相对稠密且其他居住点的居民和读者能够在较短的时间内到达的村子。远东地区农村图书馆建设通常遵照俄罗斯联邦文化部No682号法规《俄罗斯联邦主体内自治公共图书馆网组织基本条例》对农村图书馆建设的规定实施，即“在每一个自治主体区域内（可以是城市、城市的区、农村区、村庄）至少要有一座自治属性的图书馆（自治图书馆、中心图书馆或分馆）。从中心图书馆、分馆、图书馆服务站到其服务点超过3千米（或步行超过0.5小时）的居住点或其偏远部分的居民享有流动形式的图书馆服务，其停留时间、地点由自治图书馆行政机关确定”。总体上来讲，俄罗斯远东地区各州、边疆区、共和国基本实现了农村图书馆500人以上村庄的全覆盖。我国东北地区在行政村及其下属的屯中在2007年以前没有书屋，少数的村屯会设有图书室，但这种图书室更应该称为“图书角”，因为这种图书室的图书、报刊品种数量少得可怜。2007年3月6日国家新闻出版总署等八部委颁发了《“农家书屋”工程实

施意见》之后，中国东北地区开始了全面开展农家书屋工程，截至到2012年年底，东北地区除了蒙东的呼伦贝尔、兴安盟、通辽、赤峰、锡林郭勒盟五盟市，基本上实现了农家书屋的行政村全覆盖。下面分别选取我国东北的黑龙江省、吉林省、辽宁省三个省与俄罗斯远东地区的阿穆尔州、滨海边疆区、哈巴罗夫斯克边疆区、堪察加州、萨哈林州、萨哈共和国几个人口较多的地区进行数据统计和比较研究，详细数据见表2-4。

表2-4　中国东北和俄罗斯远东地区农村图书馆数量情况[50-52]

中国东北地区			俄罗斯远东地区(详见附录一~九)		
省份	农村人口数量（万人）	书屋数量(所)	州、边疆区	农村人口数量（万人）	图书馆数量(所)
黑龙江省	1667.8	10040	阿穆尔州	29.97	335
			滨海边疆区	48.77	430
吉林省	1280.5	9365	萨哈林州	11.1	114
			堪察加州	7.16	75
辽宁省	1657.8	11762	哈巴罗夫斯克边疆区	27.4	231
			萨哈共和国	32.7	416
东北三省	4606.1	31167	六个州、区	157.1	1601

通过表2-4可以看出，中国东北地区农村人口与俄罗斯远东地区相差巨大，黑吉辽三省农村人口总数为4606.1万人，阿穆尔州、萨哈林州、哈巴罗夫斯克边疆区等六个州区的农村总人口则仅为157.1万人，相差29.3倍。从俄罗斯远东地区的农村图书馆总数上来看，与我国东北地区农家书屋数量相比相差甚远。黑吉辽农家书屋总数为31167所，而俄罗斯远东地区六个州区的农村图书馆总数为1601所，相差19.5倍，但显然这种差距是人口数量悬殊造成的。从每所图书馆（书屋）覆盖的农村居民数量上来看，黑吉辽为1478人，阿穆尔州、萨哈林州、哈巴罗夫斯克边疆区等六个州区为981人。另外，表2-4中统计的俄罗斯远东地区六个州（区）的农村图书馆数量指的是固定图书馆的数量，不包括流动图书馆，而目前我国东北农村地区还没有流动图书馆这种服务形式。从表2-4的数据来看，我国东北和俄罗斯远东地区农村图书馆平均覆盖的人口数量的差异不是特别明显，但从远东地区的个别州来看，与我国东北地区的差异就十分巨大了。如

楚科奇州总人口为48591人，但其图书馆总量达到40所，农村人口16336人，农村图书馆数量达到25所，平均每653人就拥有一所图书馆。

（二）俄罗斯远东地区农村图书馆与我国东北农家书屋馆舍建设的比较分析

俄罗斯远东地区农村图书馆馆舍绝大部分是独立的，这一点与我国东北地区的农家书屋馆舍建设不同。在实地调查过程中，调研组发现，所调查的东北地区的农家书屋绝大部分与村委员会合用一所办公用房。当然也有极其个别的农家书屋拥有独立的馆舍，如课题组所调查的双城市新兴乡新华村的农家书屋是隔街与村委会紧邻的一所独立建筑。俄罗斯远东地区地处偏远、经济不够发达的村庄的图书馆多以独立的平房为主。平房类型的农村图书馆一般有两种形式：一种是传统的农村木屋图书馆，其主体建筑材料多为板材和原木，具有浓郁的传统俄罗斯住宅风格，如图2-3所示；第二种是砖瓦结构的现代农村房舍建筑风格，如图2-4所示。

图2-3　新巴科洛夫卡村图书馆（阿穆尔州）

图2-4　利别尼村图书馆（阿穆尔州）

俄罗斯远东地区农村图书馆与住宅或其他机构共用一所建筑的情况也较多，这类农村图书馆一般会与小学校、幼儿园或村博物馆共同使用同一所建筑。这一点与我国东北地区的农家书屋设置有些相似，但又有明显的不同。东北地区的农家书屋多是与村委会或便民超市、农户合用一所住房，也有与中小学校合用一舍的情况。俄罗斯远东地区与博物馆合用一所建筑的图书馆，其建筑风格多展现出深厚的传统文化气息和民族风格，其外表标识也多采用“图书馆—博物馆”联合挂牌的形式，如图2-5所示。与幼儿园或小学合用一栋建筑，其外观多具现代性，且有宽敞明亮的外观视觉，其院落相对开阔。设立在住宅楼的农村图书馆多在住宅楼的1~2层，其外观多经过精心设计，展现出图书馆应有的文化氛围，对读者具有吸引的作用。俄罗斯远东地区通常在人口数量多、规模较大的村设立面积较大的图书馆，用独立的楼房作为馆舍，其中多数已经升级为新型农村图书馆，如图2-6所示。由于我国东北地区的农家书屋多为合用馆舍，通常较少对外观进行考究和设计，其外观绝大部分平淡无奇，缺少图书馆应有的文化氛围。

图2-5　舒叶列茨基村"图书馆—博物馆"

图2-6　别良科夫村新型图书馆(滨海边疆区)

俄罗斯远东地区农村图书馆也有在村行政管理机关或村文化综合体中开辟若干个房间作为图书馆用房的情况。这一点与我国东北地区的情况相似，但其内在管理方式和房舍的内部功能结构是严格按照公共图书馆的管理标准设置的。

(三) 俄罗斯远东地区村图书馆与我国东北农家书屋馆舍设计的细节比较分析

俄罗斯远东地区农村图书馆的建筑设计较为重视用户的便利性。尤其是与其他机构合用一所建筑，或使用居民住宅的时候，农村图书馆通常有自己单独的进出口。规模较大的农村图书馆还开辟出图书馆工作人员的专门工作进出口，使读者与图书馆的日常工作互不干扰。对于处于多层住宅第一层的农村图书馆，通常特别设计和开辟便于用户自由出入的进出口，同时要考虑预留消防通道。不论是哪一种类型的图书馆馆舍，在建设和设计时都充分考虑安装针对残疾用户的必要设备，如在图书馆的进出口、楼梯旁侧设计斜坡滑行道，安装残疾人的专门把手、遮挡防护设施、残疾人电梯、为残疾人在图书馆设置工作或活动的专门座椅。与教育机构（学校）处于同一座建筑物内的农村图书馆会设立保障图书馆用户自由、便捷出入的独立进出口。位于社会文化综合体建筑内的农村图书馆通常预留农村图书馆的专门房间，并保障用户拥有舒适的阅读和工作环境。另外，远东地区的大部分州、区处于高纬度地区，且冬季受西伯利亚寒流的直接影响，气温较低，许多地方的冬季气温达到零下30到零下40摄氏度，且冬季漫长，多数地区的冬季寒冷期达到半年以上，所以农村图书馆的供暖问题成为图书馆硬件建设和阅读环境建设的重点。各村图书馆要求馆舍的冬季密闭性和保暖性要达到标准，供暖需要保障冬季读者阅读的舒适温度。我国东北地区农家书屋建设从

2008年到2012年底基本完成，由于建设周期短，建设主管部门没有充分考虑到这些细节问题，对农家书屋细节建设没有形成正式的标准和要求并下达到书屋建设的具体实施者。课题组调查发现，与村委会合用一所房舍的农家书屋通常不是单独开门的，而是与村委会共用一个进出口，村委会人员较为杂乱，处理村务难免吵吵嚷嚷，影响书屋的阅读环境。农家书屋内部设计通常十分简易，其功能结构设计没有按读者类型进行个性化区分，没有针对特殊读者的专门设备和用具。我国东北地区的气候环境与俄罗斯远东地区极为相似，冬季寒冷漫长，农家书屋供暖都是自行解决，通常安装土暖气。课题组所调查的许多农家书屋的暖气片数较少，书屋室内温度很低。东北的冬季正是农闲的时候，是农民阅读的好季节，但这样的室温严重影响了读者的阅读兴趣。

（四）俄罗斯远东地区农村图书馆与我国东北农家书屋房舍面积的对比

俄罗斯远东地区对农村图书馆的馆舍面积有具体的要求。遵照俄联邦文化与大众传媒部通过的第32号《农村文化机构（公共图书馆和文化休闲机构）服务的最低资源保障规范》，远东地区各州、边疆区、共和国要求农村图书馆开放获取馆藏间及图书外借处的面积通常不少于100平方米，并且要有摆放书架的相应空间。封闭馆藏室每5.5平方米要摆放1000册图书，半开放馆藏室要每7平方米摆放1000册书。公共阅览室的面积通常不少于每个读者座位2.4平方米（其中含阅览室中的设备占据的空间）。带有开放馆藏的阅览室的面积通常每10平方米摆放1000册图书。座椅的数量通常按每2.5平方米设置1个座椅，或本村每一百位居民设置1个座椅。10%的读者座椅应该设置在浏览性阅读的区域或设置在休息区。用于浏览期刊的的座椅数量一般为每3平方米1个位置。用于个性化利用视听文献的地方，面积不少于5.5平方米。对于需要设置展览活动的房间（如开放馆藏及外借处或阅览室）要增加10%的面积，举办大众文化活动必须要有独立房舍。儿童活动房间必须是单独的，通常一个位置占1.5平方米。并且可以同时容纳10~20名儿童。我国东北地区在进行农家书屋建设时也有一些简要的规定。如黑龙江省要求农家书屋的总面积不能少于30平方米，农家书屋通常应该设在村委会，村委会用房确实紧张的村，可以考虑将书屋开设在农户家中或农村便利店内。在课题组的调研过程中看到，大部分农家书屋只有1个房间，面积从30~80平方米不等，大部分书屋的书架、阅览室、办公间都设置在一起，没有任何功能区分。村委会面积较大的村会给农家书屋划拨两个房间，如课题组所调查的双城市新兴乡新胜村的村委会就是二层的办公楼，该村在村委会第二层的最里面给农家书屋腾出了两个房间，其中一个房间摆放着电视机、电脑、投影仪，还有一个椭圆形的会议桌，大概40平方米，可以视为多媒体阅览室、会议室和办公室。另外一个房间25平方米，两个墙面布置了书柜，地中央有三张桌子和若干椅子，这个房间可以视作藏书室和阅览室。总体来看我国东北地区的农家书屋的馆舍内部功能设计还很不完善，阅览室、藏书室、办公室的功能区分不清楚，或没有任何分别，同处一室。另外我国东北农家书屋绝大部分没有为儿童读者开辟专门的空间，更没有服务于儿童读者的专门设备。

（五）俄罗斯远东地区村图书馆与我国东北农家书屋内部美学设计的对比

俄罗斯远东地区也十分重视农村图书馆的内部设计。人与人打交道的第一印象很重要，我们往往通过服饰和气质对初次相识的人予以评价。对于图书馆的初次印象，我们通常通过其外观予以评价。宽敞明亮、和谐舒适的环境会给读者一种被邀请的感觉。所以，图书馆的美学设计会给予读者一个初始印象：这里是否在期待我的光临，图书馆是否预见到了读者的愿望和兴趣，是否在用心做自己的工作。俄罗斯远东地区农村图书馆意识到了环境设计对于吸引读者和满足读者精神需求和休闲需求的重要意义。2009年滨海边疆区乌苏里斯克区（Уссурийский район）制定了“为每一所图书馆设计一张面孔”计划，全区的13所农村图书馆参加了该计划。该计划的主要目标是使农村图书馆在视觉感知上，能够让读者第一眼就感受到其信息蕴含丰富、文化氛围强烈，并且赏心悦目。区中心图书馆派遣专家为工作在最偏远的农村图书馆员提供图书馆环境设计的支持和帮助。该计划有两位专家参加：一位是图书馆员——设计师И. Г.瓦拉霍维奇；另一位是画家——装潢师Е. В.契尔涅娃。他们利用水粉和纤维板、现代建材（瓷砖、壁纸、彩色装饰板等）针对农村图书馆的工作需要和工作性质，制定相应的工艺设计方案。这项工作由业务辅导专家和艺术工作者及农村分馆负责人共同实施。参与该计划首先要对图书馆内部进行装饰性维修。在对农村图书馆进行内部装饰维修的同时，艺术设计专家还要帮助设计信息台、常设展览架和书架的两端，划出主题区，对其进行命名，确定标牌的颜色和字体等。中心图书馆的新技术部工作人员通过艺术字母和多种色彩标识展台的信息资料，如图2-7所示。

图2-7　老路村图书馆展台(萨哈林州)

由于工作方式和理念不尽相同，所以远东地区农村图书馆设计方案和风格也有较大的差异。如霍母季尼村图书馆的设计理念为家庭主题，因此，其中心展台设计为仿实木的带烟囱的壁炉形式，并贴上砖图案的壁纸。在儿童阅览区设计了儿童读者喜爱的的动画片主人公的形象画：小猫马特罗斯金和邮递员佩奇金。在文学类文献区设计悬挂著名作家的肖像画。茂尔德维诺夫村图书馆划拨资金购买了图书馆家具、窗帘及装饰品。设计者通过和谐、平衡的色调：绿色和橙色营造出安静、祥和的阅读氛围，利用温馨的家具、漂亮的窗帘、绿色的植物和漂亮的鲜花布置舒适的信息空间，这一切对于偏远的村庄来说，无疑是一份真正的礼物，如图2–8所示。

图2-8　巴尼佐夫村图书馆(滨海边疆区)

我国东北地区对农村图书馆的内部设计观念比较淡薄，通常没有专门的设计人员根据每个村子的历史和文化特征进行个性化的设计。在课题组所调查的农家书屋中，室内的状态给人的模式化感觉非常强烈，绝大多数农家书屋都是以同样的面目示人。大多数书屋进屋的们梁上会挂有一块长方形的匾额，上面书写着

"某某村农家书屋"，或是"农家书屋"。调研组所调查的所有农家书屋室内墙壁都是粉刷白色的涂料，墙壁上通常会挂上白底黑字的书屋使用规范。书柜大部分采用鸭蛋青色的铁皮柜，稍好一些的书屋会挂上条幅或字画，总体上东北地区农家书屋的内部装修和设计较为简洁，也干净利落，但让人感觉不够温暖，甚至有冰冷的感觉，感受不到图书馆给读者传递的那种适合阅读的文化氛围，如图2-9所示。

图2-9　黑龙江省农家书屋

第四节　结论与对策

通过对俄罗斯远东与我国东北地区农村图书馆事业的法律法规建设情况进行比较来看，我国东北农村图书馆法律建设明显落后俄罗斯远东地区。我国东北地区农村图书馆法律建设落后主要表现在三方面：我国目前还没有一部正式的图书馆法，《〈中华人民共和国公共图书馆法〉意见稿》对于农村图书馆建设的要求和规定比较笼统；东北各省的《公共图书馆管理办法》也没有涉及乡镇和乡村农村图书馆建设、管理问题，而且东北地区也缺少一部像俄罗斯远东地区农村图书馆建设所遵照的《农村文化机构（公共图书馆和文化休闲机构）服务的最低资源保障规范》的国家标准；我国的《农家书屋工程建设管理暂行办法》和东北各省的《农家书屋建设管理办法》不适应农家书屋的后续发展和建设。笔者认为，中央和东北各省应该会同财政、文化等部门出台有关"农家书屋持续发展及农村社会服务"的法规和条例，新的条例应该涉及中央政府、省级地方政府及市县政府对农家书屋的馆藏建设、设备更新、管理人员薪金等方面的财政预算比例。另外，我国东北地区的农村图书馆（室）建设没有做到依法执行，如《吉林省乡镇综合文化站管理办法》中规定"乡镇综合文化站中应设置书报刊阅览室"，但在实际调研中，笔者发现，大部分乡镇文化站是没有阅览室的，所以农村图书馆建设的政府责任单位应该提高法律意识，依法建设图书馆（室），此外文化部门还应该对农村乡镇图书馆（室）和农家书屋的实际运行情况依法监督。

我国东北地区乡镇图书馆，甚至是县（市）级图书馆建设水平与俄罗斯远东地区的自治区中心图书馆有较大的差距。前面已经讨论过，俄罗斯远东地区的自治区一般管辖1万~4万人，与东北地区普通乡镇的规模相仿。但其自治区中心图书馆不但硬件设施完备，而且部门设置齐全，其专职图书馆管理人员的数量、学历和专业水平（详见第五章）甚至要远远超过我国东北地区大部分县（市）图书馆的水平，而我国东北地区大部分乡镇甚至没有图书馆（室）。所以，笔者认为，虽然我国东北地区短期内不能保障每个乡镇都设置图书馆（室），更不能在乡镇建立如同俄罗斯远东地区自治区中心图书馆那样功能齐全的乡镇图书馆，但在一些规模较大的镇的中心区域建立具有独立馆舍、面积较大、有专门图书馆管理人员的镇中心图书馆是十分必要和迫切的。这样的镇中心图书馆要由相关法规和条例保障其每年能获得一定数额的财政预算资金，并且要确立与本镇各行政村的农家书屋和相邻的没有图书馆的乡镇的各村农家书屋的总分馆关系，对邻近几个乡镇的农家书屋在管理及读者服务方面实施业务指导。如吉林省扶余市三岔河镇距离市区70千米左右，该镇常住人口6万余人，那么就可以考虑在这样的镇中设立县（市）图书馆的区域中心分馆来辐射其周边的几个乡镇，并推动农家书屋的管理和读者服务工作。

从俄罗斯远东地区农村图书馆和我国东北农家书屋的平均人口覆盖率来看，两地区的差异不是十分巨大，但馆舍建设方面我国东北地区要落后于俄罗斯远东地区。我国东北地区无论是农家书屋，还是乡镇图书馆，甚至是县（市）图书馆绝大部分都没有独立的馆舍。农家书屋多与村委会、便利店或农户合用一舍，乡镇图书馆多附属于乡镇文化站，并设置在镇政府的办公用房内。东北地区的许多县（市）成立了文化中心，县（市）图书馆通常设置在文化中心内。这种与其他部门合用一座房舍的建设方式，有利于高效的初期建设，而且还节省房舍建设成本，但长远来看不利于农村图书馆开展高质量的读者服务。这种合用一舍的方式不但会使居民忽略图书馆的存在，影响图书馆的利用率（根据课题组的调查了解，大部分县（市）的居民甚至不知道本县有图书馆或不知道图书馆在哪里），而且房舍合用的对方单位会干扰图书馆的日常活动和读者阅读。农家书屋与村委会合用一舍、共用一门的做法很难保障农家书屋的阅读环境。针对这一问题，笔者认为，应该尽量在有经济条件、规模较大的乡镇和行政村建立独立的图书馆（书屋）用房，实在没有条件的乡镇和行政村，暂时采用合用房舍的方式安置乡镇图书馆或农家书屋。

我国东北地区乡镇图书馆和农家书屋在馆舍外观设计、内部空间设计方面需要向俄罗斯远东地区学习。首先需要从营造图书馆文化氛围或书屋外在形象方面着手，对农村图书馆进行外观设计和改造。如果是少数民族乡镇或村，可以根据民族文化和习俗对图书馆的外观进行装饰设计，也可以根据本村的历史和文化的标志性特征设计图书馆（书屋）的外观。即使是与其他机构合用一舍的图书馆或书屋，也可以对外观进行设计，以此扩大村民对图书馆的认知度。另外，农家书屋的匾额要宽大醒目，并加以艺术设计。课题组实地调查发现大部分农家书屋的匾额很小，在20米以外已经看不清文字的内容。除了图书馆外在形式设计外，更重要的是房舍的功能设计，如书屋的进出口要单独设计使用，不宜与其他机构共走一门。另外，东北地区冬季漫长，气候较冷，所以无论是乡镇图书馆还是农家书屋都应该下大力气设计和改造供暖系统，保证室内温度达到适合阅读的水平。课题组在调研过程中发现，大部分农家书屋是一间屋子，完全是敞开的空间，进门就是阅览室也是图书典藏室和办公室。笔者认为，虽然大部分农家书屋的空间不是很大，但对其按功能进行划分是十分必要的，如用书柜或书架隔离出一个儿童阅览和活动区，设计一个电子、网络文献信息阅读下载区等。虽然表面上是对书屋空间功能的划分，但客观上，这些举措会让村民体会到图书馆（书屋）的人文关怀，可以无形中提高图书馆（书屋）的亲和力和利用率。

通过与俄罗斯远东地区农村图书馆内部空间设计的比较来看，我国东北地区的乡镇图书馆农家书屋内部缺少人文设计和美学设计。我国东北地区乡镇图书馆和农家书屋通常仅是对室内进行常规的物理装修，之后在室内填充上图书馆的必要家具和设备，如阅览桌椅、电脑、图书、报刊。许多村子还把“文明村”“先进村”“示范村党组织”等奖状也摆放到书架的上方。笔者认为，这些物件更适合于摆放到村委会，而不是图书馆。图书馆或书屋应增添人文设计的内容，比如可以请热心于农村文化事业的城里艺术家或美术系的学生在儿童阅览区的墙壁上画一幅童话题材的壁画，可以在儿童阅览区增添一些小型的文化娱乐设施来吸引小读者到馆阅读。另外，课题组在调查期间看到，几乎所有的农家书屋都没有窗帘。其实，窗帘除了能够遮挡阳光、保护隐私外，还有装饰室内空间的功能。因此，可以选择图案文化氛围较浓的窗帘作为书屋内部装饰物件，使书屋更加展现温馨的一面。在公共阅览空间的墙壁上可以悬挂我国和世界著名文化人物的肖像及其最有影响的警句格言。另外，有条件的农家书屋也可以开辟一个本村历史物件展览空间，将村中各家庭较有历史、具有一定意义的物品收集起来并配上说明文字供村民参观品鉴，使他们与书屋形成深厚的情感联系，让书屋逐步成为农村居民的精神家园。

参考文献

[1] Концепция развития библиотечного дела в Российской Федервции до 2015 г[EB/OL]. [2011-01-18]. http://library.stu.ru /files/konc.pdf.

[2] Об общих принципах организации местного самоуправления в Российской Федерации[EB/OL]. [2011-01-20]. http:// www.yabloko.ru/Themes/SG/principles_msu.html.

[3] Гражданский кодекс Российской Федерации[EB/OL]. [2011-01-23] http://www.gk-rf.com/.

[4] Нормативный подход к организации сети муниципальных публичных библиотек[EB/OL]. [2011-01-23]. http://www.rba.ru/or/od/law/obesp/suslova.htm#2.

[5] Федеральный закон «О библиотечном деле» от 29 декабря 1994 года № 78-ФЗ (с изменениями на 3 июня 2009 г) [EB/OL]. [2011- 01- 25]. http://www.library.ru/1/act/doc. php?o_sec=127&o_doc=1062.

[6] Об основных положениях организации сети муниципальных общедоступных (публичных) библиотек в субъектах Российской Федерации[EB/OL]. [2011- 01- 26]. http://lawrussia.ru/texts/legal_ 310/ doc310a725x659.htm.

[7] Нормативы минимального ресурсного обеспечения услуг сельских учреждений культуры (общедоступных библиотек и культурно- досуговых учреждений) [EB/OL]. [2011- 01- 28]. http://book.uraic.ru/files/ zakon/normativ_resurs_selskie.doc.

[8] Законодательство субъектов Российской Федерации в области библиотечного дела[EB/OL]. [2011-01-29]. http://rba.ru/or/od/law/zakon/part2.htm#bur.

[9] Закон приморского края о библиотеках и библиотечном деле в приморском крае (в ред. законов Приморского края от 15.11.2001 N 173- КЗ, от 11.02.2002 N 196- КЗ, от 07.06.2002 N 237-КЗ) [EB/OL]. [2011-01-29]. http://rba.ru/or/od/law/zakon/ prim_3.html.

[10] Закон республики Саха(Якутия) о библиотечном деле № 27-1[EB/OL]. [2011-01-29]. http://rba.ru/or/ od/law/zakon/ sahj_2.html.

[11] Закон амурской области о библиотечном деле (в ред. Закона Амурской области от 29.08.97 N 26-ОЗ) [EB/OL]. [2011-01-30]. http://rba.ru/or/od/law/zakon/ am_3.html.

[12] Об организации библиотечного обслуживания населения Ленинградской области общедоступными библиотеками[EB/OL]. [2011-01-31]. http://lenobl.kodeks.ru/lenobl?d&nd=891814312&prevDoc=891814312&spack= 110listid% 3D010000000100 % 26listpos% 3D1%26lsz%3D5%26nd%3D9001371%26nh%3D1%26.

[13] Модельный стандарт деятельности муниципальной публичной библиотеки Пермской области[EB/OL].[2011-01-27].http://www.library.ru/1/kb/books/regional_policy /perm.php.

[14] Об утверждении Положения о нестационарном библиотечном обслуживании населения в Чувашской Республике[EB/OL].[2011-01-28]. http://www.nbchr.ru/PDF/ bibl13.pdf.

[15] Порядок применения нормативной потребности в общедоступных библиотеках во Владимирской области и нормативы их ресурсного обеспечения[EB/OL]. [2011-01-30]. http://www.avo.ru/documents/ docs/2010_12/P1384.htm.

[16] Модельный стандарт деятельности муниципальной библиотеки Псковской области[EB/OL]. [2011- 02- 8]. http://portal.pskovlib.ru/index.php?option=com_content&task= view&id=10&Itemid=1.

[17] Модельный стандарт деятельности сельской библиотеки социокультурного центра Пензенской области[EB/OL]. [2011-02-08]. http://www.rba.ru/or/comitet/05/problem/ 6_reg.doc.

[18] Хабаровский край[G/OL].Википедия[2013-07-26]. http://ru.wikipedia.org/ wiki/%D0%A5%D0%B0%D0%B1%D0%B0%D1%80%D0%BE%D0%B2%D1%81 %D0%BA%D0%B8%D0%B9_%D0%BA%D1%80%D0%B0%D0%B9.

[19] Сеть библиотек. 2005—2009 гг[C] // Общедоступные библиотеки Хабаровского края в 2005—2009 годах: аналитико- стат. Обзор. -Хабаровск: РИО ДВГНБ， 2010.

[20] Данилова Л Ю. Общедоступные библиотеки Хабаровского края в 2005—2009 годах: аналитико- стат. Обзор[C]//Дальневост. гос. науч. б-ка， Хабаровск: РИО ДВГНБ， 2010: 40.

[21]Библиотечное обслуживание. Основные показатели работы. 2005—2009 гг[C] // Общедоступные библиотеки Хабаровского края в 2005—2009 годах: аналитико- стат. обзор.- Хабаровск: РИО ДВГНБ， 2010.

[22] Магаданская область[G/OL].Википедия[2013- 07- 26]. http://ru.wikipedia.org/ wiki/% D0%9C%D0%B0%D0%B3%D0%B0%D0%B4%D0%B0%D0%BD%D1%81 %D0%BA%D0%B0%D1%8F_%D0%BE%D0%B1%D0%BB%D0%B0%D1%81 %D1%82%D1%8C.

[23] СмирноваО А.Обзор деятельности общедоступных библиотек Магаданской области в 2010 году[C] // Магадан. обл. универс. науч. б-ка им. А. С. Пушкина. - Магадан: ОУНБ， 2008. - 68 с.: схемы， табл.

[24] КуваеваaO.Н.Большакова В. «Читай, Магадан!» [C] //об итогах первого гор. фотоконкурса, посвящ. чтению, организ. ЦГБ им. и ред. газ. «Вечер. Магадан». Магадан, 2008: 6.

[25] Сахалинская область[G/OL].Википедия[2013-7-27]. http://ru.wikipedia. org/wiki/%D1%E0%F5%E0%EB%E8%ED%F1%EA%E0%FF_%EE%E1%EB%E0%F1%F2%FC.

[26] Обзор деятельности муниципальных библиотек Сахалинской области в 2010 году[G/OL].[2012-7-24]. http://www.nlr.ru/nlr/div/nmo/zb/part/search.php?id=2726&r =2.

[27] Итоги и направления деятельности библиотек области. 2010[C] // Обзор деятельности муниципальных библиотек Сахалинской области за 2010 год. Южно-Сахалинск, 2011.

[28] Козюра Т.А.Обзор деятельности муниципальных библиотек Сахалинской области за 2010 год[J].Южно-Сахалинск, 2011:45.

[29] Основные показатели работы муниципальных библиотек области. 2010[C]// Обзор деятельности муниципальных библиотек Сахалинской области за 2010 год. - Южно-Сахалинск, 2011.

[30] Основные показатели работы муниципальных библиотек области 2010 г[G/OL].[2012-7-25]. http://www.nlr.ru/nlr/div/nmo/zb/part/search.php?id=2729&r=2.

[31] Камчатская область[G/OL].Википедия[2013-7-27]. http://ru.wikipedia.org/ wiki/%D0%9A%D0%B0%D0%BC%D1%87%D0%B0%D1%82%D1%81%D0%BA%D0%B0%D1%8F_%D0%BE%D0%B1%D0%BB%D0%B0%D1%81%D1%82%D1%8C.

[32] Крашенинников С П. Обзор деятельности муниципальных библиотек КАМЧАТСКОГО КРАЯ за 2010 год [C]//Обзор деятельности муниципальных библиотек.. Петропавловск-Камчатский, 2011:16.

[33] Муниципальные библиотеки Камчатского края в 2010 г[EB/OL].[2012-12-21]. http://www.nlr.ru/nlr/div/nmo/zb/part/search.php?id=2481&r=2.

[34] Чукотский автономный округ[G/OL].Википедия[2013-7-28]. http://ru.wiki pedia.org/wiki/%D0%A7%D1 %83%D0%BA%D0%BE%D1%82%D1%81%D0%BA%D0%B8%D0%B9_%D0%B0%D0%B2%D1%82%D0%BE%D0%BD%D0%BE%D0%BC%D0%BD%D1%8B%D0%B9_%D0%BE%D0%BA%D1%80%D1%83%D0%B3.

[35] Белоконева Л Н.Сохранение сети библиотек Чукотского АО. Основные показатели. 2010 г[C]//Обзор деятельности библиотек Чукотского автономного округа за 2010 год. Анадырь, 2011.

[36] Белоконева Л Н . Обзор деятельности библиотек Чукотского автономного округа за 2010 год[C] // Анадырь, 2011: 9.

[37]Информатизация библиотек. 2005—2009 гг[C] // Общедоступные библиотеки Хабаровского края в 2005-2009 годах: аналитико- стат. обзор.Хабаровск: РИО ДВГНБ， 2010.

[38]Состояние материально-технической базы муниципальных библиотек области2010 г.. [C] // Обзор деятельности муниципальных библиотек Сахалинской области за 2010 год. Южно-Сахалинск， 2011.

[39]Белоконева Л.Н.Компьютеризация библиотек Дальнего Востока. 2012 г. [C]// Обзор деятельности библиотек Дальнего Востока за 2012 год. Анадырь， 2012.

[40] Обзор деятельности муниципальных библиотек камчатского края за 2010[C]// КГУ Обзор «Камчатская краевая научная библиотека им. С. П. Крашенинникова».Петропавловск-Камчатский， 2011：16.

[41]Реализация проекта «Создание модельных публичных библиотек на селе» продолжается [J]. Новая библиотека， 2002(9): 5.

[42] Модернизация сельских библиотек в Чувашии[J].Справочник руководителя учреждения культуры，2003(6).

[43] Денисова О Г. Новые возможности сельских библиотек[J].Библиотека，2004(2):34-36.

[44] Сельская библиотека: сегодня и завтра (Социологический обзор) [G/OL]. [2012- 7- 28]. http://www.tambovlib.ru/index.php?view=editions.metod.data.selbibl.

[45] 中华人民共和国公共图书馆法（征求意见稿）[G/OL]. [2012-8-11]. http://wenku. baidu.com/view/189bfef5f90f76c661371a51.html.

[46] 辽宁省公共图书馆档案馆管理办法[EB/OL]. http://archives.yingkou.net.cn/ newsinfo.asp? id=1934.

[47] 乡镇综合文化站管理办法. [G/OL].[2012-8-12]. http://www.gov.cn/flfg/ 2009-09 /15/content_1418306.htm.

[48] 吉林省乡镇综合文化站管理办法. [G/OL]. [2012-8-12]. http://govinfo. nlc.gov. cn/jlsfz/xxgk/ljsrmzf/201207/t20120720_2264594.html?classid=464.

[49] Структура Центральной библиотеки[G/OL].[2012-8-14]. http://www.hmrb.ru/ about/11-struktura-centralnoj -biblioteki.html.

[50] 黑龙江省农家书屋工程日前全面竣工共建设完成书屋10040家[G/OL]. [2012- 8-14]. http://news.hexun.com/2012-11-02/147522257.html.

[51] 全省9365个行政村建成农家书屋[G/OL] .[2012-8-14]. http://dnews.365jilin. com/html/2011-06/04/content_192835.htm.

[52] 辽宁建成农家书屋11762个推荐书目贴近[G/OL] .[2012-8-14]. http://www. lnjn. gov.cn/news/nongyeyaowen/2011/12/354070.shtml.

第三章　俄罗斯远东与我国东北地区农村图书馆功能和作用的对比研究

研究目的

（1）通过对俄罗斯远东地区农村图书馆的几个主要功能、作用的研究，了解当前远东地区农村图书馆工作的重点，了解俄罗斯远东地区农村图书馆的核心价值和工作理念。通过再现滨海边疆区哈桑自治区的农村图书馆与社会各类机构的合作方式及其针对农村社会不同人群开展的图书馆文献信息服务和社会工作方式，让我们更为真实清楚地看到俄罗斯远东地区农村图书馆的工作形式、内容和价值。

（2）通过对俄罗斯远东与我国东北地区农村图书馆与地方政府和管理机构的关系的对比研究，发现我国东北地区乡镇图书馆、农家书屋与地方政府机构关系的单一性，及其存在的问题；通过对我国东北与俄罗斯远东地区农村图书馆针对青年读者工作的比较分析，找出我国东北地区农村图书馆的农村青年工作存在的问题和缺憾；通过对俄罗斯远东地区与我国东北农村图书馆在农村地方历史和文化整理工作的比较研究，反思我国东北地区农村图书馆在这一领域需要开展的工作；通过对俄罗斯远东和我国东北地区农村图书馆针对弱势群体的工作的比较研究，找到我国农村图书馆（农家书屋）这方面工作的不足；通过对俄罗斯远东与我国东北地区农村图书馆为农村居民开展的法律文献、信息服务工作的对比，认识到我国农村图书馆在农村居民法律服务方面还有许多工作可以做；通过对俄罗斯远东与我国东北地区农村图书馆的妇女儿童工作的对比分析，看到我国东北农村图书馆这一领域工作方式的贫乏。

（3）在对比研究的基础上总结我国东北地区农村图书馆在与地方政府机构的关系、农村青年读者工作、法律信息工作、弱势群体工作、妇女儿童工作等方面存在的不足和局限性，并借鉴俄罗斯远东地区农村图书馆的工作方式、方法，提出相应的解决对策，以此提升东北地区农村图书馆（农家书屋）在现代农村社会中的作用。

研究方法

（1）文献调研法：文献调研主要通过两种途径，一是通过网络进行文献调研；二是通过俄罗斯在华留学生和远东科学图书馆员工查找俄文纸质文献。

（2）调查访问法：通过对我国东北地区乡镇图书馆和农家书屋管理员进行访问及问卷调查，了解农村图书馆的读者工作和文献信息服务工作。

（3）比较分析法：从农村图书馆与地方政府机构的关系、农村青年读者工作、法律信息工作、弱势群体工作、妇女儿童工作等几个方面，对俄罗斯远东和我国东北地区农村图书馆工作进行比较分析，找出我国东北地区农村图书馆在这些工作领域存在的不足，并提出相应的改进方法和解决对策。

苏联解体以后，俄罗斯对农村图书馆的社会作用有了新的定位。苏联时期农村图书馆被看作是意识形态机构，当今的俄罗斯农村图书馆的工作重心则侧重两个方面：一是重点满足农村社会个体的广泛需求；二是面向地方社会需要。俄罗斯农村图书馆不仅是地方社会的文化机构，同时也作为社会机构在自己的平台上解决诸多社会问题，完成一些力所能及的社会任务。今天，俄罗斯农村图书馆被定位为是与区、州和国家，甚至是与全世界图书馆系统联系的纽带（通过馆际互借和互联网）。现代俄罗斯社会已经形成共识，普遍认同农村图书馆是地方社会形成和发展进程中不可缺少的要素。此外，图书馆在农村地方社会的教育工作也具有不可替代性。概括起来，当前俄罗斯及其远东地区农村图书馆重点强化三个功能：帮助青年人；为居民提供法律息信；从事地方志工作。

第一节　俄罗斯及远东地区图书馆在现代农村社会中的几个主要功能

一、为青年人和学生提供帮助

农村图书馆对于青年人和学生的重要作用难于用语言精确精确表述，用俄罗斯科学院院士Д.С.里哈契夫的一句名言来讲：“图书馆是文化的基础。”农村社会文化在图书馆的基础上得以建立，同样农村每个个体的文化也在其基础上得以确立。正如众多的研究成果所证明的那样：正是图书、阅读成就了精神上成熟、有文化、有社会价值的个体。

（一）以“信息资源—教育”模式帮助农村青年成长

俄罗斯图书馆学者认为农村图书馆服务能够帮助青年人解决该生命阶段的主要问题，即促进年轻个体成功进入社会，适应自己的工作和生活。俄罗斯农村图书馆对学生、青少年这一群体尤为关注，为他们在经济和社会发展层面提供帮助，为农村青少年健康成长提供支持。当今，俄罗斯远东地区农村图书馆针对学习阶段的青年人的服务工作，不只是我们通常认为的那样，只是为他们掌握各门功课知识提供帮助。农村图书馆对青年人的帮助具有更广泛的意义。俄罗斯农村社会把图书馆服务作为提高和加强对农村年轻人的社会保护水平的一项工作来做，这也是由图书馆所拥有的信息价值决定的，同样也是强化个体、拓展个体社会能力和提高自身潜能的手段[1]。

俄罗斯农村青年读者群体自身也主动利用图书馆，他们在接受教育和求职过程中积极利用农村图书馆的信息资源，把农村图书馆作为与同龄人进行交往的最舒适的平台。另外，俄罗斯农村青年读者还可以在农村图书馆员和志愿图书馆员的帮助下解决学习、日常生活中的许多问题。今天，俄罗斯传统社会机体（家庭）对青年人的教育和帮助明显弱化，农村图书馆作为社会文化机构在这方面发挥着重要功能[2]。

考虑当今俄罗斯农村的社会状况和农村读者的需求，农村图书馆努力把自己的工作建立在“信息—教育”“引导青年人步入社会”这两个核心模式上。俄罗斯农村图书馆的“信息—教育”模式是在普遍信息化的社会环境下形成的，计算机设备的广泛采用为图书馆创造了更多的服务功能。俄罗斯农村图书馆在认识自身固有品质（农村社会最重要的知识储存设施、信息的收集者）的基础上，改变了服务理念和服务思想。

俄罗斯农村图书馆“引导青年人步入社会”服务模式不要求图书馆信息工作的全面性，而是要划定青少年工作的核心问题：青少年特别需要解决的问题、个体步入社会需要解决的问题（形成世界观、选择职业、婚姻家庭等），并针对这些问题提供“信息—教育”服务。青少年步入社会是极为多元的问题。步入社会的成功程度不但取决于青年人自身的现实条件和社会发展状况，同样取决于青年人自身对社会价值的理解。所以，农村图书馆对农村青年所进行的帮助的性质取决于步入社会的每一个阶段的内容性质的变化[1]。

“世界观”这一概念具有这样的内涵，首先，这是“我”与自身的关系，“我”与人们的关系，“我”与客观世界秩序的关系，也包括选择正确的自我评价，选择正确的道德立场。显然，社会化的这一阶段只是社会化全部过程的一个“小站”。世界观的形成实际上发生在人的全部生命过程中。但是，研究证明，青少年阶段特别重要。少年时代的自我认识，对自身能力、潜力的认识，对人生价值标准的认识，会影响一个人世界观的全部形成过程。当今，俄罗斯社会许多固有的道德基础遭到破坏，少年、青年对待各种生活价值的态度发生了变化，如对待宗教、对待教育等。针对这一状况，农村图书馆开始在塑造农村青少年世界观方面发挥作用。俄罗斯农村青年向来压低对自我的评价，这已不是秘密。对生活的畏缩、不相信自己的力量，在很大程度上是因为青年人意识到自己文化、教育的欠缺，这使他们无法与城市同龄人开展公平竞争[3]。

针对这一问题，俄罗斯农村图书馆根据自身的条件为农村青年提供这样一些帮助。首先，利用广泛的教育信息资源，包括哲学、心理学、文学、自然科学及其他文献，来帮助农村青年弥补教育和文化发展的不足。针对个体读者，同样针对所有用户，针对世界观问题，组织各种信息性质和建议性质的图书馆活动，为个体自我认识和实现个人潜能创造条件。通过图书馆交流、业余工作时间，同样通过有针对性的问卷调查确定农村青年个体的具体品质。在图书馆内营造崇高的道德氛围，使图书馆交流符合美学和礼节规范。显然，脱离正确的自我认识和自我塑造，无法成功渡过社会化过程的任何一个阶段，也不可能做出理性的职业选择——这是这一年龄段最重要的问题。俄罗斯农村图书馆有许多文献类型可以帮助青年人解决职业定位问题。哲学、经济、医疗、法律等文献可以帮助青年人多角度、更深刻地理解职业选择问题[4]。

（二）对青年人进行职业选择的引导和建立家庭的教育

当代俄罗斯社会需要考虑青年人的生长环境对于职业选择的重要影响。对于农村青少年来讲，其成长环境决定他们的起步条件较低，也决定了俄罗斯农村学校通常将自己的学生定位到一些农村职业上。当前，俄罗斯农村学校发现了面向农业领域对毕业生进行职业定位的思路限制了农村学生个体的多元化发展。在这种情况下，农村学生的个体兴趣、能力开始得到重点关注。俄罗斯农村社会已经清楚，农村毕业生只针对农业劳动的硬性定位是不科学和不公平的。因此，当前，俄罗斯农村青年人职业选择过程有了新的规则体系。农村图书馆针对青年人择业的核心问题提供广泛深入的信息资料，帮助青年人从职业市场的行情信息入手，让他们获得教育机会，拓宽职业选择的前景，教授青年人在择业方面保持进取心和竞争力的方法。

在现代俄罗斯社会职业选择过程越来越复杂的情况下，择业作为农村青年人社会化的重要阶段，其科学性和成功的程度与检索和获取必要的信息关系密切。因此，在农村青年人择业这一领域图书馆的作用和价值非常重大。当然，农村图书馆在这方面有自身的优势，也有缺憾：一方面，在馆藏装配、设备方面有很大的局限性，相对落后；另一方面，农村图书馆与每一位读者交流互动的可能性更大，了解每位读者的兴趣和能力的可能性也很大。当前，俄罗斯农村图书馆主要采用以下工作内容帮助农村学生和教师进行就业决策。

第一，为教师、学生按照职业选择的侧重点搜集和提供心理学、法律、经济、医疗等内容的信息，搜集和提供专门的职业岗位信息。长期组织有效的“职业定位角”，在职业定位角展放所有必要的参考咨询类文献和培训资料。

第二，长期搜集地方职业市场方面的信息情报，收集、提供邻近教学机构的介绍性材料，以及学校招生条件及校方要求提供的材料。

第三，协同学校、教师建立长期有效的职业选择方面的专业新书阅览室；长期举办职业选择方面的活动。

第四，介绍教师和学生结识不同职业领域的人物，使教师和学生在与职业工作者交往的过程中深入了解该职业；让学生了解一些企业的产品，以便对企业有更深刻的认识。

第五，建立长期和持续更新的有助于职业选择的资料数据库[5]。

建立家庭是青年人步入社会的重要内容。这一问题可以包括以下几个方面的内容：青年人确立爱情关系和建立家庭，确立恋爱关系之后的责任，家庭生活的经济、心理、教育、生理方面的问题，不同类型、形式家庭的特点，建立幸福家庭的“规则”，家庭与健康，家庭交往、教育、休闲等。

当前俄罗斯社会每个人的生活价值观不同。一些人在家庭生活中看到了人类的生命意义，另一些人则完全对家庭持否定态度。这一问题是多层面的——人口、经济、心理、生理、教育等。俄罗斯农村家庭是当前农村社会研究者关注的对象，俄罗斯学者们焦急地指出，以前被视作道德堡垒的农村家庭仅随城市家庭之后，丧失了许多优良传统：对老年人的尊重、对待孩子的责任、家庭成员的相互关系等。因此，农村图书馆能够为青年人社会化的这一阶段提供相关信息特别重要。而这类信息本身带有鲜明的个体保护色彩。

那么，俄罗斯农村图书馆在青年人建立家庭方面提供了怎样的帮助？首先，他们利用哲学、法律、医疗、社会—政治、教育性质的广泛信息来揭示这一问题。这里，文学文献具有特别的作用，图书馆把这些文献介绍给没有恋爱经验的青年人，作为异性建立友情和爱情关系的间接经验，把几代人的恋爱经验介绍给青年人。

在这一问题上，俄罗斯农村图书馆针对未婚青少年、年轻家庭组织一系列的信息和文献推荐性质的图书馆活动，这些措施也针对年轻人的父母和教育工作者。此外，俄罗斯农村图书馆还积极形成青年人建立家庭及相关问题的信息保障机制，如建立青年人家庭问题俱乐部、举办讲座、建立数据库等。农村图书馆还利用自身的条件为青年人交往创造适宜的环境，促进青年人形成人际交往和异性交往文化，增进他们在爱情和家庭关系上的充分信任，并为他们营造美好的交流氛围[6]。

在俄罗斯图书馆学者看来，图书馆服务于个体的每一个社会化阶段必须是不受政治和其他任何因素限制的，是自由的。图书馆必须是站在道德、正派的立场上的，不被似乎是生命价值的“先进”观点所诱惑。以我们看来，图书馆的这种“保守”立场首先是由图书自身的属性特征决定的。图书馆馆藏中占绝对优势的印刷和电子型出版物是稳定的社会经验的储存器，俄罗斯农村图书馆致力于保存社会传统价值，将青年用户紧密地团结在自己的周围，以此促进地方社会道德环境的稳定，不回避尖锐的问题，关注青年人关心的问题。

（三）以多样化的方式服务于农村青年读者

当前俄罗斯社会条件下，农村图书馆青年人服务工作具有传统与革新相结合的特征。传统和革新过程的相互作用在俄罗斯农村图书馆服务中得到了鲜明的反映。首先在农村图书馆推荐的服务内容中得到反映，同样地，也表现在读者群的划分（分类方式）上，表现在与读者互动的形式和对农村读者的吸引方式中。

俄罗斯农村图书馆青年读者服务工作具有多样化的特征。农村图书馆青年人工作的特点更加鲜明地表现在青年人交流服务上。许多农村图书馆建立了各类俱乐部，如“年轻历史学家俱乐部”“科幻小说爱好者俱乐部”等。在一些农村图书馆中出现了“影像俱乐部”，这些俱乐部明显地转变了农村图书馆的氛围和环境。研讨会、讲座、展览、晚会是农村图书馆读者交流工作领域中比较普遍的服务形式。近期绝大多数俄罗斯城市图书馆中开始产生这样一些交流形式，如“信任电话”“心理援助办公室”“信任办公室”“援助电话”等[7]。这些工作形式是图书馆对经历了复杂交往过程的读者的现实需求的反应，是图书馆对读者社会化过程中所偿试的帮助工作。在俄罗斯农村图书馆中这种需求通常是通过与图书馆员的直接交流满足的。虽然农村图书馆的这一功能相对较弱，但其对农村学生所提供的信息服务仍然足够广泛。

教学咨询服务无论在俄罗斯城市图书馆，还是在农村地方图书馆工作中都占有重要的位置。这些服务可以划分为图书馆服务和非图书馆服务两种类型。俄罗斯农村图书馆教学咨询服务是图书馆工作的重要内容，如这样一些咨询内容：如何进行写作、图书馆参考咨询机制、“阅读文化”讲座等。许多农村图书馆举办“目录日”，成立了速读小组。非图书馆教育教学服务有外语小组、手工小组（针织、绘画）、玩具小组、戏剧小组等。在许多情形下，这些小组活动有机地融入到农村图书馆工作中，对农村图书馆工作具有增色添彩的作用，使之更具吸引力，同时提高了图书馆在农村社会中的地位和影响力。俄罗斯城市图书馆中，许多图书馆服务是要付费的。有偿服务一般包括：复印，休息日服务，编制特别复杂的文献目录，编制毕业论文和学年论文目录，夜间图书出租，为纪念日挑选文章，提供抄写音乐作品的机会或光盘外语教学，翻阅时尚杂志，剪纸等。当然这些服务付费不是很多。而俄罗斯农村图书馆、自治图书馆、学校图书馆的这些服务一般是免费的。这里主要有两点原因：一是俄罗斯农村读者的支付能力较弱；二是实施这种付费方式违反俄罗斯村庄的道德。俄罗斯农村社会的这种道德观念直到现今还很强。当然，俄罗斯农村图书馆不具备提供大信息量服务的条件，通常只有一位馆员，并且不是完整编制，所以提供这些服务需要付出更大的努力[8]。

俄罗斯农村图书馆努力为青少年读者提高图书馆服务的舒适度，如亲近读者的服务、个性化读者服务。俄罗斯农村图书馆的个性化服务方式也是值得学习借鉴的。近年，俄罗斯农村图书馆不仅以传统的形式划分学生读者群体（中小学生、大学生、专门技术学校学生等），而且还按读者性质将学生群体划分为“无工作的学生”“残疾青少年”“天才儿童”[9]等。针对这些读者群，俄罗斯农村图书馆设计了特别的工作方案，图书馆不仅为他们提供文献获取的帮助，而且可以通过信息手段来解决他们的生活问题。

农村图书馆员与处于发展变化之中的青年用户的相互关系是建立图书馆人文环境的重要基础。交流的能力、对读者尊重的态度、博学、待人接物的分寸被认为是馆员与读者建立良好关系的重要条件。农村读者同样重视图书馆员对自己的关心和态度。农村青年读者通常能够原谅馆员知识不足，但不能忍受他们工作态度不好。少部分俄罗斯农村图书馆开始执行营销式的读者服务[10]。采用营销方式的图书馆员通常很好地撑握了图书馆服务的礼节、理论，认识到了读者的权利，认识到自己的任务是为个体提供帮助，通过提供完整、及时的信息来增添个体的力量。对俄罗斯农村图书馆青年工作的研究证明：设备不是改变农村图书馆工作价值的主要原因，图书馆员在新的社会文化、经济和信息条件下所进行的思考和工作方法革新才是改善农村图书馆工作的重要动因。

二、建立法律信息中心，用法律信息装备农村居民

积极为农村居民建立法律信息资料库，为农村居民提供法律信息是当今俄罗斯农村图书馆工作的重要内容之一。俄罗斯是国际社会权利平等的成员国之一，近些年俄罗斯努力将自己建成法制国家，而法治国家是建立在每一位公民具有法律意识、形成法律文化的基础上的。苏联解体以后，俄罗斯国家政治、经济生活发生了较大的变化，形成了新的法律体系和法律秩序，对涉及俄罗斯公民生活所有领域的法律体系进行了改革。俄罗斯近年所实行的法律改革由四个部分构成：制定法律和官方文书、司法信息化、法律专业教育和居民的法制教育。

在地方自治层面上保障俄罗斯公民获取法律信息的问题是法律改革的重要任务之一。当前，在俄罗斯正在构建和形成居民法律信息保障体系，“俄罗斯法律信息化”这一思想成为创建国家法律信息体系的重要动因。依据这一思想，俄罗斯确定了法律信息体系的首席建设机构——俄罗斯联邦政府通信与信息署（ФАПСИ）和科技中心系统。稍后，在俄罗斯文化部、ФАПСИ和俄罗斯法律改革基金会（РФПР）的合作下，通过了“在图书馆系统建立法律信息中心体系”的决议。这一决议聚合了各种潜力和资源，充分考虑了不同层次的图书馆的居民服务经验对普及法律信息的作用。1998年通过了《在公共图书馆的基础上建立全俄民众法律信息中心体系》跨部门联合纲要。俄罗斯联邦教育部、俄联邦各主体行政机关，及其他的国家和非政府组织（法律文献传播通迅社、自治法律保障研究所、青年律师联盟、国家研究院、报刊等）都参与了这一纲要的实施。信息—法律的生产者为这一纲要的实施提供了巨大的帮助，如保障—服务（Гарант-Сервис）、法典（Кодекс）、顾问+（Консультант-Плюс）等机构，还有“法令”（СТАТУТ）、ЮРАЙТ出版社等[11]。

《俄罗斯文化部与ФАПСИ在法律信息领域的相互协作程序协议》和《俄罗

斯文化部与РФПР在法律信息领域中的相互协作程序协议》这两份协议确立了以公共图书馆为基础建立公众法律信息中心网的机制，并开始在全俄罗斯范围内实施。上述几方主要承但以下责任：

（1）以俄联邦各主体的科学图书馆为基础开发和建立公众法律信息中心，促成各行政区文化机构与俄联邦各主体内的政府通信机构的相互协作。

（2）保障俄联邦各主体内公众法律信息中心网（ПЦПИ）的后续建设和功能发挥。以改善法人和自然人服务质量为目标对ПЦПИ的组织结构和日常工作进行长期的完善。

（3）俄罗斯联邦各主体的文化机构与自治图书馆系统（80%以上为农村图书馆）协作发展ПЦПИ网[12]。

因此，俄罗斯长期、有计划地建立的从共和国到边疆区的农村图书馆网，将成为承载这些法律信息中心的载体，成为为最基层民众提供法律信息服务的最大平台。

俄罗斯首先从较大的、拥有较好的法律信息基础的图书馆开始建立这样的法律信息网。在该纲要的框架下第一个公众法律信息中心在斯摩棱斯克州公共图书馆建立，并于1998年6月9日开放。第二个中心于1999年1月27日挂靠勃良斯克州Ф.И.秋特切夫公共图书馆成立。同年，在莫斯科（国家图书馆和ВГБИЛ），奥尔良、图拉、坦波夫、梁赞、顿河上的罗斯托夫、叶卡捷琳堡 、克拉斯诺达尔、老波里斯克、克拉斯诺雅尔州、里别茨克、圣彼得堡（俄罗斯科学图书馆，中心城市图书馆）等州和直辖市开办了14个法律信息中心[13]。

首都和州府城市建立法律信息中心的趋势引发了各自治区基层图书馆建立法律中心的意向。2001年，哈巴罗夫斯克边疆区政府发起了“哈巴罗夫斯克边疆区法律信息化”工程，该州的各自治区在统一的规划和技术规范的基础上在农村自治图书馆建立了近100个这样的网点[14]。在自治图书馆的基础上建立法律信息中心是极为重要的，因为俄罗斯的农村自治图书馆接触的是最基层的民众，可以使法律信息传达到社会最底层。

当今，附属于图书馆的公众法律信息中心的社会作用十分巨大。这一作用首先表现在为满足俄罗斯公民自由、充分获取法律信息提供了必要条件。如何获取法律信息的问题一直存在。苏联时代，可以自由获得法律信息的人员范围是受限制的，法律信息主要是在管理机关工作人员和职业律师中间传播。今天的俄罗斯社会制度是不容许这样的情况发生的。首先，国家建立了保障宪法所赋予的公民获取法律信息权利的有效机制，其中包括获得法律文件的正式文本的权利。当今社会条件下，当绝大部分印刷出版物不能到达地方自治主体，特别是农村地区的时候，建立法律信息中心这一机制具有更重要的社会价值。

公众法律信息中心作为政权与公民之间的中介，它的工作特别重要。这一工作能够提升居民的法律文化，增强民众公民意识，促进他们积极地参加地方社会生活和政治生活。地方社会通过法律信息中心实现公民自由获取法律信息的同时，还促进了地方政权决策的“透明性”，这对当今俄罗斯社会具有现实和积极的意义。

公众法律信息中心出色地实现了图书馆作为社会机构的重要功能之一——普及法律信息，使个体自由获取法律信息的权利得以保障。公众法律信息中心的社会化功能内涵丰富，有自身的特色，它对每一个法律信息需求者实施具体的帮助——法律信息帮助、社会帮助、法制教育帮助、法律参考咨询帮助等。公众法律信息服务中心为没有社会保障的用户群（失业者、残疾人、退休者、无家可归者、移民者）提供服务，其工作的社会保障性质表现得特别明显[15]。

各种类型图书馆的法律信息中心具有以下几个基本工作方向：帮助居民形成法律文化和法律意识；保障居民充分获取所有层次的法律信息和官方其他信息；对居民、自治主体、自治机构、小企业、管理机构实施高效和高质量的法律服务；普及人权领域的知识，在权利领域提高信息咨询服务质量；改变信息咨询服务模式。每一个法律信息中心的工作内容细则都是根据《公众法律信息中心决议》制定的，该决议宣布“保障公民自由获取所有法律信息是中心的基本任务”。俄罗斯民众对于法律信息的需求是极为广泛的，俄罗斯社会状况决定了农村社会的这一需求比城市更为迫切。实际上，农村图书馆所有范畴的读者对各层次、各方面的法律信息都有需求，法律信息中心不只是为图书馆读者设立，而是为所有地方居民服务的[16]。

将法律信息传输给普通公民仍然是农村法律信息中心最基本的功能，每一天都需要保障和满足那些想通过法律和规范法令来解决自己所遇到问题的用户需求，为他们提供详尽、正式的法令文本，提供国家的和地方层面的规范条例，同样包括各类统计信息的文本。个体用户的基本类型有中小学生、中小学老师、大中专生和教师、律师、不同层次的商人、企业主和农业专家、庄园主、军人、社会弱势阶层居民（退休人员、无职业者、残疾人、移民者等），他们所需求的信息内容与他们需要解决的生活问题关系密切。农村企业家需求税务法、仲裁、会计决算、组织等资料和信息；农场主对土地法、税务法和资助条例感兴趣；退休者作为多数法律信息中心的众多需求群体之一，首先，他们对社会保障领域的法律—— 一切优惠政策、退休金的计算、重算养老金和养老金增加问题感兴趣，对老兵的退休金法、补助金、医疗卫生法、继承法等感兴趣；军人——对因健康损害的赔偿问题的法律感兴趣；残疾人对医疗卫生领域的优惠、退休金保障、教育领域的优惠感兴趣；移民、搬迁者、无职业者对劳动法、获得优惠和最低保障金的机制感兴趣，对劳务市场登记感兴趣。整体上，农村图书馆法律信息中心用户查询最多的法律文献和信息有学生法、青年专家法、地方自治法、消费者权利保护法、退休金法、住宅法、继承问题法、土地法、社会保护法、家庭法、医疗卫生法、交通工具注册、俄罗斯联邦教育法、武器、酒类产品、著作权法、刑法、税务法、会计组织、人权等。应该发现，除了长期需求的内容，还有一些“季节性”的内容，如征兵、选举、税赋等[17]。

农村法律信息中心的用户可以按法律文化层次划分为两种类型。

第一种：从来没有接触过法律和司法，对俄罗斯法律体系不很清楚，但陷入复杂状况的公民，他们希望获得高职业水准的建议和获得解决他们面临的问题的帮助。他们不仅非常需要信息，而且需要答疑。

第二种：这部分人具有一定的法律信息研究技巧，他们对获得的规范法律条款和资料已经认真研究，他们需要帮助撰写不同性质的文本（诉讼、申请、询问等）。

俄罗斯农村图书馆通常利用那些开办在州或自治区中心图书馆的法律信息中心的资源开展对农村居民的服务，一些农村图书馆开设法律信息中心分部、业务信息办公室、法律信息部、农村信息中心等。当今，农村图书馆作为法律信息网的一个环节，受到的关注度明显加强。对于农村居民和从事农业经济生产的企业家来说，法律信息中心是重要的信息中心之一。因此，将农村图书馆法律信息中心的资源（首先是电子资源）建设到更高水平成为当前俄罗斯农村图书馆的重要任务。法律信息中心的建设者们认识到了这一任务的迫切性。2010年，著名的“法典”财团了解到只有极少数的农村图书馆在《从公众法律信息中心到电子图书馆》这一工程框架内开通了互联网法律资源查询服务，决定建立电子法律图书馆，使法律信息数据库无论在技术上，还是在价格上，都适合小型农村图书馆[18]。

在广泛建立农村公众法律信息中心的过程中，农村图书馆开始对自身的社会作用和工作内容重新定位。首先，农村图书馆为自由、充分地满足所有农村公民的法律信息需求及普及公民法律教育开展了大量的工作。一些农村图书馆组织建立了“法律普及学校”，向农村居民发放法律信息宣传单、小册子、简报，组织书展、法律信息展柜，举办“法律信息日”、法律教育讲座等。农村图书馆不仅在馆内实施上述举措，而且，将这些活动带入学校、自治机构、村管理处和各类组织机构。所有读者和居民都可以定期了解农村分馆的法律信息资源，农村图书馆会为他们提供法律法规、政府文件、合同、委托书、诉讼书、申请书的样本。

一些农村图书馆长期在“社会接待室”组织免费律师咨询，这些接待室是由州图书馆和其他图书馆的法律信息中心联合建立的，被咨询的律师通常组织这样一些类型的材料如《终身赡养费的合同》《住宅的技术服务和维修合同》等。一些农村图书馆还组织法律方面的巡回服务。例如，哈巴罗夫斯克边疆区上布列亚区达玛日洛夫村图书馆工作人员经常带着各类法律信息资料为农村居民巡回服务，讲解改革课税的特点、残疾人的优惠、不同类型农村居民的公共服务优惠政策等内容。许多农村图书馆都参加了《图书馆——地方共同体生活信息中心》工程，组织居民与地方政府和地方立法机关的代表进行交流，如“与议员会面”“议员时刻”等活动。在见面会上可以自由论讨地方杜马（议会）正在审议的法律项目，参加该活动的农民可以阐述自己的想法，明确和提出自己的建议。这些活动可以培育居民的法律文化，提升公民的法律参与意识。为了提升农村居民的法律文化，农村图书馆广泛地利用法律文献推荐目录和文献索引辅助农村居民的法律教育和自主学习。推荐性文献目录有《司法改革：原因、结论及趋势》《宪法审判》《有陪审的审判》《仲裁法庭》《军事审判》《检察院》《律师事务》等，这些文献会向用户展现出司法的全部程序，也让用户清楚维护自己权利的可能性。推荐目录《消费者权利保护》（阿穆尔州州公共图书馆）含有40余种文献，该目录包括阐明消费者权利和各领域服务内容的相关文件[19]。

许多农村图书馆经常举办提高居民法律文化水平的重要讲座，自己编纂专题性的法律文件汇编。不同层次的居民对一些法律题材的图书产生了兴趣，如文选、参考咨询手册、执法系统工作人员回忆录等。“法律信息日”是居民法律文化教育的有效形式，在“法律信息日”可以举办专题新书展览，也可以组织专家讲座和各类法律问题的咨询活动。显然，这些举措吸引了法律信息中心的所有用户，吸引了需要解决日常生活中法律问题读者，使他们在共同的兴趣下联合起来[20]。

农村图书馆的特殊用户群的信息需求具有多样性和特别性。农村图书馆法律信息中心在与退休人员、残疾人员、移民迁居者、失业者、企业家、农庄主、军人等用户的工作中，不满足于“咨询—答复”的程序性工作，而是努力建立“反馈性的联系”。为此，经常组织有助于彰显图书馆员强大工作效率的活动，如：针对失业者、残疾人的讲座，建立企业家俱乐部、老兵俱乐部、高年级学生俱乐部。每一个俱乐部都能够从解决用户群的实际法律需要出发，组织法律信息服务，教他们查找和利用信息资源解决相应的法律问题。

俄罗斯农村图书馆在法律信息服务的工作中广泛践行了个性化服务的理念。馆员在非常熟悉农村居民的实际状况的情况下，对其实施长期和不定期的帮助。例如，提供法律新书信息、按专题提供图书和文章的目录，提供预先通告信息服务，实施有效的目录咨询服务。通常，农村图书馆提供个性化的法律服务对象有普通农户、领导者、高水平的专家（畜牧工作者、农艺师等）、学校校长、企业家等。根据用户的具体需求情况，图书馆可以为他们完成专题的、事实现象的法律咨询。

整体上，各州、区及较大的农村图书馆利用法律信息中心的资源可以为用户提供以下服务项目：电子数据库、法律文书检索；出据文献发布的时间、地点证明；专题查询；提供文献的文本；将信息转录到纸介质或磁介质上；在图书馆的电子目录中检索法律或司法文献；接受电话、传真、电子邮件的法律文书查询预订；为用户按咨询的专题选择法律文书；完成所有类型的查询，包括事实的、目录的、简介性质的，分析性质的法律文献查询工作；提供CD-ROM类型法律信息；进入互联网法律网站；提供黑白和彩色的法律文书复印或打印服务；法律问题参考咨询服务；提供典型文书（合同、诉讼书等）的样本；《法典》《系统》《保证人》《顾问+》等法律数据库的独立参考咨询工作。

三、农村图书馆的地方文献和方志工作

（一）农村图书馆地方文献馆藏建设

通过整理、收集地方文献目录和地方文献馆藏满足农村社会的地方志信息需求也是俄罗斯农村图书馆的工作重心之一。地方文献馆藏被定义为在内容和起源上与地方联系密切的有序的文献集合，是成功开展方志研究工作的基础。俄罗斯大多数农村图书馆积极对具有方志性质的资料进行收集、整理、保护，并使之系统化。该类文献馆藏包括图书、小册子、定期出版物和连续出版物、海报、地

图、电子文献、音频、电影和照片等文献形式，也包括那些以单独的章节、论文，甚至段落的形式存在的有关地方内容的零散信息资料。

地方文献馆藏不是独立的单元，但是，俄罗斯农村图书馆通常要从基本馆藏中划离出来，并排放在单独的书架上。利用这些藏书组织书展和地方志展角可以揭示馆藏并促进用户访问地方文献。如萨哈共和国列恩区(Ленский район)跨居住点中心图书馆为地方文献配置了独立的书架，该区的地方志馆藏被分为三个部分："家乡地方史""经济与生态""文化与文学"，还经常在《自治区消息报》的版面上刊登该图书馆新入藏的地方志出版物信息[21]。

建立专题卷宗、专辑是弥补地方文献不足的方法，同时也是农村图书馆地方志工作的创造性工作形式。萨哈共和国科便区(Кобяйский район)集中图书馆系统的各农村分馆为建立专题卷宗和专辑认真收集地方志资料，如《儿童图书馆历史》《我们和我们的读者》《浏览过去》。科便区的农村图书馆还以文件档案形式补充未发表的文献，如《科便区的村屯：历史与现状》《自治区的地方生态》《萨哈共和国的少数民族：传统与习俗》《科便区:特殊移民的悲剧》《州出版物上的科便区》等[22]。

在自治区"告别过去"信息支持工程框架下，科便区中心图书馆组织建立包括图书、小册子、报纸、杂志上的文章、非公开发表的资料、关于极权主义和政治迫害历史的多媒体和电子出版物的地方文献馆藏。在地方文献馆藏开放的当天（2011年10月），这类文献达到了200余件，为此，图书馆出版了专题索引作为书目支持，其中有《俄罗斯极权主义历史（2册）》《萨哈共和国北部的迫害——特殊移民》（2011）。

对于农村图书馆来讲，建立"村档案馆"，保存农村居民私人收藏的回忆录、日记、信函、村庄老照片更具现实意义。例如，列恩区沃兹涅先卡屯和马琳诺夫村图书馆工作人员建立了村庄历史专辑。在自治区的许多图书馆中建立了《卫国战争年代中的列恩区》档案卷宗，在该卷宗中收集了报纸资料、前线战士的回忆录、士兵信函的复印件、中小学生的作文、照片。

2012年，列恩区各图书馆开始出版自己的报纸，如《沃洛金村消息》《布多夫村报》，这些报纸每一期都刊登村子的历史、统计数据和新闻。科便区各村图书馆积极利用网络推动地方志文献建设，该区在中心图书馆网站上传了《自治区历史》《文学科便区》《重要日期》等专题的全文文献资源[22]。

（二）俄罗斯农村图书馆方志工作的内容

总体上，俄罗斯农村图书馆的地方志工作可以划分为以下几个主要方向：历史、文学和美学地方志工作。

农村图书馆充当研究当地居民、自治区、州历史工作的协调中心。通常，图书馆与社会合作者协同开展历史—方志工作，这些合作者包括地方自治机关、中小学校、中专、技校、音乐学校、艺术学校、儿童创作宫、博物馆、档案馆、地方志—社会学专家。一些自治区中心图书馆设立了地方志俱乐部，如“瑰宝”“地方志学家”“爱动的人”。

人通常在童年的时候对家乡有初步认知，因此图书馆员们的首要任务是唤起年少读者对自己家乡、对家乡人民的传统和习俗的热爱与尊重，促进对家乡历史资料的收集、研究和整理工作。许多农村图书馆经常为中小学生和大学生举办地方志课堂。科便区中心图书馆和科便区第一中学的“战争的荣耀”博物馆的“搜集组”合作在科里沃谢诺村儿童图书馆设立了放映礼堂，在科便区顿古索夫村图书馆成立了“爱动的人”儿童俱乐部，针对一些村庄周年纪念日开展资料收集和查找工作。俱乐部的参加者将村庄老年人的回忆记录下来策划成节日情景舞台。科便区新瓦秀刚村图书馆在建村85周年开展了《我们衷心地祝贺您》村庄历史资料的搜集整理工作。在这项工作中，村图书馆的工作人员收集了村里70岁以上老人的资料。该工作的独特性和价值在于获得了关于村庄历史口述的第一手信息资料。在收集资料的基础上建立专辑和拍摄纪录影片，利用这些资料为村子的中小学生筹备和举办“方志时刻”历史文化活动[23]。自2003年起，科便区图书馆开始组织成立地方志知识学校，该学校成为为儿童和少年普及历史、文化、民族志、家乡生态的最有效和被需要的形式之一。一年大概要开办8次课，有180~200名学生受益。该学校的教学大纲具有多样性，包括专家讲座和视频教学，此外，还以“科便区：时代的欢呼”“救世主教堂・科便区修道院的历史”“移民者的土地・科便区居民民族成分形成的历史”为主题举办虚拟旅行[24]。

一些村图书馆在图书馆地方文献资料的基础上，通过建立微型博物馆、民族志展角、工艺工作室对新一代年轻人开展热爱家乡的教育。科便区新尤金诺村图书馆在图书馆员的倡导下建立了家庭日常生活用品博物馆，在该博物馆有这样一些展品：织布机、圣像和餐具。在列恩区沃洛金村图书馆制作了“来自奶奶的柜子”地方志展角，举办了刺绣工艺学习班。研究活动是地方志工作的重要部分——收集家乡及其居民的资料。展角的资料搜集工作吸引了当地居民、村文化宫、档案馆、学校的参与。2011年，在收集的资料的基础上，在列恩区布多夫村图书馆博物馆展角制作了印有村子老建筑照片的日历，举办了三次摄影展：“村子的今天与昨天”“我们村子美妙的地方”“心灵抚慰角”。热爱家乡的教育不可能绕开自然环境问题。因此，生态教育活动也是农村图书馆历史—方志工作的重要内容之一。例如，为了使中小学生形成对植物世界、动物世界及本区的生态问题的基本认识，图书馆会针对这些问题举办各类研讨会、展览、认知游戏。2009年，在列恩区举办了“沃洛金诺村生态问题”科学实践学术研讨会，2010年衣什坦村图书馆举行了生态方志游戏“热爱并了解自己的家乡”。

俄罗斯农村图书馆在历史方志领域还有一种工作内容——研究地方社会知名人物家谱和编制家谱。这一工作的广泛开展证明了俄罗斯农村居民对自己的根——家乡的历史及其组成部分（家庭的历史）的兴趣渐渐增长。列恩区马里诺夫村图书馆与中小学地方志博物馆共同为学生收集家谱信息、编制家谱提供了很多帮助，而且马里诺夫村图书馆已经不是第一次从事这方面的工作了。2010年图书馆工作人员组织收集了照片、家庭文物、图书和杂志文章，与自治档案馆共同为学生举办了地方志课堂“家谱——是对后代的关心”，编制了展览“建立自己的家谱”。2011年对全部收集的资料进行了展览，并组织中学高年级学生和职业中专学生进行了参观[25]。

多民族村的农村图书馆中尤为重视民族传统、习俗恢复工作，并努力开展民间故事、民族文化研究整理工作。列恩区别罗斯托克村波兰文化节是一项传统的民俗节日，节日期间自治区中心图书馆向村图书馆转赠了波兰文字的印刷品。列恩区新伊斯兰姆布里村大多数居民是鞑靼族人，因此，该村图书馆也执行鞑靼民族文化中心的功能。在列恩区沃兹涅先卡村图书馆向学生们介绍白俄罗斯民族传统，向他们讲述白俄罗斯族的服装、谚语和白俄罗斯语的绕口令[26]。

战争和英雄的历史文献也是农村图书馆方志工作的内容之一。2012年，科便区中心图书馆和自治区档案馆出版了关于在卫国战争前线上牺牲了的同乡的纪念碑及方尖碑的资料汇编集，该文集取名为《它是所有为胜利而牺牲者的形象》。该区的所有村子里都有这样的纪念碑和方尖碑，并且每一个都有自己的历史，典藏于农村居民自治博物馆的档案对这些历史都有记载。该文集的许多材料都是首次公开发表。近些年，科便区图书馆出版了这样一些历史—方志材料：《我默默无闻的村庄：中心图书馆地方志工作简评》(2008)、《老尤金诺村历史：人、命运、事实、数字》(2009) [27]。

萨哈共和国的农村图书馆极为重视文学方志工作。各图书馆积极研究发掘自己同乡的作品，既包括那些成名作家的作品，也包括刚刚开始创作的新人的作品。2009年，科便区图书馆创办了“瑰宝”俱乐部。在该俱乐部的工作框架内举办了创作见面会、演讲、读者研讨会，实施了“新人”工程——出版科便区青年作家的作品。今天，图书馆已经拥有了一整套自主出版的诗歌和散文集的典藏本，将来还要编辑整理科便区的作家文集。2008年编制了书目索引《科便区作家名录》，该索引收录了那些生活和写作与科便区有密切联系的作家、诗人的作品。列恩区图书馆出版物中心承担了地方作家诗歌和散文集的出版工作，近些年出版了这样一些作品集，如A.鲁列夫的《故乡：幸运诞生的地方》（2009）、《为什么我们不再相信》（2009）、B.格鲁什科夫的《战争的长久回响》（2010）、T.谢米多琴科的《初恋的声音》（2011）、H.杂梅茨吉斯的《白马》（2012）。

列恩区图书馆的“萨哈共和国大地跨世纪这十年”历史—文学方志计划连续执行了15年。该计划重点是向学生和成年居民介绍区域文化遗产，传播家乡作家和诗人的作品。在“灵感”文学创作俱乐部的协作下，列恩区作者的作品在自治区报《旗帜》、跨自治区附刊《希望》、萨哈共和国文学艺术专辑《远东雅典》上得以发表。2011年在庆祝本地作家M.马尔科夫诞辰100周年庆典的活动框架内，州各自治区图书馆举办了大量活动。许多图书馆员参加了州观摩竞赛“M.马尔科夫——我们的同乡”。列恩区图书馆编制了文学传记日历，该日历编入了马尔科夫生平主要事件及重要日期。

农村图书馆有时也充当文学竞赛的组织者和协调者。2009年，列恩区图书馆举办了艺术语言竞赛“生动的格子”，该竞赛的目的是发现参赛者的文学创作潜质，挖掘本区文学创作的新生力量。2010年，在列恩区图书馆为纪念该区的英雄举办了区历史—文学竞赛“记住战争，记住英雄!”。该区的中小学生和工业经济中等专科学校的大学生带着自己的成果参加了竞赛。2010年，科便区图书馆组织举办了“我们不能忘记那场战争”诗歌比赛，根据该竞赛的成果制作了诗集。被收入诗集的作者是不同年龄、不同职业的人，有本区的居民和以前曾生活在科便区的卡尔加索克人[28]。

农村图书馆方志工作还有一个方向：美学方志。图书馆定期举办家乡写生画、素描、摄影和工艺艺术品展。2011年，在列恩区图书馆组织了“故乡迷人的土地”（伊什坦村图书馆）和“金秋”（茹科夫村图书馆）画展。科便区图书馆与北方艺术博物馆共同承办各类美学地方志项目。在图书馆大堂举办的艺术作品展总是让村里的居民和客人产生浓厚的兴趣。多数展览会上展出艺术作品的作者的命运都是与科便区密切联系在一起的，他们将自己的生命献给了家乡的大自然和人民。科便区图书馆还举办了这样一些艺术家的作品展，如瓦西里·罗托夫画中的瓦秀刚村的自然风光“风景画的低调旋律”、瓦西里·罗托夫画中的科便区风光“我寂静的家乡”、彼得堡画家娜塔莉亚·什迪尔茨画中的“离去的卡尔加索克”、纳杰日塔·维洛娃贴花中的“花边纸上的传说”。图书馆工作人员将价值较高和比较有趣味的展览制成电子版，也制作了题为《地方志博物馆艺术画廊》的电子版赠送品[29]。地方志工作的历史、文学和美学方向在实践中相互补充、相互支撑，促进了地方知识在农村居民中间的传播。同样各自治区图书馆出版的地方志文献和目录参考书也促进了地方志知识的普及。

第二节　俄罗斯远东地区农村图书馆的功能及作用实例研究
——以滨海边疆区哈桑区（Хасанский　район）为例

在新的社会条件下，俄罗斯远东地区农村图书馆积极通过与地方社会机构和组织开展合作来完成相应的工作，实现对农村居民的高质量服务，使图书馆在农村社会发挥更大的作用。基于此，近些年，哈桑自治区中心图书馆和各农村分馆与区居民社会保障委员会、村妇女委员会、无人监管未成年人社会保障部、国家道路交通安全监察局、教育机构、医疗助产所、哈桑区区就业中心、家庭与儿童社会援助中心、派出所、（学校）监察委员会、医疗单位、孤儿院、残疾儿童工作委员会、老兵委员会的委员、行业管理机构的办事处、青年教育、文化事业部门、心理咨询机构、法律咨询机构、中小学、幼儿园、音乐学校和艺术学校建立了广泛的联系和合作关系，积极开展农村社会工作、文化工作和文献信息服务[30]。自治区中心图书馆和农村分馆通过与相关协会、组织、机构签订协作计划的方式，在合同的基础上为相应类型的农村居民、读者开展多元化和个性化服务。

一、哈桑区中心图书馆、农村分馆与老兵委员会协作开展工作

哈桑区中心图书馆、农村分馆与老兵委员会每年都编制“战争与劳动”老兵服务计划，对老兵实施图书馆上门服务，开展个性化帮助。2007年哈桑区第一批老兵委员会的代表考察了需要图书馆服务的退休老兵的生活条件，并将这些退休人员的名单转交给了哈桑区各图书馆，他们因此获得了自治区中心图书馆和各

农村图书馆的上门服务[31]。除了针对老兵的个性化服务，图书馆还为老兵举行一些大众活动项目，如各类晚会、休闲、娱乐活动。2009年，为了举办这些活动，自治区老兵委员会划拨了12000卢布，独资公司“Примория- Кокс”资助了4000卢布，一共有135位生活在农村的老兵参加了这些联欢活动。另外，哈桑区中心图书馆还向居住在农村的第二次世界大战老兵和伤残者发放请柬，邀请老年读者参加主题为“让自己的心灵更加美丽”的普希金200周年纪念晚会。晚会讲述了为普希金画像的艺术家的生平故事，讲述了诗人的家庭、朋友传记[32]。参加晚会的读者讲述了自己对普希金曾经生活和活动过的地方的印象，介绍了普希金博物馆。

哈桑区家庭阅读图书馆邀请农村居民和读者参加了“生活经验”家庭肖像晚会。参加晚会者与一些老兵家庭结识，了解了老兵有趣的人生经历。最重要的是，晚会的参加者在活动的过程中相互增进了了解，建立了友谊。“双桅纵横帆帆船”学校的孩子们为老兵表演了四句头（俄罗斯民间短歌）、舞蹈，朗诵了诗歌，图书馆给这些孩子赠送了小礼物、纪念品。老兵委员会代表和区议院议员向老人赠送礼物祝贺节日。1号农村分馆为老兵举办了“柳德米拉邀请您”音乐会，2号分馆举办了“有生活、有泪水、也有爱情”文艺音乐晚会，6号俱乐部与图书馆的工作人员邀请了老兵到“希望”文化宫参加“友好地座下来”节日晚会，孩子们按照演出节目单进行了艺术表演、游戏、竞赛等。哈桑区中心图书馆和农村分馆针对老兵所举办的活动和所做的工作得到了很好的反响。针对图书馆的这些活动，老兵们通过城市日报《新时代》向区中心图书馆和农村图书馆工作者表达了感激之情[33]。

二、哈桑区中心图书馆及农村分馆与残疾人协会的协作

哈桑区中心图书馆及农村分馆将残疾人工作放在了首位。哈桑区中心图书馆从1995年开始开展针对残疾人的工作，从那时起，区中心图书馆每年都会从边疆区残疾人专门图书馆引进针对残疾人的专门文献，如盲文图书、磁带等。边疆区残疾人专门图书馆通过邮局将文献寄到区中心图书馆，区中心图书馆及时将新文献到馆的信息通知给残疾人用户。不能自己到馆的，区图书馆的馆员会把图书和磁带送到他们的家中。2009年，中心图书馆开始与区残疾人协会开展了更加紧密的协作，举办了圆桌联席会议，总结、讨论了残疾人的需求。一年中哈桑区中心图书馆的残疾人读者达到了55人，总共发放图书1765册，到馆人次212人

次。在国际残疾人日前夕，区里举办了十天残疾人日活动，图书馆也参加了该项庆祝活动。3号农村图书馆举办了研讨会“残障人士：真理与法”，区中心图书馆举办了“新年万花筒”、善良教育活动“向周围传递善”。2号图书馆、4号图书馆举办了“敞开心扉的时刻”“谈信仰、谈爱情”等各项活动。3号农村图书馆的工作人员在残疾人协会提供的房间内为这类读者举办了各类节日庆祝活动[34]。根据残疾人读者的请求，各农村分馆就他们感兴趣的问题组织交流和对话活动，举办报纸、杂志内容的评论和座谈。哈桑区中心图书馆和农村图书馆针对这一类型读者的所有服务都是免费的，同时，他们还享有图书馆提供的晚间用户免费附加服务。

根据哈桑区残疾人协会提供的残疾儿童名单，区图书馆不定期对残疾儿童进行家访，了解他们对文献的需求。这些儿童大部分能够自己上学和到图书馆阅读，大多数有生理缺陷的孩子都参加儿童创作之家的活动。区图书馆员俱乐部举办了一项题为“谐音”的活动，该活动邀请了社会工作领域的专家与残疾儿童见面。这次见面会促成了区图书馆与残疾儿童部的协作。双方共同为这些残疾孩子组织了到区中心儿童图书馆参观、阅读的活动。儿童图书馆邀请残疾儿童参加他们精心准备的新年晚会、木偶戏、剧院演出活动。各农村图书馆每个季度都在儿童创作之家举行大众活动：4号农村图书馆举行了“在雅吉奶奶那里做客”童话拼图活动；7号农村图书馆组织了欢笑时刻“好人的不良建议”；5号图书馆组织了“对爱情伟大力量的信仰”文学评论浪漫体验活动；8号儿童图书馆邀请儿童之家的孩子们到市文化宫剧场看童话剧。每学年开学前的8月17日到9月15日，区中心儿童图书馆的工作人员还举办针对半年内没有领到工资、自己需要社会保障的农村图书馆工作者的减价儿童物品展会。每次展会期间会销售数十件儿童物品，虽然数量不多，但获得了很好的社会评价[35]。

三、农村图书馆与区居民社会保障委员会的协同工作

俄罗斯远东地区农村图书馆被视作是农村的社会中心。这是因为有许多农村居民感觉自己不仅在物质生活方面，而且在道德思想、精神文化领域也感到匮乏。农村图书馆服务的人文任务是最迫切的，特别是针对特殊读者群体的图书馆服务。近些年，哈桑区中心图书馆和农村分馆与区居民社会保障委员会（ГИБДД）在工作上紧密合作，准确整理了本村缺乏社会保障家庭的名单，组织针对处于艰难生活状况的家庭的帮抚活动，如“让孩子们去上学”、暑期增长知

识的休息等活动。

近些年，农村图书馆与ГИБДД共同组织未成年无人监护者的社会预防组织工作，把没有社会保障的居民阶层文化需求做为自己的重要工作任务之一。区中心图书馆为社会保障委员监护的不同群体举办了各类文化活动，为老年人举办了“我们年轻时代的电影”放映活动，组织了“音乐的翅膀”晚会节目[36]。俄罗斯电视台常播放杀人、盗窃剧、各种各样的无法破案的犯罪行为，强化了青少年对暴力、犯罪是通往财富、无忧生活的捷径的错误认识，强化了他们的“逆反心理”，产生了极大的负面影响。在这种条件下，实施青少年保护工作具有重要意义。实践证明，通过图书可以改变青少年的思想认识，对农村青少年的教育要依靠图书馆的力量。

针对社会预防工作，边疆区实施了目标计划“滨海边疆区的孩子们2008—2012”[37]。哈桑区内各图书馆与哈桑区社会保障委员会合作开展了以下工作：

（1）对于多子女家庭、不完整家庭、残疾儿童家庭予以家庭预算资助，与图书馆联合协作对他们实施物质、医疗、法律、心理教育以及日常生活方面的必要帮助。

（2）制定区里上述家庭的目录清单，为每个家庭制作社会帮扶手册。

（3）以组织者的身份，建立针对残疾儿童家庭的社会生活和日常生活援助中心网，拓宽对多子女家庭、不完整家庭、残疾儿童家庭、未成年家庭、单亲家庭、怀孕和哺乳期妇女的服务。

（4）与区政府的其他委员会协作，与社会、非国立儿童机构进行合作开展农村社会预防工作。

（5）参加未成年人事务委员会的工作，参加针对未成年人违法现象的地方自治分支机构的活动。

（6）举办各种家庭节目、竞赛，根据联邦和边疆区的系列法规、决议奖励那些对孩子实施较好教育的家庭。

哈桑区中心图书馆馆员紧密地与ГИБДД宣传干事和未成年人监察处监察员合作开展对青少年的教育工作。图书馆员邀请他们参加儿童、青少年法律与责任教育活动。2009年6月，在农村图书馆员的帮助下，儿童工作培训教师高沃利娜与巴热诺夫在“安全的夏天”讲习班上为孩子们开展了《在交通信号王国旅行》常见道路标志认知活动。此外，在农村图书馆员的帮助下，儿童工作培训专家与ГИБДД和ПДН的监察员还编制出版了《生活·成长》系列安全信息手册[38]。该系列出版物共有5卷，包括《爱护双手、双脚——不要在路上玩耍》《如果你遇到危险》《饮酒——对自己和父母都有害》《火——我们的朋友，也是我们的敌人》《法律保护你的生活》。信息手册写入了本区各村庄较为经常发生的儿童犯罪问题。各村图书馆员根据这些手册组织了各类座谈会，如“我不单是读者，我也是公民”（新科贝洛夫斯克村图书馆）、“给青年人讲法律”（老什帕金诺村图书馆）、“给青少年讲犯罪”（高诺什辛斯克村图书馆）、“法律和我”（新吉良诺夫斯村图书馆）设计图书插图展，专题书架“法律与青少年”（新科贝洛夫斯村图书馆）、“你们的权利”（戈里什农村图书馆）、“孩子的权利和责任”（上卡梅申斯克村图书馆）[39]。

四、农村图书馆与中小学校的合作

哈桑区农村图书馆积极与学校开展合作。图书是塑造人的精神、宝贵的个性和实施教育的最重要媒介。图书馆对儿童、青少年的关注，决定了一个行政区、一个自治区、一个村庄的未来发展。农村图书馆被看作是儿童、青少年获得教育，掌握知识、职业技能，与同龄人交往的地方，也是在生活中遇到难题的时候可以获得帮助的地方。

哈桑区农村图书馆活动与学校工作紧密相联。近些年，图书馆在“图书馆与学校、继续合作的途径”计划框架内持续开展辅助学校教学、教育的工作。图书馆的文献布局以帮助学校实施教学计划为目标，按照教学科目单独排架。哈桑区农村图书馆与学校的合作包括为学校教学工作提供信息支撑，为教师编制教学文献信息目录，编纂《辅助教学过程的新文献》新书评述，简化教师摘要、报告的撰写工作。近期入藏的“普希金图书馆”百万工程的图书对教学工作具有重要的支撑作用。利用“百万工程”入藏的新书，各农村分馆为教师和孩子们组织了图书展览、专门文献和咨询文献展览。如新科贝洛夫斯克村组织了“知识世界旅行”“世纪之交”书展，老什帕金诺村组织了“鲜活的自然界”，布杜村和吉良诺夫卡村组织了“我认识世界”等书展。在书展中图书馆员采用各种形式促进学生的阅读兴趣，如评论、座谈、知识日、文献认知游戏等[40]。

知识节前夕，中心图书馆和各村分馆帮助学校筹备教学书展，举办文献认知游戏和竞赛。老什帕金诺村和吉良诺夫卡村联合举办了“去普拉夫良吉雅国”旅行，新德拉切尼诺和雅诺沃村组织了文献游戏“问题的海洋”，赫梅列夫卡村、湖村、卡玛尔村为喜爱数学的朋友举行了“自己的游戏”，格鲁哈村、老戈鲁什卡村、雅诺沃村组织了游戏“这是未知星球”，赫梅列夫卡村、雅诺沃村、卡玛拉村、新德拉切尼诺村组织了文献认知游戏“在知识的海洋中旅行”“在学校的星球旅行”，茹拉尼哈村举办了历史文献晚会“在罗斯国旅行”，加坤村、星期日村、戈里什诺村举办了博学者竞赛，斯玛兹涅娃村组织了历史文献游戏“在基辅罗斯旅行”。寒假期间各村图书馆为孩子们举办文献童话圣诞树、竞赛答题游戏、组织词语认知游戏。在“作家—孩子们”合作计划框架内，图书馆员与小学教师和语文教师共同组织与作家创作有关的活动，以游戏的形式让孩子们了解作家的创作活动，了解作家的作品，知道更多与文学创作有关的趣事，并通过自己的文学创作获得奖品。

俄罗斯语言文学和历史教师教育协会与农村图书馆的多年协作已经成为传统，他们合作举办各种活动，在这些活动中图书馆帮助教师了解对教学工作有益的新文献，向教师推荐教学法方面的文献，推荐特别的教育教学出版物。另外，哈桑区中心图书馆还与俄罗斯语言文学和历史教师教育协会合作组织出版了哈桑区的第一部诗集《向你深深的鞠躬——故乡小镇的方向》，活动邀请了诗歌的作者E. 多洛尼娜、A. 阿尼什和T. 玛赫纳科夫[41]。

五、哈桑区农村图书馆与医疗点的合作

酗酒是威胁俄罗斯人健康的主要问题。统计数据显示，哈桑区100个尝试喝酒的人中有10人成为酗酒者，而农村地区麻醉剂问题比酗酒和吸烟问题还要突出。哈桑区中心图书馆、农村分馆和各村医疗点对农村居民这些有害习惯的预防工作给予了重视。首先，哈桑区农村图书馆尝试通过藏书来解决这一问题。2005年在农村图书馆分部组织了针对这一问题的书展和专题栏目：如阿法尼诺村的“你的健康在自己的手里”，中克拉西洛沃村的“我们选择健康的生活状态”，格里什诺村的“一定抛掉坏习惯”，新良诺沃村的“迷糊的死亡”，格里什诺村的“危险年龄”。针对农村居民健康的专题书展还有：雅诺沃村举办的“我们森林中有益健康的草”，格鲁哈村的“健康——美丽与长寿的保障”，循环展览《生活的健康状态》使老什帕金诺村图书馆的读者了解了中心图书馆的健康系列联合藏书。图书馆员通过大众活动开展了社会疾病的预防工作，举办了如下活动：《关于健康的思考》一书的评论活动（加坤村），信息时刻“烟草会将傻子带进坟墓”（格鲁勃佐沃村），致家长们的公开话“您的孩子与吸烟问题”（格里什诺村），信息资料评论“本世纪的社会疾病”（良诺夫卡村、格里什诺村），观看视

频《针上》《烟毒》(高诺什哈村),图书馆时刻“趁没打雷的时候”“健康定理”(新科贝洛夫斯克村、斯米尔诺沃村)[42]。

为了宣传生活的健康状态和提升农村儿童的健康状况,图书馆员与老师和家长共同举办了“健康日”活动。如雅诺沃村组织的“急着去帮忙”、斯玛兹涅沃村的游戏节目“体育——是力量和健康”、老什帕金诺村的家庭节目“愉快的起点”、专题晚会“阿哈,澡堂、澡堂、澡堂”。老德拉切尼诺村举行了徒步旅行“我们带来了装在背包里的歌曲、笑话和诗歌”,格卢勃佐沃村举办了欢笑节“笑——是最好的药”,中克拉西洛沃村举行了“孩子们与毒品斗争”等活动。图书馆经理 Г. Н.乌萨里采娃在工作中采用不同形式来宣传健康类图书,如情景式座谈“甜蜜生活的痛苦果实”,节目表演“我们对毒品说‘不’”和“从小珍爱健康”,游戏节目“运动菜肴”,观看视频、放映电影等。

农村图书馆与医疗专家共同邀请村民参加大众活动。在“生活的健康状态”专题文献宣传工作中,图书馆员与医疗工作者合作向农村居民介绍图书馆的新书信息和期刊上刊载的有益文章。星期日村、卡玛拉村、高诺什哈村的图书馆员与医疗工作者一同举办了“酒精——等于死亡”“酒精杀死个性”等座谈会。在座谈会上医疗工作者讲述了患病的后果及疾病的预防,而图书馆员对“健康生活状态”方面的文献进行了评述。图书馆员将那些喜欢民族传统医疗方法的人邀请到相关书展上,如“来自阿尔泰的药”“马车上的药店”“有益健康的草”等文献展览。戈鲁哈村邀请农村居民参加了座谈交流活动“健康是美丽和长寿的基础”,斯玛兹涅沃村、加坤村、阿法尼诺村、上卡梅什卡村、宽光线村举行了“药店在我们的脚下”,新良诺沃村举办了“花和草中存在有益健康的力量”等文献展览和阅读活动[43]。哈桑区农村图书馆通过不断宣传来培养孩子们爱自己、相信自己的个性,让他们知道自己喜欢什么,通过让青少年形成个人爱好来正常度过青春期,避免步入失去健康的痛苦深渊。

六、哈桑区图书馆与居民就业中心的协作

与哈桑区居民就业中心协作帮助农村青年顺利就业也是哈桑区各图书馆的重要工作内容。区中心图书馆按照哈桑区就业中心的请求,编制了区内需要的职业岗位目录,各村图书馆利用这些目录向自己的读者介绍本区空缺岗位的信息。哈桑区中心图书馆与区居民协同为就业中心登记的失业者建立了专门图书阅览室“我们为自己选择道路”。图书馆每月为特定的群体举办就业培训活动,参加者有

高中毕业生、受过高等教育的人员、复员军人、20~30岁的妇女、16~20岁的年轻人。图书馆根据就业者的需要邀请律师、心理学家、企业领导、税务局工作人员、军官、城市行政管理层、图书馆工作者等专家参加培训咨询活动[44]。2009年，各农村分馆举办了题为“职业世界的引路人”“你的第二职业”“您的社会保障”等讨论会与座谈会。通过这些活动，为没有找到合适工作的年轻人、妇女寻找职业岗位、减少心理压力。

在俄罗斯经济结构变革、向市场经济过渡的条件下，社会劳动关系发生了全新的变化。16~17岁的年轻人开始因物质刺激而形成有意识的劳动，这与他们的物质要求和精神需求的发展密切相关。这一年龄段的青年人开始积极寻求和选择未来的职业。这一选择过程顺利与否，在一定程度上取决于青少年了解各类职业的程度，取决于他们对未来的工作定位是否现实、准确。对于这一类型的青年人，职业定位和咨询工作十分重要。所以，为青年人提供职业信息服务也是哈桑区各农村图书馆的主要工作内容之一。2009年在格诺什辛斯克村图书馆举办了“图书馆：读者的评价和印象”的读者咨询会。咨询会期间，教师、家长、高年级学生了解到了现代职业信息、边疆区和俄罗斯的高等院校信息、村里和区里需求的职业岗位信息。

为了了解高年级读者的职业兴趣和爱好，雅诺沃村图书馆经理Г. Н.乌萨里采娃进行了问卷调查，根据问卷的分析结果制作了“世界和我们”的专题图书展架，并进行长期展览。该书展由“去哪里学习”“在职业世界中”两部分组成。展览会根据职业性质展出了相关文献，如《教师——令人自豪的称谓》《农业机务人员——农村的重要职业》《技术在我们身边》等。该职业咨询展是哈桑区“人在职业世界中”就业计划的组成部分，在该计划的执行过程中，书展还展出了来自区中心图书馆的联合藏书中的专题图书及区中心图书馆培训部和服务部出版的《你的道路，毕业生》系列信息资料。2008—2010年期间，有180位读者参加了书展工作，他们分发了530份印刷出版物。根据书展的不同内容，系统地举办了文献评论活动：“给那些喜欢自己动手的人”“我们缝纫”“我们的厨艺很好”，组织了座谈会“这些不专属于男人的男人职业”“选择军事职业的人”等[44]。加坤村图书馆制作了《职业、生产和劳动者》目录来帮助选择职业的读者。目录分为“去哪里学习”“在职业世界里”“创作事业”三个部分。在制作目录时，图书馆员根据读者的兴趣爱好、置业需求情况，挑选了相应的职业供给信息。另外还制作了《去哪里学习》的文献推荐目录。对于选择职业道路的毕业生来说，与职业工作者的会面具有重要的意义。加坤村图书馆适时举办了与职业工作者见面的座谈会，如“司机——农村社会的主要职业”“职业——秩序守护者”（与民警见面）、“穿白大褂的人”“图书馆关于自身和图书馆员职业的介绍”“农业经济专家”（与总农艺师见面）等见面会[45]。

七、哈桑区农村图书馆与妇女委员会协作的“家庭工作”①

哈桑区一共有11个农村妇女委员会（以下简称“妇委会”）。各村妇委会积极参与图书馆举办的各项活动，协同图书馆走访贫困和缺乏社会保障的家庭，了解这些家庭子女的生活条件，在村行政管理部门和区相关机构的帮助下努力解决这些家庭亟待解决的问题。哈桑区中心图书馆和各农村分馆与妇委会协作的“家庭工作”是较为传统的工作形式。这一工作涵盖了图书馆教育的所有领域：实践、道德、生态等。

针对各种节日举办文艺活动是农村图书馆“家庭工作”的常见内容。新年期间组织的“文献圣诞树”是传统家庭活动项目。这是以有趣的形式进行读者重新注册的方法，也是在图书馆里度过有益时光的一种方式。茹拉尼哈村举办的“文献圣诞树”活动的圣诞树装饰品不仅有玩具，而且有谜语。家长和孩子们也把自己熟悉的书中的问题挂在玩具上来装饰圣诞树，问题都很简单，如文献答题游“长尾猴图书”中的系列问题，这些问题稍作思考就可以回答。斯玛兹涅沃村举办了大型节日晚会“如果我的村庄活着”，全村人参加了晚会，并在晚会前帮助图书馆员进行了花饰布置和应用艺术布展工作。晚会邀请了地方演员和“细鳞鱼”乐队参加，“年青的图书馆员”演员组合B. 卡拉切娃、O. 托尔比克、A. 阿奴里耶娃在晚会上表演了节目[46]。

组织以妇女为关注对象的活动也是农村图书馆“家庭工作”的重要内容之一。2008年，戈鲁辛斯克村图书馆举办了“著名的妇女”书展，书展上展出了59本关于历史和当代著名女人的文献。书展期间，图书馆进行了“最著名的妇女”的评价调查，并将调查结果制作成《本世纪9位最著名的妇女》宣传画。2009年，图书馆主任E. 杜鲁赛娃实施了针对“事业型妇女俱乐部”的信息服务，组织了俱乐部的会议筹办工作。在俱乐部的会议上开展了“爱就像宇宙”的信息交流活动，组织了著名人物的爱情史、友谊与爱情方面的专题讨论，组织了与专题内容相关的24部书的推荐评论。10月，图书馆将母亲节与应征入伍公民

①图书馆以家庭为单位，借助于图书加强农村家庭关系的大众活动形式。

日放在一起成功举办了母亲节庆祝活动，组织了文学音乐晚会“妈妈的微笑温暖了我们”，以此献给应征公民的母亲们。该项活动帮助妇女们排解了近几个月的压力。在茶歇时间向母亲们展示了图书《保护应证公民的权利》，该书对于妇女了解入伍者的权利极具价值[47]。

家乡的历史传统教育也是农村图书馆“家庭工作”的主要内容之一。2005年松树村图书馆继续组织“从美到人道主义”工作。该项目包括以下内容：“自然界，爱惜她”“对故乡的爱：历史、传统”“人・人群中的人”“我与家庭”。在该项目框架内，青少年俱乐部为女孩准备了“唯美主义者组合”，并举办了以下活动：“我们喝茶不感到寂寞”“关于饭桌行为规范的交流”“关于茶典”。另外还组织了答题游戏和游戏时刻。“诗歌时刻”以文学沙龙的形式开展，姑娘们朗诵了自己喜爱和自己篡写的诗歌，同时邀请了本地女诗人、区诗人俱乐部会员卡拉布哈娃和斯维特兰娜参加了这项活动。9月，举办了创作展览“拯救・留下我们的美”，展会上展出了农村家庭的传家宝，组织了“这就是我的村子”家庭主题绘画比赛，展出了已经消失的雅尔全村和大玛卡洛夫卡村的资料照片，参加者讲述了家庭的历史、传统和风俗仪式。10月，松树村举行了“农村娱乐”村庄日庆祝活动。村民不仅参加了娱乐游戏，而且了解了本村的历史，了解了老住户讲的故事和家庭的历史。庆祝活动中“请了解自己的村庄”的照片展引起了参与者的极大兴趣，展出的照片来自不同家庭的档案[48]。庆祝活动后，图书馆利用丰富、翔实的历史资料拍摄了关于松树村的纪录片。

感恩教育也是农村图书馆“家庭工作”的重要内容之一。老德拉切尼诺村图书馆针对这一主题举行了一系列家庭晚会。母亲节那天图书馆与妇委会共同组织了晚会“可爱的女人——善良的母亲”。戈里什斯克村图书馆在父亲节举办了智力游戏“幸福时刻”，游戏中组成了“父亲队”和“孩子队”，孩子们作为最积极的参加者在村图书馆上展出的图书帮助下获得了胜利。加刊村图书馆举办了主题休闲晚会“向母亲鞠躬”“喜欢的和亲爱的妈妈”，节日晚会“妈妈、爸爸和我——和睦的家庭”。新玛纳什金斯克村图书馆“家庭俱乐部”的工作一直办得很成功。该俱乐部成功地举行了“我的爸爸当过兵”茶话会、晚间集会“女儿——母亲”。老什帕金诺村图书馆与妇委会合作举办了“忠诚、可靠、慈爱的妈妈”舞台剧表演。在各类活动的过程中孩子们开始明白：如果没有父母在身边，生活将多么艰难[49]。

八、图书馆与行政机构、企业的合作经验

区中心图书馆和农村分馆适时举办与行政机构、社会组织领导的见面会。在全俄图书馆日前夕，由区中心图书馆倡导，举行了由市政代表、市议会议员、记者参加的圆桌座谈会。座谈会涉及社会组织机构与图书馆的协作及图书馆的投资问题。地方自治首脑有时也会邀请区中心图书馆经理参加政府机构会议，会议上馆长会讲述图书馆的主要成就和存在的问题，并希望在市长的监督下解决这些问题。农村企业家们也喜欢在图书馆里会面，他们开始珍视图书馆的文化氛围和信息价值。滨海边疆区商贸工业局与哈桑区政府在区中心图书馆联合举办了题为“企业的信息——法律援助”的圆桌会议，再次向企业家们证明了图书馆可以成为他们实际的合作伙伴和助手。图书馆成为企业界的权威机构，图书馆的大众活动厅变成了企业文化活动中心，成为各企业、组织进行会面和捐赠等事务的最佳选择场所[50]。这些活动加强了图书馆与社会组织机构的联系，改变了他们与图书馆的关系，他们把图书馆看作信息中心、文化中心和休闲中心。由此，哈桑区创建了读者资产和图书馆管理委员会，社会和社团等重要组织的代表加入了该委员会。图书馆与各类社会机构、组织建立紧密的联系带来了互利共赢的效果。

图书馆是俄罗斯远东地区农村学生、教师、经济工作者、退休人员和地方政权的代表的唯一信息中心。农村图书馆经常组织农村居民与村人民代表、村行政机构首脑的会面，见面会上讨论人们关心的各类问题，人民代表向农村居民讲述自己的工作内容及工作状况。农村图书馆通过与地方政府合作，建立地方自治机构的文件和文献馆藏，接收地方报纸《伊里伊奇的旗帜》及区人民代表委员会和哈桑区政府的决议、官方文件的呈缴本，并组织用户对这类文献进行自由使用。农村图书馆员通过与地方政府（区、村）协作编制地方文献目录来帮助读者了解当地的法规和政策，目录分为这样几个部分:《边疆区的地方自治》《区里、村里的地方自治》。地方目录的其他部分阐明了地方自治机构工作的文字资料，如信息卷宗《滨海边疆区法规》《哈桑区行政管理机关决议》《区人民代表委员会的决定》《戈里什诺村行政管理机关首脑的决议》及其他与农村居民关系密切的常规性问题卷宗[51]。自由获取这些文献提高了读者对政策信息的占有水平，加强了农村居民与政权之间的联系。此外，为了提高农村行政管理机构工作人员的工作水平，卡玛尔斯克村、戈里什辛斯克村、星期日村、什帕金诺村图书馆为农村行政机关首脑组织了“法律新规”“新期刊”等个性化专题信息传递，为村行政机关专家举办了《法律专题的新文献》（新良诺沃村、赫梅列夫卡村、斯玛兹涅沃

村)、《文化、教育、青年人》(新玛诺什金诺村)、《俄罗斯立法》(新德拉切尼诺村)、《会计核算的新东西》(新良诺沃村)的专题信息服务[52]。

第三节 俄罗斯远东与我国东北地区农村图书馆的功能及作用的比较研究

一、俄罗斯远东和我国东北地区农村图书馆(书屋)与所在地行政管理部门(村委会、乡镇政府)之间的关系的比较

俄罗斯远东地区和黑龙江省农村图书馆(书屋)与所在地行政管理部门(村委会、乡镇政府)之间的关系明显不同,两地区农村图书馆对当地农村社会管理机构发挥的作用差异巨大。俄罗斯远东地区绝大部分农村图书馆与所在村委员会行政管理处之间在行政上不是隶属关系。通过俄罗斯远东地区哈桑区农村图书馆与村行政管理处的关系来看,二者之间的关系可以这样界定:一是,远东地区农村图书馆是农村居民与农村行政管理处的桥梁,农村图书馆通过向农村居民传递相关文件和信息,促成了农村民众对基层政权及其政策的了解和理解;二是,农村图书馆与村行政管理处之间还是服务者与用户的关系,农村图书馆利用自己的文献平台为村委会行政管理处的行政管理人员和专家提供文献咨询服务,为他们提供相关的法律文献、与农村工作相关的上级机关文件;三是,俄罗斯远东地区农村图书馆是村行政管理机构与上级行政机关及各类机构的中介和桥梁,这一功能主要表现在根据俄罗斯联邦第131号法律《俄罗斯联邦地方自治组织的共同原则》、1994年11月29日颁布的俄罗斯联邦《图书馆事业法》和1994年11月29日颁布的《文献呈缴本法》,农村图书馆有权利接受区和边疆区(州)的各类法规、文件的呈缴本,农村图书馆有责任和义务将这些法规和文件提供给所在村行政管理处,而村行政管理处则依据这些法规和文件行使自己的行政职能。另外,农村图书馆还邀请各类上级机关的工作人员到村子里针对不同的用户做讲座、组织座谈,加强了村和村行政管理处与上级机关的联系与合作。黑龙江省的农家书屋与村委会之间的关系更倾向于行政隶属关系,这种隶属关系决定了农家书屋的工作对于村委会的行政管理工作在宏观层面没有太多的支撑作用。另外,从农家书屋的建设主体上来看,其藏书和书屋内部设备是国家统一拨付资金购置的,而馆舍是农家书屋所在行政村提供的,所以从馆藏和设备的所属关系上来看,农家

书屋与村委会之间又是代管的关系，即村委会的人员兼职管理农家书屋的馆藏和设备，这也决定了农家书屋的管理工作只是在完成程序性的工作，很难有大的创造和发挥空间。其次是农家书屋的馆藏文献读者定位比较模糊，缺少或没有对农村村委会管理工作针对性较强、价值较高的文献。由于我国国情和基层管理文化和传统决定，一些上级的文件通常不能在农家书屋向农村读者开放，这也决定了我国东北地区农家书屋无法实现俄罗斯远东地区农村图书馆的这项功能。最后，由于东北地区农家书屋多是村委会干部代管，这也决定了农家书屋缺乏开展各项社会活动的自主权，农家书屋难于实现自身的社会影响力，弱化了它在农村社会中的作用，降低了农家书屋对所在村的行政管理水平的提升作用。我国东北地区乡镇图书馆与乡镇政府之间的关系则完全是行政隶属关系。在多数乡镇里，图书馆对乡镇政府的管理工作几乎没有任何促进作用，它既没有丰富的藏书为充实乡镇干部的管理知识和专业知识提供支持，也没有对乡镇政府管理工作起到帮助作用的及时、全面的法规和文件。我国没有相关法规和文件规定乡镇图书馆必须收藏国家各行政管理机关颁布的法规、文件的权利和责任，所以乡镇图书馆无人员也无资金收集这类文件、信息和文献。我国东北地区乡镇图书馆在文献典藏和借阅功能之外多没有其他功能。绝大多数乡镇图书馆也都是由乡镇干部代管，由于兼职管理和乡镇图书馆功能定位狭窄决定了乡镇图书馆没有权利或没有条件开展更多的社会、文化活动。乡镇图书馆是乡镇政府的一个附属部门的性质也决定了它无法平等地与县、市的各类机构开展广泛、平等的联系，难于从各类机关获得信息、文献来服务于农村社会和农村管理机构。其作为文化服务机构的亲和力和融合力无法形成，无法像俄罗斯远东地区农村图书馆那样通过开展广泛的社会活动来推动、提升当地的社会管理水平。

二、俄罗斯远东与我国东北地区农村图书馆（书屋）青年工作的比较

根据文献信息资料和课题组的调研数据来看，俄罗斯远东地区与我国东北农村图书馆（书屋）针对农村青年的工作内容和方式明显不同，服务质量也存在明显的差异。在对滨海边疆区哈桑区的农村图书馆青年工作了解的基础上，可以将俄罗斯远东地区农村图书馆和我国东北农家书屋针对这一群体的工作细分为三个领域进行比较。一是，针对青年人群的学习、人生观和道德教育开展的工作。俄罗斯远东地区各村图书馆积极满足青年人的学习需要，为他们提供各类教材教辅类的图书，为青年人收集整理各类高校和专业学校的信息，帮助他们选择适合自

己就读的学校。通过组织青年学生的图书馆阅读活动，来丰富和塑造他们的精神世界，帮助青年人树立正确、健康的人生观和世界观，使他们成为传承优良品质和优秀文化的新一代农村居民。从课题调研组对我国东北地区农家书屋的调查来看，由于书屋没有专职的管理人员，绝大多数书屋兼职管理员没有对青年人进行文化教育、道德教育和人生观的培养的思路，更多的兼职管理员不能把心思放在农家书屋的青年人工作上，所以在所调查的范围内，没有专门组织青年人学习、收集各类学校信息为青年人寻找合适的求学机会的情况，求知心理较强的农村青年多是自己主动到农家书屋借阅自己感兴趣的图书，但这样的青年人在农村社会的比重相当小。二是为青年人选择职业道路出谋划策，俄罗斯远东地区农村图书馆为了帮助青年人正常平稳地过渡到社会生活，顺利地步入社会提供各类帮助。俄远东地区农村图书馆为青年人组织心理学、法律、哲学等各类文献，帮助青年人认识自己、认识社会，了解各类职业，为青年人正确选择职业做好知识储备。另外，农村图书馆还邀请各行业的工作人员、职员为青少年介绍讲解自己所从事的行业，自身的工作感受和心得，为农村青年认识各类职业提供直观的经验和信息。俄罗斯远东地区农村青年因为受成长环境的影响而导致的自身储备的信息相对于城里青年的匮乏，因知识文化教育不全面而导致在职业竞争过程中产生自卑心理和退缩心理，针对这一状况远东地区农村图书馆利用馆藏相关文献加强青年人的心理教育及信息补充教育，丰富青年人相关领域的知识，来提振农村青年的就业信心。俄罗斯远东地区农村图书馆认识到，农村青年仅面向农业生产的各个领域的职业定位是狭窄的，对农村青年是不公平的。针对这一问题，农村图书馆通过个性化帮扶，了解每一位青年人的专业特长和自身的能力，帮助他们拓宽职业选择范围，促进农村青年职业选择的多元化。相比较俄罗斯远东地区，我国东北地区农村的企业和公司相对较少，农家书屋管理员对青年人求职就业的知识、经验及求职需要的信息类型了解很少，所以农家书屋针对青年人的职业选择问题的帮助也较少。而且东北地区青年外出寻求工作多是选择南方和规模较大的城市，由于自身的文化水平限制，绝大多数农村青年从事的是体力劳动。所以农家书屋多是从改善青年人的农业技术、养殖技术等方面来帮助他们致富，其方式也只限于向农村青年推荐各类农业技术的书刊，但这种推荐活动也并不是经常性的活动，多数情况下是青年人根据自己的需要到农家书屋来查找相关图书。三是，帮助青年人树立正确的恋爱、婚姻观，帮助他们顺利过渡到早期的家庭生活。俄罗斯远东地区农村图书馆为农村青年提供文化氛围浓厚的交往空间，为年轻人形成友谊和产生爱情营造良好的氛围和宽松的平台。远东地区农村图书馆员帮助青年人树立健康的生活观，为日后的恋爱、婚姻和家庭生活打基础。我国东北地区的农家书屋在农村青年的家庭生活方面更注重对青年人计划生育、优生优育教育。计划生育教育受到农家书屋关注的主要原因是东北地区的农家书屋兼职管理员很大一部分是妇女主任，由于农家书屋的建立，为计划生育工作又增加了一个良好的宣传平台。妇女主任通常借助农家书屋计划生育方面的藏书开展对青年人的教育工作。一些农家书屋还组织孕龄妇女和怀孕妇女阅读育儿和胎教类的出版物，增长他们优生优育的知识。例如，黑龙江省双城市新兴乡新华村的妇女主任（农家书屋管理员）就曾经邀请哈尔滨市妇联的妇幼专家到村农家书屋为该村的育龄妇女举办讲座，在讲座之后村里的妇女向专家咨询怀孕期间注意的事项及育儿的方法。当然，该名书屋管理员也谈了自己的困惑，她说，请专家到农家书屋做讲座完全是凭借个人之间的友谊，是没有经费的，这种讲座通常只能组织一次。

三、俄罗斯远东与我国东北地区农村图书馆（书屋）历史文化整理和传播工作的比较

俄罗斯远东地区农村图书馆的历史文化整理和传播工作比我国农家书屋和乡镇图书馆的理念更强、思路更为系统。俄罗斯远东地区农村图书馆在这一工作领域已经有了一定的传统，而且近些年远东地区还把农村图书馆的方志工作列为农村图书馆的主要工作领域之一。为了使地方志研究工作能够有充分的文献资料作为支持，俄罗斯远东地区农村图书馆非常重视对地方历史、风俗、经济、人文等各类地方文献的收集和整理，并在图书馆单独排架。除了对图书报刊收藏外，农村图书馆还长期与村民家庭合作收藏本村居民的回忆录、日记、照片、书信等历史资料。为了能够获得村庄历史、文化的第一手资料，俄罗斯远东农村图书馆开展了两项工作：一是收集整理村子里高龄居民的全部资料；二是通过对这些高龄人员的采访来获得关于村子过去的口述资料。我国东北地区农家书屋和乡镇农村图书馆则不注重对地方文献的收集整理。从课题组对走访的农家书屋和乡镇图书馆的藏书目录进行浏览的结果来看，各地几乎没有收集典藏地方文献的习惯，在目录上较少发现地方文献出版物和相关信息资料；而从农家书屋和乡镇图书馆管理员那里了解到，他们也没有长期向当地居民收集本村的各类历史资料、照片和物品的活动。所以说，东北地区农村图书馆还没有认识到农村历史文化工作的重

要价值和意义。除了对地方文献进行收集整理，俄罗斯远东地区农村图书馆还把地方历史文化的宣传和普及工作作为重要的工作内容。农村图书馆的工作人员会把收集到的本村历史文化价值较高的资料制成专辑或摄制成微电影向村民展示播放。此外远东地区农村图书馆还经常组织各类地方文献的展览活动，让村里的居民对本州、边疆区、区、村庄的历史和文化有经常性了解；也有规模较大、经济条件较好、历史文化积淀较深厚的村庄依托图书馆建立村博物馆，以便更好地收集、保护本村的历史文化资源。俄罗斯远东地区农村图书馆还根据本村地方志记载的内容对当地的著名历史人物资料进行整理，举办这些人物的周年庆典活动，如果是文学家，就深入研究他的生平，搜集其全部作品进行陈列展览，并组织村子里的文学爱好者和村民对其作品进行阅读和讨论。我国东北地区很少有人关注农村地区历史和文化的发掘，由于缺乏人文意识，农村图书馆对当地历史文化的宣传和传播工作几乎没有投入任何人力，甚至对当地著名历史文化名人有时也疏于组织纪念活动。如2008年，哈尔滨市呼兰区（原呼兰县）籍的著名文学家萧红诞辰97周年，但这一年在萧红故乡没有组织任何纪念活动，即使在萧红故居（旅游景点），也见不到纪念萧红诞辰97周年的宣传条幅，更没有人组织萧红作品的阅读和评论活动。而且萧红故居的很多国内外名人题字和照片现在也难得看到了[52]，而笔者实地调查发现呼兰区图书馆与萧红故居仅一墙之隔。俄罗斯远东地区农村图书馆善于通过地方志工作深入发掘地方历史文化的延伸价值。远东地区在苏联卫国战争期间虽然属于遥远的大后方，但远东地区的农村也有大量的人员参军走向前线，许多人在卫国战争中阵亡，远东地区几乎每个村庄都建有铭记这些保卫祖国的英雄的方尖碑。针对这些历史遗迹，各村图书馆认真整理各村阵亡者的历史资料，每一座方尖碑在农村图书馆都建立了档案。这些资料和档案成为下一代人爱国主义教育的最好素材。我国东北地区农家书屋和乡镇图书馆对农村当地爱国主义教育素材挖掘总体不够。当然个别村庄也根据农村地方历史和文化开展爱国主义教育工作，但通常不是由农村图书馆（书屋）组织发起。如吉林省榆树市土桥镇皮信村小乡屯的齐殿云就是20世纪六七十年代的农业战线的著名人物，当年在他的带领下，小乡屯成为全国农业的标杆，当年形成的“学大寨，赶小乡”潮流成为小乡、土桥镇一座永恒的丰碑和永远的骄傲，也成为小乡屯的历史文化资源。在榆树市的组织下由小乡的村民、企业和政府出资建立了小乡爱国主义教育基地。俄罗斯远东地区农村图书馆的地方志工作还包括对农村居民，尤其是对青少年的生态教育。图书馆举办各类生态问题研讨会，组织村里的绘画爱好者开展家乡大自然写生活动，成为远东地区农村图书馆美学方志活动的重要内容之一。我国东北地区农村图书馆对农村居民的生态教育和生态文化的传播理念还没有形成，与俄罗斯远东地区村图书馆员相比较，我国东北地区农家书屋管理员这方面的意识还很薄弱，农村图书馆开展这一领域的工作还有较长的路要走。

四、俄罗斯远东与我国东北地区农村图书馆（书屋）对弱势家庭、人员帮扶工作的比较

与我国东北农村图书馆（书屋）对弱势家庭、人员帮扶工作相比较而言，俄罗斯远东地区农村图书馆对这类农村居民群体的帮助规划性更强，具有深入性和长期性的特点，个性化帮助和服务的特征突出，针对家庭和低年龄群体的帮扶活动更具娱乐性。为了能够对帮助对象群体的数量和特征有明确的了解，俄罗斯远东地区农村图书馆首先对自治区、区里的每个村的弱势和需要帮助的家庭、人员进行分类统计，通常会分为多子女家庭、单亲家庭、有残疾人儿童的家庭、无人监护的少年儿童、老年人、残疾人等，这些类别的家庭和人员的统计数字，通常是农村图书馆与区、村妇委会、未成年人监护事务处等部门合作获得的。俄罗斯远东地区的区中心图书馆和各村分馆的负责人都掌握这些家庭、人员的数据。我国东北地区农家书屋和乡镇图书馆的居民服务内容范围比较狭小，通常认为这些工作不是图书馆的分内工作，他们没有责任也没有义务来统计这些数据。但由于东北地区农家书屋兼职管理人员多是村妇女主任，所以对弱势群体的帮扶工作也会与农家书屋的工作捆绑在一起。但从东北地区农家书屋的弱势群体帮扶对象来看不如俄罗斯远东地区范围广，涉及的人员类别不多。由于国家政策的区别，我国东北地区对多子女家庭是不予帮助的，而且如果违反了计划生育政策还要受到罚款，而俄罗斯远东地区的政策正好与我国东北相反，由于俄罗斯整体出生率低，所以对生育孩子的家庭和母亲予以奖励，而且在婴幼儿抚养和成长过程中国家都是予以物质帮助的，如免费提供奶粉、每月予以资金补贴。另外，俄罗斯远东地区农村图书馆所做的个性化社会工作并不是上级机关予以硬性规定的。农村图书馆也是俄罗斯社会的最小自治主体单位，可以说这些工作都是农村图书馆利用自身的人力资源优势和图书馆资源自觉完成的。我国东北地区的单亲家庭是没有社会保障的，而个别家庭即使是获得了来自妇女主任的帮助，也是从其个人角度实施的，而不是政府管理行为。近年来，由于许多村庄的青壮年村民都外出到

其他城市务工，所以一些村的妇女主任开始在上级机关的要求下统计了解本村的留守老人和儿童的年龄、身体状况等。有时妇女主任也利用农家书屋的藏书帮助这些人员解决一些问题，或者向有能力阅读的老人和儿童推荐一些图书或报刊，组织留守儿童到农家书屋阅读，使书屋成为留守儿童的第二教育课堂。俄罗斯远东地区农村图书馆经常协同村妇委会、区老兵委员会等部门共同组织举办家庭节、残疾人、老年人节和其他节日庆祝活动，在活动期间农村图书馆馆员与其他部门的工作人员一同邀请这些家庭和人员参加娱乐活动，与一些有实际困难的多子女家庭、单亲家庭、老兵、残疾人座谈，了解他们的具体情况，并由农村图书馆员撰写报告向政府的对应部门申请提供物质帮扶和资金帮助。我国东北地区农家书屋以各类节日为契机为弱势农村家庭和弱势人群组织娱乐活动等情况很少，也缺少营造愉快和谐的氛围的做法，缺少在这样的氛围中帮助弱势家庭和居民的思路。东北地区农家书屋管理员或农家书屋兼职村干部在对这类人群实施帮助时，要么是以走形式、走过场的方式进行帮扶，要么会让被帮助者感觉卑下，缺少那种让人感到平等、亲切、融洽的真挚情感。

五、俄罗斯远东与我国东北地区农村图书馆（书屋）政策、法律服务的比较

俄罗斯远东与我国东北地区农村图书馆（书屋）都比较重视农村居民的政策法律服务工作。但是俄罗斯远东地区的图书馆法律服务体系比较健全，有国家政策和规章作为保障。俄罗斯远东地区在《俄罗斯文化部与ФАПСИ在法律信息领域的相互协作程序协议》和《俄罗斯文化部与РФПР在法律信息领域中的相互协作程序协议》的基础上确立了以各区中心图书馆和农村分馆为基础的农村居民法律信息服务中心体系。各农村图书馆通过建立附属于图书馆的法律信息中心来为农村居民和地方自治管理提供法律保障。我国东北地区的农家书屋和乡镇图书馆在国家定位的基础上，也把向农村居民、企业提供国家颁发的与三农有关的法律法规作为服务内容之一。但总体上东北地区农家书屋的法律政策宣传工作还没有国家相关法规和条例作为支撑，所以法律政策方面的工作开展面比较狭窄，仅涉及与三农直接相关的法律文献推广工作。俄罗斯远东地区村图书馆的法律信息中心的服务目标是多元化的：一是尽可能将联邦、州（边疆区）和区里的所有农村社会有可能需要的法规、文件、政策、决议等文本收集全面，并全部无条件向农村社会的自然人、法人（企业、基层政府、各类社会组织）开放；二是通过各种

形式，如组织学术研讨会、专家咨询会、座谈会来与农村社会的团体和个人一同解读国家法律和政策，让农村社会能够实时了解和认识国家的各种政策，来正确维护农村社会个人、团体的权益和利益；三是最大范围地向农村社会宣传普及各级政府的各类法规、文件和政策，特别注重人权领域的知识普及工作，特别重视为农村社会的失业者、残疾人、退休者、无家可归者、移民者提供便利条件和提供更加个性化的法律信息服务。我国东北地区农家书屋和乡镇图书馆的法律服务形式比较单一，服务范围比较狭窄。东北地区的法律信息服务主要是提供法律文献查阅服务，通常没有专业人士为农村居民就法律条款进行解读， 更没有法律咨询服务的机制。农家书屋管理人员缺乏向农村居民主动宣传与生产生活密切相关的法规和条款的意识。我国东北农家书屋和乡镇图书馆的独立性很小，由于国情决定，农家书屋（乡镇图书馆）管理员的言行要与村、乡镇的决策相一致。当个别的乡镇、村处理农村事务的做法与国家的法律和政策相悖的时候，农家书屋管理员会处于维护法律还是维护地方政府做法的两难境地。所以，这种情况也使我国东北农村的法律法规宣传和普及工作处于被动的局面。俄罗斯远东地区农村图书馆法律信息中心收藏和传播的法律法规、政策文件等文献信息的丰富程度远高于我国东北地区的农家书屋。如俄罗斯远东地区农村图书馆可以向农村企业提供税务法、仲裁、会计决算等方面的资料和信息，向老兵和退休人员提供退休金的计算、重算养老金和养老金增加、老兵退休金法、补助金、医疗卫生法、继承法等法律政策问题的资料，向残疾人提供医疗卫生领域的优惠、退休金保障、教育优惠住宅法等资料和文本。整体上，俄罗斯远东地区农村图书馆所收集的法律信息文本能够充分满足农村社会的需求，概括起来有这样一些法律法规：学生法、青年专家法、地方自治法、消费者权利保护法、退休金法、住宅法、继承问题法、土地法、社会保护法、家庭法、医疗卫生法、交通工具注册、俄罗斯联邦教育法、海关关税、武器、酒类产品、著作权法、刑法、国际法、税务法、会计组织、人权、征兵、选举、税负等。而我国东北地区的农家书屋所收集的法律法规的品种和数量则极为有限，而且这些法律信息资料也多是农家书屋建立之初，各地农家书屋建设领导小组统一配给的。课题组对一些农家书屋的法律法规类文献进行了大概了解，有的书屋仅有一两种法律类出版物，如黑龙江省宁安市卧龙乡新政村仅有《农民法律维权实用手册》《农业政策与法律常识》两部法律类图书，法律类图书品种稍多一些的农家书屋也只有十余种。关于各级政府政策性和决议性文件，课题组所走访的农家书屋都没有收藏。总体来看，东北地区农家书屋收藏的法律类图书，大致可以分为四类：农民维权类、计划生育婚姻类、农村经济类、常规类。其数量和品种远低于其他类文献。

六、俄罗斯远东与我国东北农村图书馆（书屋）的妇女儿童服务工作比较分析

俄罗斯远东地区农村图书馆尤为重视儿童图书馆服务工作。根据2008年2月20日俄联邦文化与大众传媒部通过的第32号《农村文化机构（公共图书馆和文化休闲机构）服务的最低资源保障规范》的要求，远东地区农村图书馆力求保证馆藏儿童文献达到馆藏总量的20%~30%，面积较大的村图书馆努力创造条件开辟专门的儿童阅览区，没有条件的图书馆则为儿童开辟儿童阅览坐席和儿童图书专架。我国东北地区的农家书屋和乡镇图书馆则没有出台相关条例、规定对儿童阅览条件予以明确规定，在课题组走访的众多农家书屋中也很少能看到专门为儿童读者开辟的专区。从儿童馆藏的比例来看也远没有远东地区儿童馆藏的比例高，通常在10%左右。俄罗斯远东地区农村图书馆员经常为儿童读者组织各类阅读活动、举办讲座和组织座谈。儿童年龄尚小，不懂得自己有哪些权利，也没有维护自身权利的意识，更缺少责任意识，而孩子家长对孩子权利的认识也较为薄弱，经常忽略孩子的正当权益。远东地区农村图书馆员针对儿童和家长的这一特点举办“孩子的权利和责任”讲座。在各类节日期间还为儿童举办各类文献晚会，为了培养儿童的交通安全意识，为孩子们邀请专家举办交通安全讲座，让孩子们了解各类常用的交通标识，维护孩子的生命安全权。俄罗斯远东地区村图书馆也关心儿童的日常行为习惯和安全问题，如前面所述，哈桑区未成年人监察处为儿童出版了《生活·成长》系列信息手册。与俄罗斯远东地区相比较而言，我国东北地区农家书屋的上级管理方也强调对少年儿童的教育工作，但要求比较简单，工作内容较为笼统。农家书屋管理员通常没有形成针对儿童阅读活动的思路，也较少针对少年儿童成长各阶段的认知需求、精神需求、心理需求、健康需求、安全需求提出工作思路。另外由于东北地区农家书屋管理员多为兼职，农家书屋工作没有任何酬劳，他们组织农家书屋活动方面的积极性不高，只有少部分性格热心的书屋管理员能够针对儿童组织一些简单的活动。另外，东北农家书屋在建设初期拨款之后就没有后续资金来源了，所以即使农家书屋管理员有组织儿童活动的思路，也会因缺乏经济条件而使计划搁浅。另外，相比较我国东北地区农村而言，俄罗斯远东地区农村儿童社会保障机制更加健全，农村社会各方针对

儿童这个群体的工作更具整体性和协调性。例如，俄罗斯远东地区村行政管理处通常设有未成年人事务委员会，农村图书馆员也是这个组织的委员，这一身份可以使图书馆员更便捷地了解本村儿童的各类统计数据和信息资料，为农村图书馆有针对性地为儿童读者提供服务创造了条件。我国东北地区农家书屋则缺少通过与乡镇、县市的相关部门进行交流合作来拓宽服务农村儿童的途径和能力。各机构和部门在针对农村妇女儿童实施帮扶时也很少想到与乡镇图书馆和农家书屋合作。这也说明东北地区的农村图书馆需要不断开展有益于农村社会的各类活动，以此来增强自身在农村社会的影响力，并获得社会各方的关注。俄罗斯远东地区村图书馆还非常关注妇女和儿童的健康，图书馆经常与医疗点的工作人员合作举办健康咨询活动，举办各类健康类的图书展览；与孩子的家长开展公开的对话；通过情景式座谈向妇女和儿童宣传健康的生活状态，通过节目表演来宣传健康理念。我国东北地区对农村儿童的健康也较为关心，但针对农村儿童健康所举办的具体活动则较少。很少有农家书屋联合卫生医疗部门组织内容丰富、能够让儿童及其家长在对待健康和日常卫生习惯问题上能够从思想上发生改变的活动。俄罗斯远东地区农村图书馆在“三八”妇女节、母亲节会为村里的妇女组织节日庆祝晚会，图书馆在日常工作中注重收集整理有助于妇女婚恋、维护自身权利的出版物，并向她们推荐阅读。我国东北地区专门针对农村妇女的各类文化活动组织的较少，农村妇女的精神生活相对单调，社会对他们的关心还不够充分，虽然农家书屋妇幼方面的藏书会对少部分妇女发挥作用、产生价值，书屋管理员也会向妇女们推荐一些图书，但绝大部分农家书屋在妇女文化生活和丰富她们的精神生活方面所做的工作、组织的活动较少。

第四节　结论与对策

通过我国东北与俄罗斯远东地区农村图书馆（书屋）与地方政府（村委会、乡镇政府、县级各类机构）之间关系的比较，我们发现，我国东北地区农村图书馆与地方管理机构的关系更为简单化、单向化，即倾向于行政的上下级隶属关系。这种关系客观上造成了两方面的负面影响：一是低估了农村图书馆对农村社会的多元化作用；二是不利于农村图书馆员发挥自身的创造性和多面性的工作能力。在笔者来看，农村图书馆不仅是为农村居民提供文献和文献阅读的空间场所，而且也具有辅助地方管理机构更加人文化、科学化地管理地方社会的功能。

农村图书馆可以通过举办各种文化活动来丰富农村居民的文化生活，同时为村民搭建一个更大的精神文化交流平台。比如可以与县（市）人事部门、教育部门合作建立冬季和夏季真人图书馆服务机制。农村图书馆（书屋）目前没有固定的资金来源，长期免费请专家开展真人图书馆服务比较困难，但可以利用本县（市）的在读大学生资源，一个县城每年都会有数量不少的优秀学子考上国家重点院校，通过人事部门和教育部门可以获得这些学生的信息。县（市）文化广电新闻出版局可以将这些考生的具体录取院校、专业信息统计储存起来，在寒暑假期间，请高年级（大三、大四）的学生到各农村图书馆去做真人图书馆服务或准备与农村社会相关的专业领域的讲座或报告，如各类法律讲座、青少年心理学讲座、妇女儿童权益讲座等。

我国东北与俄罗斯远东地区农村图书馆相比较而言，青年工作做得不够扎实和深入。正如前面所论述的，大部分农村青年人面临多元化的困境，如青春期、步入社会的困惑、人生观、婚姻、恋爱、就业等。俄罗斯远东地区农村图书馆把解决农村青年人面临的问题纳入到了自己的工作当中，而我们东北的农村图书馆（书屋）似乎还没有把这一领域当作图书馆的分内工作。我国东北农村地区一年一季庄稼，秋季（11月）到第二年5月大约半年的时间都是农闲季节，农村青年没有业余文化活动。尤其是处于青春期的年轻人还没有到外出打工的年龄，他们无所事事，学着大人打麻将，甚至赌博，游手好闲。农村图书馆（书屋）可以针对这一年龄段青年人的特点，组织他们感兴趣的阅读活动。例如，可以将他们组织到农家书屋播放对他们有意义且感兴趣的影视资料。农村居民对于子女的升学和未来学习的专业及就业问题通常不是很清楚，书屋的管理者可以请县（市）人事局的专业干部针对农村青年学子未来的学业、就业问题查找相关资料和数据，为农村家长和学生的学业、就业决策提供信息支持。春节长假，可以请在城里打工或做生意较成功的回乡村民给村里将要进城打工的青年进行全方位的打工生活辅导和求职经验辅导。书屋管理员也可以通过互联网帮助青年人搜集、查找工作目标城市的用工需求信息，为青年人打工作好充分的前期准备。农村图书馆也应该考虑婚龄、育龄青年的信息和资料需求，如搜集整理一些婚姻生活的资料、胎教方面的光盘组织婚龄、育龄青年学习，或借给他们到家中使用。

通过对俄罗斯远东地区农村图书馆的历史文化研究整理和传播工作的研究，我们发现对地方文献的收集整理工作有两方面的意义：一是有利于地方志的整理编撰；二是可以向当地居民提供真实可靠的地方历史文化资料。通过对地方历史文化的整理、传播，可以让农村居民了解家乡的历史、文化和风物人情，让儿童、青少年更加了解自己的家乡，增强对家乡的情感寄托和历史文化自豪感，使农村居民对家乡有归属感和认同感。由于我国东北地区农村图书馆管理员的专业学识有限，还不具备整理地方文献的能力，所以工作重点应放在地方文献收集和整序上。这一工作可以从三个方面着手：一是收藏本省的历史资料和本省从农村走出来的各领域的著名人物的传记；二是收集本县的历史资料和著名人物的资料；三是整理挖掘本乡镇和本村的历史资料，整理本村有一定建树的历史人物和在世的人物生平、传记。这项工作不一定由图书馆（书屋）管理员亲自做，可以委派有热情、文化水平较高的年轻人通过对村里在世的老人进行采访获得本村的历史和人物生平资料。另外，也可以考虑在农村图书馆（书屋）中建立一个地方历史文化角，除了收藏和借阅地方历史文献资料，还可以将本村一些家庭的历史物件借来在文化角进行展览。知青文化是东北农村地区特定历史时期的特殊文化现象，东北几乎所有村庄都曾有过知青下乡的历史，各村农家书屋可以与县（市）当年知青主管部门合作整理当年的知青资料、信息，并与他们建立联系，将其返城后有价值的人生资料整理出来，作为本村历史文化的一部分收集起来。

通过对俄罗斯远东地区农村图书馆弱势群体工作的研究，我们看到我国东北地区的农村社会更加需要农村图书馆（书屋）开展同样的工作。虽然一些妇女主任兼任农家书屋管理员的书屋也开展了对留守妇女儿童的文化帮扶工作，但整体来看还是个别现象。东北农村地区留守儿童、老人和妇女的群体不断扩大，尤其是老人和儿童留守的家庭，更需要外界的帮助。农家书屋有自己特定的文化环境和空间，可以将这些留守儿童定期组织到农家书屋开展阅读活动，也可以请村里文化水平较高的青年人为这些孩子进行文化知识辅导，可以请德高望重、有一定文化水平的村民为儿童开展德育教育，培养他们尊老、爱家乡的优良品质。虽然，目前农家书屋没有固定资金来源，但我们看到俄罗斯远东地区农村图书馆针对弱势群体的工作也是图书馆员自愿开展的，没有任何文件和规定要求他们必须做这件事情。农村文化水平较高的村民中有人有热情做这样有益于家乡的公益活动。对于留守老人，也可以组织他们学习医疗保健知识，向他们推荐老年保健方面的书籍和报刊，不定期将这些老人组织到农家书屋交流自己的阅读心得和健康保健心得，这样既对老人们的健康有益，也可以排解老年人的孤独感。农村常会有一些有劳动能力，但不愿意付出辛苦的贫困户，也有一些身体残疾者，农家书屋管理员可以根据这类人群的具体情况，向他们推荐一些励志类的书籍或杂志，帮助他们树立信心，让他们能够更体面地生活。

通过对我国东北与俄罗斯远东地区农村图书馆的政策、法律服务工作的比较来看，我国东北地区农村图书馆（书屋）还存在较大的差距。课题组在调查过程中发现，我国东北地区农村图书馆（书屋）现有的法律、政策类文献不够新，且有些文献并不贴近农民的现实需求。县（市）图书馆可以委托省图书馆将政府信息公开范围内的与农村、农民有关的中央、省、市的政府文件、命令、决议搜集整理出来不定期下发到各乡镇图书馆和农家书屋；也可以委托本县就读法律、管理等相关专业的大学生通过互联网搜集整理三农类的法律、法规、文件，并以电子文本的方式发送到各农村图书馆（书屋）。这些文献不但对村民具有现实价值，也可以帮助村委会干部更好地了解国家的农村政策和法规，为农村居民更好地服务。目前我国东北农村地区也存在着许多社会问题，如城乡结合部农村土地征收矛盾问题、土地流转过程中出现的问题。在解决这些问题上，农民是弱势群体，他们需要了解国家有关政策的详细条款。有条件的农家书屋可以委托法律部门和律师针对常见的农民纠纷利益问题整理组织相关法律法规、政策文件，让农民能够正确地维护自己的权益。此外，农村社会对妇女儿童的权益及妇女儿童对自身的权益不十分清晰，所以农家书屋也有责任为妇女儿童整理收集各类妇女儿童权益保障法、儿童保护法等；也可以请法律系在读大学生针对农村妇女儿童被忽视的权益和人身权利问题举办通俗易懂的讲座，让农村妇女儿童强化自身的权益意识。

参考文献

[1] Карпухин О И. Молодужь России:особенности социализации и самоопределение:учебное пособие[M].Москва:СОЦИС，2006:203.

[2] Камалдинова Э И. Молодежь как объект и субъект социальной деятельности[M]. Москва: Педагогика， 1998：142.

[3] Акчурин Б Г. Духовное здоровье сельского населения Башкортостана[J]. Социология，2001(12): 23，24.

[4] Фирсова И. Через информацию - к новой жизни[J].Библиотечная газета， 2009(2): 3.

[5] Ларина Г Г. Тётенька- библиотечка， можно у вас погреться? : пилотный проект по созданию и развитию услуг в сфере профилактики социального сиротства[J]. Библиотечная орбита， 2010(19): 107-130.

[6]Опехтина Е Д. Социальное проектирование в воспитании : макет книжной выставки[J]. Библиотека в школе， 2008(11): 17-19.

[7]Челпанова С В. Проекте участвовали и пользователи， и волонтёры : национальная программа поддержки и развития чтения[J].Библиополе，2008(7): 8-10.

[8]Стародубцева Л В. Продвижение услуг Амурской областной детской библиотеки детям села : проектная деятельность[J]. Новая библиотека，2008(5):30-33.

[9] Двуреченская Т Н. И тогда нам года не беда : реализация проекта «Золотой возраст» [J]. Библиотечное дело， 2008(4):31-33.

[10]Подоба М В. Проектная деятельность центра детского чтения ДВГНБ в области реализации комплексных многоцелевых программ для детей и подростков: итоги 2007 года[J].Вестник ДВГНБ， 2007(4):70-79.

[11]Бабенко А Н. Правовая социализация как процесс освоения правовых ценностей[J]. Государство и право，2005(2):104-106.

[12]Белюкин В А. Основные направления деятельности публичных центров правовой информации[J].Науч. и техн. Библиотеки，2003(10):17-27.

[13] Демидов А. Публичные центры правовой информации[J].Народное образование， 2006 (2):160-164.

[14]Тюрина О М.Формирование ресурсов публичных центров правовой информации[J]. Библиотековедение， 2004(4):56-64.

[15]Участие библиотек в правовом воспитании и юридическом образовании населения области: метод . материалы， разработанные Псков . ОУНБ[J]. Муниципал. власть，2001(4):106-113.

[16]Губанова Е Н.Роль библиотек в системе распространения правовой информации: сб . норматив. метод. материалов [M]. Барнаул， 2004:40.

[17]Стародубова Н. З.Доступ к правовой информации: методические материалы по организации работ публичных центров правовой информации[M]. Москва: ФАИР-ПРЕСС， 2005: 288.

[18]Кирпиченко С С. Сельская библиотека как центр правовой информации населения[C]// Новые технологии на службе библиотек.Челябинск， 2004: 50-52.

[19]Кузьмин Е И. Формирование системы доступа граждан Российской Федерации к правовой информации: итоги и перспективы[J].Библиотековедение，2005(6):8-16.

[20]Мелентьева Ю П. Публичные центры правовой информации: новые возможности библиотечного обслуживания[M]. Москва: Фаир-Пресс: Гранд， 2004:96.

[21]Антоненко С А. Социальные функции сельской библиотеки[J]. Библиотековедение， 2010 (5):26－29.

[22]Володькина Л В. Краеведческая， историческая литература из фондов библиотек как

средство гражданского и патриотического воспитания[C]//Роль краеведения в формировании гражданского и патриотического самосознания, 2012.

[23]Работа массовых библиотек с краеведческой литературой: сб. материалов [C]// Публ. б-ка им. М.Е. Салтыкова-Щедрина, 2005.

[24]Аналитическая справка о деятельности межпоселенческой центральной районной библиотеки и сельских библиотек Каргасокского района за 2010 год[M]. Каргасок, 2011: 58.

[25]Тикунова И П. Сельская библиотека – центр жизни местного сообществаекст[M]. Экология культуры : инф. Бюллетень, 2003(3):112-116.

[26]Анализ работы Кривошеинской ЦМБ за 2011 год[M]. Кривошеино, 2012: 33.

[27]Аналитическая справка о деятельности МУК «Молчановская межпоселенческая централизованная библиотечная система» за 2010 год[M]. Молчаново, 2011: 51.

[28]Грищенко Г Ю. Библиотека-юбиляр[J].Районные вести, 2006(4): 3.

[29]Белая М. «Живая строка» – районный конкурс художественного слова[J].Знамя, 2009(4): 2.

[30]Муниципальная библиотека: место и роль в становлении местного самоуправления: метод. рекомендации [M]. Благовещенск:ЛОНБ, 2008: 16.

[31]Манилова Т. Муниципальные библиотек и местное самоуправление: некоторые результаты федеральной библиотечной политики[J].Научно- технические библиотеки, 2009(5): 27-33.

[32]Создание публичных центров правовой информации на базе общедоступных библиотек: материалы круглого стола[M].Москва, 2008:16.

[33]Матюхина Н. Социальная работа библиотеки[C]//Доклад о деятельности библиотек Приморского края в 2008 году.Комитет администрации Приморского края по культуре и туризму, Барнаул, 1999:20-30.

[34]Лазебик Л. Библиотека как фактор социальной защиты населения[C]// С теплом и лаской к человеку: материалы областной науч.-практ. конф. Волгоград, 2002: 15-20.

[35] Сельские библиотеки Примории: Современные тенденции развития[C]// АКУНБ им. В. Я. Шишкова. Владивосток, 2003:57.

[36]Медведьева Л. О проблемах сохранения и развития сельских библиотек: решение коллеги МК РФ от 24 дек. 2003 года[C]//Сельские библиотеки Приморского края: проблемы сохранения и развития. АКУНБ им. В.Я. Шишкова, Владивосток, 2004: 5-20.

[37]Жеребятьева Н А.Рекомендации по организации работы органов управления и учреждений социальной защиты населения по профилактике безнадзорности

несовершеннолетних[M].Владивосток, 2005:21.

[38] Годовой отчет о проделанной работе женсовета [C]// Гришино Хасанского района за 2004 год, 2005:15.

[39]Тетерина Т. Мониторинг социального портрета библиотеки[J]// Проблемы научно — исследовательской работы в библиотеках Примории 2009 : сборник статей. АКУНБ им. В. Я. Шишкова, Владивосток, 2009: 36-43.

[40] Паршуткина С. Сотрудничество детских библиотек со СМИ, общественными организациями[C]//Детские библиотеки Приморского края в 2005 году.отдел информационной работы и методического обслуживания, Владивосток, 2006:24, 25.

[41]Матлина С. Современная сельская библиотека: формула жизни[J].Новая библиотека, 2004(4):8, 9.

[42]Дудникова Н. Библиотека — источник здорового образа жизни: итоги краевого конкурса [C]//Общедоступные государственные и муниципальные библиотеки Приморского края в 2008 году: сборник аналитических и статистических материалов о состоянии библиотечной сферы. Барнаул, 2005:124-127.

[43]Помыкаева И А.Здоровый образ жизни[C]// Доклад о деятельности библиотек Приморского края в 2008 году.АКУНБ им. В.Я. Шишкова, Владивосток, 2003: 84-86.

[44] Герасимова О. Роль библиотек Хасансого района в работе общественных и социально значимых организаций города[J].Вестник культуры Приморского края: Информационный бюллетень, 2008 (9):28, 29.

[45]Усольцева Г. опыт профориентационной работы Гоношихинской библиотеки[M]. Хасанская районная биб-ка, Хасанск, 2008: 18.

[46] Годовой отчет о проделанной работе женсовета с. Гришино Хасанского района за 2008 год [J]. с. Гоношиха, 2008: 15.

[47] Годовой отчет о проделанной работе женсовета с. Гоношиха Хасанского района за 2009 год [J]. с. Гоношиха, 2009:10.

[48] Анализ работы Хасанской районной ЦБС за 2008 год[J]. Хасанская районная библиотека, 2009:20.

[49]Анализ работы Хасанской районной ЦБС за 2009 год[J]. Хасанская районная библиотека, 2010:17.

[50] Протопопов Е. Главное —грамотно организовать и использовать накопленную информацию[J]. Библиотека, 1999(2): 9-14.

[51]Манилова Т. Муниципальные библиотек и местное самоуправление: некоторые

результаты федеральной библиотечной политики[J].Научно- технические библиотеки, 2000(5): 27-33.

[52]萧红诞辰日故乡静悄悄没有任何纪念活动[EB/OL]. [2012-2-18]. http://www.hljnews.cn/xw_shxw/system/2008/06/02/010165679.shtml.

第四章　俄罗斯远东与我国东北地区农村图书馆馆藏建设及用户文献服务比较研究

研究目的

（1）本部分通过对俄罗斯图书馆法律法规进行研究，寻求和探索俄罗斯远东地区农村图书馆馆藏建设的法律基础；系统分析和研究俄罗斯远东地区农村图书馆馆藏建设的资金来源途径及馆藏文献的总体来源方式；以滨海边疆区和哈巴罗夫斯克边疆区为例分析探索俄罗斯远东地区农村图书馆馆藏建设的特征；以滨海边疆区和哈巴罗夫斯克边疆区为例分析远东地区农村图书馆馆藏结构及文献利用的情况、特征。

（2）通过对俄罗斯远东与我国东北地区农村图书馆馆藏建设的法律基础、馆藏建设政府财政预算资金投入情况、馆藏建设的管理模式、农村图书馆馆藏来源途径、农村图书馆馆藏结构、农村图书馆馆藏文献的利用情况及阅读文化的比较分析，找出我国东北地区农村图书馆馆藏建设在这几个方面存在的不足，并提出相应的解决对策。

研究方法

（1）文献调研法：文献调研主要通过两种途径：一是通过网络进行文献调研；二是通过俄罗斯在华留学生和远东科学图书馆员工查找俄文纸质文献。

（2）调查访问法：通过对我国东北地区乡镇图书馆和农家书屋的实地调查及对其管理员的采访和问卷，了解农村图书馆馆藏建设的相关问题。

（3）比较分析法：从农村图书馆馆藏建设的立法、资金来源途径、馆藏来源途径、馆藏管理模式、馆藏利用等几个方面，对俄罗斯远东和我国东北地区农村图书馆馆藏建设和馆藏利用情况进行对比分析，发现我国东北地区农村图书馆馆藏建设、文献利用和文献服务工作中存在的不足，提出相应对策。

第一节　俄罗斯农村图书馆馆藏建设及馆藏利用的总体特征

馆藏资源建设是农村图书馆的基础性工作，也是图书馆在农村社会行使功能的前提。农村图书馆馆藏更新不及时，便难以充分发挥自身的作用，图书馆便无法实现其核心价值。俄罗斯农村图书馆建设历史悠久，在馆藏建设方面积累了丰富的经验，形成了优良的传统。

一、俄罗期农村图书馆藏建设的法律基础

俄罗斯农村图书馆馆藏建设以联邦和地方图书馆法规为基准，按照相关条款的规定，确定图书馆馆藏建设的原则。1994年颁布的俄罗斯联邦《图书馆事业法》是俄罗斯图书馆事业的基本法，该法规定："农村图书馆馆藏应该反映社会形成的不同思想、观点，禁止收藏宣传敌对、暴力、淫秽内容的资料。"这一规定改变了俄罗斯20世纪90年代以前的馆藏要求，即馆藏建设以宣传意识形态和进行政治教育为目的，农村图书馆管藏文献的内容结构开始向多元化发展。俄罗斯实施的是地方自治行政管理体制，所以《图书馆事业法》还要求"自治图书馆①应保障读者获得俄联邦官方语言文献及共和国②官方语言文献的权利"。[1]这条规定强调农村图书馆文献采访工作要充分考虑俄文文本和民族语言文本文献的比重。农村图书馆藏书建设离不开国家财政保障，俄联邦文化部No682号《俄罗斯联邦主体内自治公共图书馆网组织基本条例》（以下简称No682号《条例》）对自治图书馆的馆藏建设财政保障进行了规定"俄罗斯联邦主体的国家政权机构及地方自治机关，应保障自治图书馆及其馆藏装配的财政支出。"[2]联邦和地方自治政府根据这一规定为农村图书馆馆藏建设提供财政支持。

俄罗斯各类图书馆法规对农村图书馆馆藏内容相关条款进行细化规定，为馆藏组织工作提出了具体要求。如No682号《条例》要求："农村自治图书馆的馆藏要根据本区域内居民的需求来装配馆藏文献。如果在较大的地理区域内只有一个农村图书馆，那么该馆的馆藏品种必须全面，同时要考虑该地理区域内所有年龄段居民的文献需求"。[2]调查研究读者需求是农村图书馆科学组织馆藏的基础，

①农村图书馆属自治图书馆范畴。

②俄罗斯的"共和国"属于州级行政主体，为少数民族集中居住区。

2008年俄罗斯联邦文化与传媒部第32号令《农村文化机构（公共图书馆和文化休闲机构）服务的最低资源保障标准》（以下简称《标准》）要求："为了保障当地不同民族居民获得本民族语言的文献、信息，图书馆需要研究居民的民族构成，弄清不同民族群体对文献、信息的语言文本需求状况"。[3] 另外，该《标准》还提出：农村图书馆应该充分提供综合类文献，百科全书，详解和语言类词典，方志和旅游手册，地图、地址手册，辅助教学、教育的参考书、软件，以及保障当地生命活动领域的信息出版物。要关注儿童对参考咨询类资料的需求。对图书馆新到文献的内容、数量要通过恰当的形式让当地居民知悉。

俄罗斯各类图书馆法规规定的农村馆藏建设标准是俄罗斯农村图书馆馆藏工作的基本依据。俄罗斯农村图书馆根据各类图书馆法规定的文献保障率和文献类型的比重组织馆藏工作。No682号《条例》规定："农村地区的图书馆馆藏规模要达到平均每位居民7~9种文献，城市或城市类型的镇子每人4~5种文献。"《标准》则对农村图书馆的馆藏提出了具体要求"自治图书馆（含农村图书馆）的馆藏品种中必须有50%是各类载体的新出版物""农村图书馆年馆藏更新率不低于馆藏总量的8%~10%，每1000位居民的期刊数量不少于10种"。另外，对音像出版物馆藏进行了具体规定："每年每1000位居民补充不少于20种录音出版物、4种录像出版物；针对有听力缺陷的读者，馆藏中应有不少于10种带字幕的影像出版物，参考咨询、工具书类馆藏要充足，不少于馆藏总量的10%。"[3]俄罗斯重视农村图书馆儿童文献馆藏工作，《标准》对儿童文献比例进行了专门规定：如果在农村社区没有专门的儿童图书馆，那么针对年龄在15岁以下居民的文献比例要达到馆藏总量的30%~50%。俄罗斯多数农村图书馆以上述指标为标准来完善本馆的馆藏。

农村图书馆馆藏维护是馆藏文献长久使用的前提，尤其是一些较为珍贵的地方文献更需要妥善保护。所以，俄罗斯农村图书馆根据《标准》实施农村图书馆馆藏维护。如《标准》针对馆藏维护问题有这样一些规定："农村图书馆有责任保障馆藏完好无损，有责任按照第750~2002号国家标准《文献保藏》中所描述的对光线、温度湿度、卫生及规定的文献布局和存放地点等基本要求保障文献的正常存放，使用。另外，《标准》还对馆藏保护从用户角度进行了具体要求："各农村图书馆要针对用户提出相应的馆藏文献使用要求，同样要规定馆藏文献丢失或损坏时对读者应采取的惩罚措施；要根据俄罗斯联邦《图书馆事业法》及图书馆使用规则确定用户对馆藏所带来的损失的赔偿形式和赔偿额度"。[3]

二、俄罗斯农村图书馆馆藏来源多元化

俄罗斯农村图书馆馆藏装配、馆藏保护较为稳定的资金来源是俄联邦和地方财政预算。地方财政对农村馆藏建设拨付的资金额度，通常由地方自治主体的财政机构根据本自治区当年的预算状况来确定。以阿尔汉格尔斯克州为例：2008年从地方预算中向各自治区中心图书馆及农村分馆一共拨付馆藏装配和期刊定购经费878.87万卢布，2009年因全州各区地方财政预算总体缩减，农村馆藏建设经费则降为670.45万卢布。此外，跨预算转账拨款（联邦预算）①对自治主体的农村图书馆馆藏装配也有较大的支持作用。2008年阿尔汉格尔斯克州的这项预算为273.9万卢布，2009年为410.9万卢布，2010年为326.2万卢布，[4]这些款项为专项经费，按规定必须全部用于各自治区中心图书馆和农村图书馆的馆藏装配。各自治区中心图书馆则根据各村图书馆馆藏要求，利用这些资金为中心馆和农村馆进行集中定购文献、装配馆藏。

俄罗斯文化机构与各类基金会合作对农村图书馆的财物支持也是农村图书馆馆藏建设的重要支柱。1998年成立的“普希金图书馆”基金会是多年来一直致力于俄罗斯农村图书馆馆藏建设的组织之一，2001年起它与俄罗斯联邦文化部协同实施的“农村图书馆”计划中的主要内容之一就是“系统装配俄罗斯农村图书馆馆藏”。全俄罗斯一共有85个联邦主体参加了该计划，仅在2000—2008年就为俄罗斯农村图书馆提供了5.5万套图书（700多万册），这些图书构成了俄罗斯农村图书馆新馆藏的核心部分。索罗斯“开放的社会”基金会也与俄罗斯文化部长期合作支持俄罗斯农村图书馆硬件建设和馆藏装配工作，该基金会实施农村馆藏资助的条件是地方政府需要与其共同出资，许多地方政府通过区域农村图书馆发展专项预算资金与该基金会进行合作。例如，阿尔汉格尔斯克州的切尔诺雅尔斯克克区、克拉斯诺雅尔斯克区、纳里玛诺夫斯克区出资20万卢布，为本区每个村图书馆争取了该基金会资助出版的《农村图书馆藏书》丛书。除了出资支持农村图书馆建设馆藏，该基金会还向农村图书馆捐赠图书，2008—2012年该基金会共向俄罗斯农村图书馆捐赠了70余万册图书[5]。

各类社会团体和机构组织的图书捐赠活动对农村图书馆馆藏补充具有重要意义。通常这类活动由大型图书馆或政府机构组织，以公益活动的形式向社会各界

①跨预算转账拨款是《俄罗斯联邦预算法典》规定的联邦预算对联邦各主体预算进行财政援助的四种形式之一，也称“补贴基金”，即提供津贴和补助拨付用于专项支出资金。

组织图书捐赠。这种捐赠工程的特点是政府机构参与，并从地方预算中划拨资金予以支持，如2008年萨玛拉州科学综合图书馆组织的“农村图书馆‘金书架工程’”和“为农村图书馆捐赠新书”慈善活动。州预算分别划拨了25万卢布和14.4万卢布来启动两项工程。2008—2012年这两项工程一共收到出版商、图书发行商及其他组织的7万余册图书，[6]这些图书涉及各类知识领域，持续补充了农村图书馆藏书。2012年12月11日哈卡斯共和国文化部与多玛让科夫民族图书馆组织了“农村图书馆新书捐赠”活动，许多政府职能部门参与了该项举措，国家法律委员会、俄联邦社会保障基金会的地区分部、劳动与社会发展部、动物世界与环境保护委员会、国家居民就业委员会等机构为该项工程捐赠了6万余卢布的图书[7]。俄罗斯社会团体对农村图书馆藏书建设较为关注，并经常自发举办各种图书捐赠活动。大型出版商、图书销售商、期刊杂志社成为这些活动的主体，常年为农村图书馆提供图书捐赠。

为了解决馆藏问题，一些农村图书馆在互联网上向社会各界及个人发出接受馆藏捐赠的呼吁。虽然这种馆藏补充活动规模不大，但对解决个体图书馆的特殊需求具有明显作用。如2012年7月17日楚瓦什共和国玛林斯克—巴萨特金区遭受飓风和暴雨的袭击，十月村的文化宫农村图书馆损毁了500余册图书[8]。楚瓦什民族图书馆及时在网上为十月村公布了这则消息，呼吁社会各界，包括出版商、印刷厂、书店向十月村捐书活动，活动历时30天，十月村图书馆短时间内恢复了馆藏。阿尔泰州上乌伊蒙村因农村读者阅读兴趣的提高和村小学教学计划修订需增加相关馆藏，该村图书馆2012年4月7日在本村的“乌伊蒙深处，阿尔泰遗产”[9]网站上公布了需要的图书和杂志的目录，捐赠者根据目录和网站上的邮寄地址实现了自己的捐赠善举。除了组织捐赠活动，农村图书馆员还通过参加各类竞赛获得奖金补充馆藏，虽然奖金额度不大，通常在1万卢布以内，但可以购置一些必要的图书。这样的竞赛有《村镇图书的舒适环境》《灵魂的药店——图书馆》等。

三、俄罗斯农村馆藏建设的特点

为了使农村图书馆馆藏结构更为科学合理，各自治区的中心图书馆经常就农村图书馆文献采访问题，对中心图书馆的馆藏采访人员和农村图书馆负责人进行培训，提升他们的馆藏资源建设专业水平。此外还为农村图书馆订阅一些有助于了解文献出版动态的工具书和报刊，如《图书评论》《读什么》《书架上》《儿童文献》《图书世界》等。中心图书馆在农村图书馆馆藏补充工作中，通常听取农村馆员的意见，一些专业水平较高的农村馆员则将本馆的馆藏需求情况写成文字材料，提供给中心图书馆，做为馆藏补充的参考数据。为了能够及时了解俄罗斯全国图书市场的动态，各中心图书馆主动与大出版社和图书贸易公司建立联系，有时各图书贸易公司和出版社也主动支持农村图书馆的馆藏补充工作，向中心图书馆和农村图书馆推荐优秀图书目录。这样的图书贸易公司有Лабиринт-Трейд、Абрис，出版商Бибком、Юрайт、Инфра-М、Экмо等。

馆藏定期更新是吸引农村读者的基础。虽然俄罗斯联邦和地方预算资金不能充分满足农村图书馆馆藏建设的要求，但每年都会从联邦预算和地方自治预算拨付资金专门用于农村馆藏建设，所以各农村图书馆馆藏每年都能做到更新。另外，各类组织机构、国家政府机关组织的一系列慈善捐赠活动，也使农村图书馆每年都有新书入藏。以图拉州费拉潘多夫农村图书馆为例，2010年共收到各类捐赠文献376件（包括期刊），克拉斯诺里曼斯克中区心图书馆利用捐赠资金为农村图书馆订购了38种报刊，杰尔曼诺夫斯克区订购了50种[10]。而且一些农村图书馆馆藏捐赠工程和慈善活动都是具有持续性的，如“普希金图书馆”工程，持续支持农村图书馆馆藏建设12年；萨玛拉州组织的农村图书馆慈善馆藏活动“向农村图书馆的捐赠新书”从2008年开始已经持续了4年，这些捐赠文献成为农村图书馆馆藏更新的活水源泉。

俄罗斯农村图书馆早在18世纪形成之初的主要功能定位，就是对农村社会行使教育功能，服务于农村社会的中小学教师、学生和当地居民。当今俄罗斯农村图书馆继承了这一传统。注重增加和更新少年儿童类图书馆藏，努力使15岁以下读者的馆藏文献达到不少于馆藏总量30%的要求。 些州常会组织农村图书馆儿童文献捐赠活动，而且政府对农村图书馆儿童馆藏建设的支持力度较大。如2012年，在俄罗斯远东地区的萨哈林州大众科学图书馆举办了“向农村图书馆赠送新儿童图书”工程，针对该工程萨哈林州政府从预算中拨款150万卢布，并从社会组织和个人处获得了5000册新儿童文献。该工程持续实施4年，使全州111所农村图书馆（其中包括18所农村儿专门图书馆）能够每年分别获得50~70册儿童文献[11]。为了增加农村图书馆儿童文献馆藏，2012年9月宾赞州巴什玛科夫区组织了“赠送孩子图书——就是送给他们世界”活动，在这项活动使全区12所农村图书馆获得了来自社会组织和个人的捐赠。

虽然俄罗斯农村图书馆馆藏的补充途径多元化，但多数图书馆馆藏并不充足，所以旧馆藏的维护工作就显得十分重要。为此中心图书馆要负责核查农村分馆的馆藏老化、损坏情况，对一些易损坏的文献需要进行装订、修复。由于农村图书馆缺乏预算资金、相应的设备和技术，各村图书馆要将需要修复的文献送到中心图书馆。近年大部分中心图书馆成立了“图书医院”，专门从事文献装订和修复工作。农村图书馆馆藏保护的读者教育工作也十分重要。农村馆员就文献保护问题要经常与读者进行交流，组织座谈，通过印制宣传折页，编写《读者馆藏保护手册》，举办馆藏保护课堂，如“图书——我的朋友”“如何爱护图书”“与图书交往的规则和能力”[11]等讲座来加强读者的文献保护意识，增长读者文献保护知识。超期读者工作是馆藏保护的重要内容，馆员需要向这类读者耐心讲解按时归还图书的意义，珍惜馆藏文献对于图书馆工作的价值。针对馆藏维护和读者阅读文化工作，中心图书馆还定期对农村馆员进行培训，制定了一系列超期读者工作办法，如电话提醒、超期读者家访、书面通知等。

四、俄罗斯农村图书馆馆藏结构及馆藏利用情况

俄罗斯农村图书馆馆藏结构从时间上来看，跨度较大，甚至一些历史较久的农村图书馆还有善本、珍本馆藏。但总体上农村图书馆使用价值较低的老旧文献比重较大。以加里宁格勒州的农村图书馆为例，20年以上的馆藏文献比例占到47.6%，其中1971—1980年的文献占24.7%；1991—2000年的文献占16.6%。从文献内容结构来看，文学类馆藏占的比重最大，其次是社会政治类文献，详见表4-1。

表4-1　加里宁格勒州各中心图书馆和农村图书馆的馆藏结构平均比例[12]

	文献类型	中心图书馆	农村分馆
1	文学类	44.2%	61.6%
2	社会政治类	25.9%	16.2%
3	农业类	4.8%	5.6%
4	技术类	7.4%	4%
5	医疗类	2.8%	1.2%

通过表4-1可以看出，农村图书馆的文学类文献比例比中心图书馆高出17.4%，达到61.6%，社会政治类占16.2%，其中很大一部分是苏联时代的旧馆藏，许多文献几乎失去了使用价值。

从俄罗斯农村图书馆的馆藏利用率来看，近年出版文献的馆藏利用率较高。以加里宁格勒州为例，各中心图书馆平均利用率为72.7%，农村分馆为62.5%。

而20世纪80—90年代的文献利用率明显偏低，分别为21%和24.9%。从读者阅读的文献类型来看，文学类文献最受欢迎，平均利用率为40.2%，社会政治类居第二位，占24.2%，详见表4-2。

表4-2 加里宁格勒州农村图书馆文献利用率[13]

文献种类	文学	社会政治	农业	自然科学	教材	医疗
借阅率	40.2%	24.2%	11.1%	5.5%	5.5%	2.1%

从文献流通率来看，1990年以后近二十年的文献的使用水平比20世纪80年代以前高出几十倍，甚至上百倍。以坦波夫州农村图书馆为例，儿童类图书使用频次最高，其次是农业类，而文学类最低，详见表4-3。

表4-3 坦波夫州农村图书馆文献流通率[12]

文献种类	文学	社会政治	农业	自然科学	儿童类	医疗
2009年	110%	187%	210%	160%	338%	160%
2010年	103%	175%	198%	194%	315%	194%

总体上，20世纪80年代以前的文学、社会政治、儿童、医疗类老旧图书流通率较低，表4-3中的数据主要是受近十年出版的新文献的影响。另外，由于农村图书馆藏书总量较少，使馆藏流通率相对较高，但文献拒借情况较多。

第二节 俄罗斯远东地区农村馆藏建设及用户文献服务状况研究

为了能够具体了解俄罗斯远东地区农村图书馆的馆藏建设及用户服务的状况，课题组通过文献调研的方式对远东地区滨海边疆区和哈巴罗夫斯克边疆区的各自治区中心图书馆、农村分馆的馆藏建设的总体状况及存在的问题进行了详细梳理，对这些图书馆的用户服务情况进行了量化分析，以此来反映远东地区农村图书馆馆藏建设和用户文献服务的整体状况。

一、滨海边疆区各自治区中心图书馆与农村分馆馆藏装配与利用状况

（一）滨海边疆区馆藏建设的总体状况

对滨海边疆区农村图书馆馆藏装配与利用状况的研究分以下几个内容开展：

研究各自治区中心图书馆（跨社区图书馆）的各农村分馆藏装配组织工作，研究从集中图书馆系统中分离出来的各农村社区馆藏装配状况。

2008年以来，滨海边疆区有10个自治区农村图书馆保留了统一集中自治图书馆网络管理方式，即自治区中心图书馆和农村分馆的总分馆管理模式，并且继续采用集中文献采访、集中装配馆藏的馆藏建设方式。其余各自治区中的农村分馆从集中图书馆体系中脱离出来，独立行使功能或并入文化和休闲机构。2009年，滨海边疆区126个独立或分离出来的农村图书馆中有65个仍然接受本自治区集中图书馆系统的中心图书馆的业务管理和业务指导[13]。由于2010年俄罗斯远东农村图书馆还缺乏直接连通采访部的互联网电脑，许多自治区农村图书馆没有电脑，所以较少利用互联网资源及网上新出版物信息，1/3的中心图书馆是用旧版本的软件工作，几乎所有自治区中心图书馆都没有履行采访功能和核算功能的图书馆文献采访自动化工作平台。目前，各自治区中心（跨社区）图书馆采访部正在进行现代化升级，各农村图书馆积极提高工作人员职业水平，在有计划和稳定的馆藏装配预算资金的支持下，提高图书馆馆藏装配组织效率。

当前，滨海边疆区大部分自治区中心图书馆仍然对农村分馆实施方法指导和集中馆藏装配。一些自治区的馆藏装配资金从农村自治主体的财政预算拨款到区财政预算之后，再由自治区中心图书馆利用这些资金对农村分馆进行馆藏装配。目前，滨海边疆区的米哈伊洛夫区（Михайловский район）、十月区（Октябрьский район）、斯帕斯克区（Спасский район）农村图书馆采用的就是这种馆藏装配资金拨付方式。各自治区中心图书馆实施这一馆藏装配功能以《自治主体组织图书馆居民服务问题的合作协议》为基础，自治区中心图书馆行使农村图书馆馆藏藏装配的主导权以各自治主体政府和文化自治机构与自治区图书馆系统之间签定的《农村图书馆馆藏装配合同》为依据。

大部分从集中图书馆系统独立出来的农村图书馆则把各项管理权限完全转交给了各村行政管理处，其中包括图书馆的藏书和馆藏装配等所有图书馆工作，如波格拉尼奇区（Пограничный район）和罕卡伊区（Ханкайский район）。哈洛里区、丘古耶夫斯克区、什克托夫斯克区（Шкотовский район）的四家图书馆和捷尔涅伊区的五个农村图书馆则独立实施馆藏装配。其他所有农村图书馆都是通过自治区中心图书馆从滨海边疆区科技图书馆获得派送的出版物。另外，滨海边疆区科学图书馆利用联邦预算资金为各农村图书馆采购的百科全书类出版物，同时，向农村图书馆分发各种不同来源的捐赠出版物。《罗蒙诺索夫图书馆》系列图书、地方作者出版的图书和各类地方期刊也是滨海边疆区各农村图书馆的馆藏文献来源。

滨海边疆区各自治区中心图书馆通常是在官方文件的基础上对农村图书馆开展馆藏装配工作的。自治区中心图书馆对农村图书馆进行馆藏装配所依据的基本文件是《区自治图书馆馆藏装配条例》。《自治区文化发展计划》是滨海边疆区各自治区规范馆藏更新标准和馆藏装配资金投入问题的纲领性文件。所调查的自治区中只有斯帕斯克区和波格拉尼奇区（Пограничный район）在馆藏建设工作中使用《馆藏装配主题分类计划》，另外一些自治区则依据本区制定的《自治图书馆的居民图书馆服务标准》，该标准确定了图书馆服务的相关规范，其中包括馆藏装配规范和原则。

滨海边疆区各自治区中心图书馆的文献采访、整理工作主要由文献采访部和馆藏装配部负责实施。十月区（Октябрьский район）中心图书馆建立了统一馆藏部，员工编制数量为3名专家。其他自治区中心图书馆多是由2名员工组织馆藏装配过程，从事文献采访和加工工作[14]。

近些年，滨海边疆区的一些自治区中心图书馆及其农村分馆的馆藏装配状况没有被优先关注，如达里涅列切区（Дальнереченский район）、奥利吉区（Ольгинский район）和杰尔涅区（Тернейский район）。这些自治区的农村图书馆馆藏建设和馆藏装配问题极少广泛和公开地在地方自治主体的自治机关讨论会或例会上进行研究。近三年中只有八个自治区文化机关研究了农村图书馆馆藏装配问题，并批准通过了本自治区中心图书馆和农村分馆的馆藏装配投资指标、期刊订购数量[14]。目前正在执行的自治主体的《文化发展计划》被视为是这几个自治区调节基层图书馆工作的纲领性文件。大多数自治区中心图书馆能够在其工作方法委员会的研讨会和例会上讨论农村图书馆馆藏装配、馆藏工作问题，同时也在自治区图书馆工作委员会研讨会上讨论馆藏的利用、著录、核查等问题。

滨海边疆区所有自治区农村图书馆装配的预算资金都是限额的，其额度由自治主体财政机构确定，资金的分配额度取决于该地区整体财政预算状况。2008年，滨海边疆区及其各自治区地方财政预算为农村图书馆一共拨付了878.87万卢布用于馆藏装配和期刊订购，2009年为670.45万卢布。2008—2009年自治主体图书馆馆藏装配的跨预算转账（来自联邦的财政补贴）资金成为滨海边疆区各自治区中心图书馆和农村分馆馆藏装配的重要财政支持，这些资金的总金额分别为：2008年为273.9万卢布，2009年为410.9万卢布，2010年为326.2万卢布[15]。

另外，划拨的馆藏建设预算资金完全由自治区中心图书馆直接掌握。但实际上，所有自治区中心图书馆都没有按照财政预算划拨的资金量来设计和制定本自治区各农村分馆的馆藏装配指标，这一点很难做到，因为难以准确获得俄罗斯各出版社针对农村图书馆的长期出版资助计划，另外，出版社和书商的出版物定价政策也经常变化，预算资金的额度也不十分稳定。

各自治区中心图书馆服务部、编目部的全体员工被要求参与研究新出版物的订单，农村图书馆工作人员需要配合中心图书馆工作人员，为其提供本馆读者的文献需求状况调查表，并提出馆藏装配建议。对于馆藏装配知识和经验较少，无法提出合理的文献采访建议的农村分馆新馆员，则只与其协商期刊订阅问题。

滨海边疆区各自治区中心图书馆都能收到“прайс-листов”从“АОНБ”寄过来的在售出版物信息。其中有“普希金图书馆”目录，“Бибком”“Юрайт”“Инфра-М”“Экмо”“Феникс”“凤凰”等出版商和书商的图书信息。尽管2009年以来，从“АОНБ”向各自治区中心图书馆转发了不低于20家出版商的信息，但各自治区中心图书馆在图书订购时仅使用了其中非常小的一部分[16]。目前来看，滨海边疆区各自治区中心馆没有条件形成长期馆藏装配计划、制定优先的馆藏装配战略的主要原因是缺乏稳定的财政拨款。

近三年，滨海边疆区持续与“普希金图书馆”工程和“Бибком”图书贸易公司合作的有基洛夫区（Кировский район）中心图书馆、十月区（Октябрьский район）中心图书馆、奥莉加区（Ольгинский район）中心图书馆。此外，哈桑区（Хасанский район）、丘古耶夫斯克区（Чугуевский район）、什克托夫斯克区（Шкотовский район）中心图书馆与“Эксмо”进行了合作，奥莉加区（Ольгинский район）中心图书馆与科学院出版社，卡瓦列罗夫区（Кавалеровский район）中心图书馆与“Амфора”出版社、“Гелеос”出版社签定了出版物采购订单。其余的中心图书馆购买新出版物通过当地的出版商和书商，它们有“北方真理”“魅力”“以利亚贸易基地”“书亭”等图书贸易公司和出版社[16]。

（二）滨海边疆区各自治区农村图书馆馆藏结构与馆藏利用情况分析

图书馆是为数不多的被赋予为每个人自由获取信息提供保障的统一的信息空间，也是获取国内和国际信息资源的社会机构之一。滨海边疆区农村居民对准确、及时的信息、应用和基础知识的需求可以通过图书馆获得满足。馆藏是所有图书馆工作的基础，农村图书馆的馆藏更是服务农村居民的基本保障，是俄罗斯远东地区农村教育、生产、经济、人文、艺术等活动的信息源头。农村图书馆藏书可以为农村居民的普通教育、职业教育、道德教育和农业技术研究提供巨大的支撑，同时也为读者参与和组织个人和集体的休闲活动提供文献保障。这一功能决定了农村图书馆馆藏不仅是农村居民的重要信息库，而且也是农村各机构、团体、组织的教育、文化和信息活动的重要基础。

截至2010年1月1日，滨海边疆区的各自治区共有图书馆695所，其中农村图书馆430所，馆藏文献总量为561.454万册。2009年与2008年相比，滨海边疆区自治图书馆馆藏文献减少了94600册。对其结构分析表明，近些年专业文献的比重有所减少，现在的整体状况是：社会政治类文献（ОПЛ）占13.2%，比2008年减少了1500册；自然科学类文献（ЕНЛ）占5.3%，减少了400册；艺术和体育类文献占3.9%，减少了500册；文学类文献（ХЛ）略有增加，占70.7%，增加了2400册[17]。

滨海边疆区要求农村图书馆馆藏内容和结构尽可能地考虑全体农村居民的潜在兴趣，而不仅仅是考虑已经利用图书馆的那部分居民的馆藏需求范围。因此，馆藏规模和单位居民的文献保障率成为馆藏定量评估的主要参考指标。

2008年俄罗斯图书馆协会批准的《自治主体内公共图书馆网络组织和资源保障基本规范》要求的俄罗斯全国图书馆的平均文献保障率（每位居民9部书）是农村图书馆馆藏数量的主要参考标准。目前，滨海边疆区居民文献保障率是4.9册/人，农村地区是9.3册/人[18]。如我们看到的，滨海边疆区的人均文献保障率低于国家标准，农村地区略高于国家标准。总体上，滨海边疆区新入藏的文献数量和比例在减少，而且大部分文献实际上没有得到利用，因为这些文献不符合现代读者需求。

2009年，滨海边疆区全部农村自治图书馆新入藏20.557万册文献，比2008年减少了1.771万件，入藏率为3.7%，下降了0.3%。其中书籍入藏量为11.363万册，增加了606册，或每千名居民拥有175册新入藏图书。按照IFLA的标准，每年公共图书馆图书入藏量应该达到每1000名居民250册。当然，新书入藏量减少，削弱了图书馆对读者需求的满足能力，这对任何一个图书馆来说都不是理想的状态。对于滨海边疆区来讲，所有农村图书馆馆藏需要10年内全部实现更新，其中应该包含近2年俄罗斯出版的全部图书的10%，近5年出版的全部书籍的30%~40%。因此，每年入藏的图书最好不少于当年出版的新书的5%[18]。

事实证明，当一个图书馆入藏文献量比下架文献量占绝对优势成为一种稳定的趋势的时候，用户的文献需求才能得到保障。滨海边疆区基层自治图书馆，包括全部农村图书馆的馆藏存在这样一个令人不安的事实，即下架的文献比入藏的文献量多。2009年，滨海边疆区基层图书馆共下架30.017万份文献，而入藏文献只有20.557万份，相差9.46万份。下架文献量占馆藏总量的5.3%。各农村分馆馆藏（不包中心图书馆）补充的文献基本的是单行本出版物，所以农村分馆的馆藏文献量总体下降。社会和政治类文献(ЕНЛ)下架率为6.7%，减少了0.3%；农业技术类图书(Техн.，С/Х)下架率为9.1%，减少了0.6%；艺术及体育类图书下架率为3.7%，减少了0.2%；文学类文献下架率为51.5%，减少了1.2%。尽管读者需求有所提高，但文献入藏数量受到限制，新文献补充只发生在自治区中心图书馆和新型农村图书馆。总体上从自治图书馆下架的文献中破旧文献共占64.8%（主要是社会政治类文献、小说和文学批评）。另外，文献非常迅速地在内容上老化也是农村图书馆要关注的问题。2009年，滨海边疆区农村图书馆老化的文献占22.2%，其中老化率最高的是社会和政治类文献，老化率为62.0%。这是因为国家政治生活发生了改变，20世纪90年代以前的社会和政治类文献不再符合读者的需求。另外一些传统型农村图书馆的法典（劳动法、税法、预算法等）、俄罗斯联邦法律类文献也亟待更新。农业类文献老化速度也在加快，馆藏中缺少租赁组织类、农业生产投资类的文献，缺少农庄家畜养殖和养蜂类的出版物[19]。

2009年，边疆区各自治区集中图书馆系统向农村图书馆分配了1.16万册文献，比2008年增加了4300册。但是许多自治区没有分配到任何文献，如阿努琴斯克区（Анучинский район）、卡瓦列罗夫区（Кавалеровский район）、基洛夫区（Кировский район）、米哈伊洛夫区（Михайловский район）、奥莉加区（Ольгинский район）、波格拉尼奇区（Пограничный район），文献装配最积极的是十月区、乌苏里斯克区（Уссурийский район）等区的图书馆。2009年各自治区集中图书馆系统获得的新文献按知识分类的情况是社会和政治类（ОПЛ）1586册、自然科学类（ЕНЛ）329册、农业类（С/Х）398册、艺术及体育类147册、文学类（Х/Л）9123册[20]。

2009年，滨海边疆区全部自治图书馆借出965.984万份文献，比2008年减少了10.918万份。图书借出量增加的只有9个自治区，其中阿努琴斯克区增加了3.1%，卡瓦列罗夫区增加了2.0%，拉佐夫斯克区增加了2.0%，那捷日金斯克区增加了3.3%，十月区增加了5.4%，帕尔济赞斯克区增加了3.8%等。从借出文献的内容结构来看，各类文献占总借阅量的比例是：社会和政治类文献为19.3%，减少了0.4%；自然科学类文献为7.4%，减少了0.1%；农业类文献9.3%，增加了0.1%；艺术与体育类文献占5.0%，文学类文献为58.8%，增加了0.3%[20]。

2009年，滨海边疆区各自治区农村图书馆馆藏流通率（包括符拉迪沃斯托克的26个自治图书馆、ЦБС、ЦГБ和ЦСДБ）为1.7，与2008年相同。读者阅读率为21.5，与2008年持平。这个指标对于研究读者、发现馆藏问题很重要。各自治区农村图书馆阅读率较高的有：波格拉尼奇区为26.4；斯帕斯克区为25.3；罕卡伊区为25.0；哈洛里区，为24.8。阅读率较低的地区是：切尔尼戈夫区为18.9；基洛夫区为18.9；十月区为19.2[21]。解决这个问题的途径是：在质和量上改善馆藏，加强馆藏宣传，增加读者数量。

滨海边疆区农村图书馆馆藏各类文献的借阅率情况是这样的：比较积极被利用的文献类别的借阅率大致为0.8~1.3，比较消极的门类其参数低于0.8，超高利用率的系数高于1.3。社会和政治类的文献的借阅率数据整体上是积极的，只有三个自治区的借阅率较低：阿努琴斯克区0.7，米哈伊洛夫区0.5，奥莉加区0.5。自然科学类文献的借阅率，除了哈洛里区的数据较低，为0.7，其他各自治区的数据都在0.8以上，是较为乐观的。各自治区农村图书馆农业类文献借阅率较高，都在0.8以上。艺术和体育类文献借阅率基本都在0.8以上，只有波格拉尼奇区为0.6，拉佐夫斯克区为0.7。文学类文献除了达利涅列琴区为0.6，十月区为0.7，哈洛里区为0.7[21]，其余各自治区的这类文献借阅率都超过了0.8。

由于文献数量整体较少，农村图书馆的读者需求不能得到充分满足。不能满足的读者需求主要通过文献拒借率得到体现，即农村读者申请的文献没有借出。这种拒借情况不管是什么原因造成的，对读者的阅读兴趣和图书馆的信誉都会有负面影响。拒借的研究对于改善馆藏装配具有特别重要的意义。拒借登记的基本要求是：连续性。只有在这种情况下才能获得调整馆藏装配质量的完整可靠信息。如果没有这样的分析，就无法做出正确的馆藏建设决策。

2009年，滨海边疆区的各自治图书馆登记了9.87万次拒借，或占借阅总量的1.0%。拒借率比2008年低了许多，2008年为5.1%。其中帕尔济赞斯克区、斯帕斯克区、丘古耶夫斯克区和罕卡伊区的拒借率高于2008年，米哈伊洛夫区与2008年大体相当。从拒借情况发生的文献种类上来看，58.7%的拒借发生在小说、语言学和文学类文献。社会和政治类文献占拒借文献总量的18.6%，自然科学类文献占6.6%，技术和农业类文献占9.8%，艺术和体育类文献占6.3%[22]。

虽然各自治区农村图书馆的拒借率较高，但是可以通过集中图书馆系统内图书交换对拒借读者需求实现再满足，全边疆区83.6%的拒借登记以这种方式被消除[22]。大部分自治区的农村图书馆都是采用系统内图书交换机制改善了读者文献需求的满足状况。达利涅列琴区、基洛夫区、米哈伊洛夫区、拉佐夫斯克区的农村自治图书馆积极通过馆际互借来满足读者的需求。这项工作中，这些自治区的农村图书馆工作人员采用了设置专题专栏、现实问题专题书展等方式来满足读者需求。同样，图书馆员还努力通过内容类似的出版物来代替缺乏的书籍，通过此种形式消除了15.7%的拒借登记。针对需求较高的文献，采取了排队借阅的方式，以此种方式消除了7.4%的拒借登记。通过流动图书馆的形式取消了3.6%的拒借登记。尽管如此，乌苏里斯克区的该项指标还是很高，达到了8.7%。波格拉尼奇自治区最低，为3.1%。2009年全边疆区有1.11万（11.3%）个拒借登记没能消除[22]，但图书馆员努力利用一切机会来尽量满足用户的需求。

2009年以来，滨海边疆区各自治区农村图书馆的农业信息和资料查询数量明显增加。各农庄和村子都迫切需要新的农业生产、农业技术类文献。另外，农业教材类文献需求量也较大，如《农业畜类物合理营养学》《农艺技术》《作物种植学》《景观设计》《庄园经营学》等。近些年，许多农村读者对宗教书籍产生了更大的兴趣。因此，许多农村图书馆希望增加宗教节日、俄罗斯圣地以及教堂行为准则方面的图书。

各村图书馆收到了许多读者对生物学和生态学领域文献资料的需求信息。然而，农村图书馆基本没有这类主题的新出版物，农村图书馆员通常利用自己查询的资料、期刊来满足这类需求。此外，滨海边疆区的农村读者还持续需要文学、艺术（博物馆、艺术家）方面的文献，运动类的文献——体育比赛、对抗赛等也在需求之列。滨海边疆区的所有自治区持续需要俄罗斯作家作品和有关俄罗斯和外国作家作品的评论材料，许多农村图书馆甚至缺少B.普希金、B.阿斯塔菲耶夫、Ю.波利亚科夫、B.拉斯普京、M.布尔加科夫等18世纪以来的著名俄罗斯作家的作品。

二、哈巴罗夫斯克边疆区基层图书馆的馆藏装配与利用状况（2005—2009年）

（一）2009年哈巴罗夫斯克边疆区自治主体农村图书馆馆藏建设投资情况

哈巴罗夫斯克边疆区各自治区农村图书馆的馆藏装配资金来自于各个层面的预算资金和预算外资金。2009年，哈巴罗夫斯克边疆区来自各领域针对自治区中心图书馆和农村图书馆的馆藏建设资金总共为1647.59万卢布，比2008年减少了142.17万卢布。其中来自边疆区的预算资金一共268.23万卢布，占划拨给各自治区农村图书馆馆藏装配总额的17.4%，其中187.23万卢布或预算总金额的12.1%用于采购图书，共购买了8400册文献，主要是地方志类题材的文献，共支付预订金81万卢布，平均向每个自治区中心图书馆划拨4万卢布。地方预算划拨的馆藏装配资金共726.16万卢布，其中预订为60.06万卢布，比上一年减少了8.63万卢布。从这些款项中支付了126.24万卢布或总金额的8.2%用于图书采访，比上一年减少了14.5万卢布。自治区预算资金在文献采访金额中占绝对优势的是：维亚泽姆区（Вяземский район）49.93万卢布，瓦尼诺区（Ванинский район）40万卢布，乌利奇区（Ульчский район）21.5万卢布，波利娜-奥西片科区（им. Полины Осипенко район）34.33万卢布，比金区（Бикинский район）25万卢布。另外，自治区农村图书馆还有一个补充馆藏的经济来源——联邦预算补贴。2009年联邦预算向哈巴罗夫斯克边疆区划拨了376.4万卢布（占总金额的24.4%）用于农村图书馆馆藏装配，共购买了3.7万册文献[23]。

哈巴罗夫斯克边疆区各自治区的农村图书馆期刊装配水平仍然不能充分满足读者的需求。2009年，112所农村图书馆没有《哈巴罗夫斯克边疆区新闻》和《俄罗斯报》，哈洛里区、火灾区、帕尔济赞斯克区的农村图书馆都没有将这两份报纸纳入到自己的订阅目录。一些自治区的许多农村图书馆没有订阅杂志。鄂霍茨克区（Охотский район）、太阳区（Солнечный район）、拉佐区（им. Лазо район）的一些农村图书馆只有1~2种报纸[24]。

按照主题类型结构和文献可利用时间长度，哈巴罗夫斯克边疆区对农村图书馆馆藏装配的文献类型比例如下：小说类49%，社会和政治类17.7%，儿童类11.6%，农业类6.2%，自然科学类3.9%，技术类3.5%，艺术与体育类3.4%，参考咨询类2.7%，地方志类0.1%[24]。一般情况下，农村图书馆入藏小说类文献较多，用于购置农业类文献的资金比例仍然偏小，这可能会导致这类馆藏新书匮乏。哈巴罗夫斯克边疆区各自治区中心图书馆的馆藏装配人员能够严肃地使用联邦预算资金，购买文献充分考虑读者的实际需求，积极利用未满足的需求登记、利用迫切需要的文献目录来采购文献，能够做到不违反所购买出版物的时间跨度（不超过7年）。

2009年，哈巴罗夫斯克边疆区各自治区农村图书馆通过获得赠送文献补充了藏书2.08万册，比2008年增加了0.8万册，捐款总金额为1 74.26万卢布或占馆藏建设金额总量的11.3%。为哈巴罗夫斯克边疆区各自治区农村图书馆馆藏建设积极提供帮助的机构有莫斯科的"Инфра-М出版社"、俄罗斯科学院、俄联邦总统国家服务局、柳德米拉·乌里茨卡雅基金——"好书"项目、涅克H.拉索夫科学图书馆、"Рексо"出版社、滨海边疆区选举委员会等组织和机构。"俄罗斯联邦今天"(半月刊)、"伟大的时代"(半月刊)等杂志社编辑部也都免费寄来他们的刊物[25]。

(二) 2005—2009年哈巴罗夫斯克边疆区基层图书馆的馆藏装配状况

近些年来哈巴罗夫斯克边疆区基层图书馆(自治区中心图书馆和农村图书馆图)的馆藏总量具有缓慢下降的趋势。2005—2009年边疆区基层图书馆馆藏总量下降了1.5%。但是,必须强调,2010年与2009年相比馆藏总量增加了0.5%,截至2010年1月1日基层图书馆馆藏总量达到556.4万册,详见表4-4。边疆区基层图书馆馆藏量的增长得益于入藏新文献量的增长:入藏的新文献由2009年的7.126万册增加到2010年的10.42万册,增长了146%[26]。

表4-4 2005—2009年哈巴罗夫斯克边疆区基层图书馆馆藏变化情况[26]

年代	公共图书馆馆藏总量(万册)	基层图书馆馆藏总量(万册)
2005	922.3	601.8
2006	909.1	582.6
2007	869.2	535.4
2008	904.7	561.3
2009	909.1	556.4

2009年哈巴罗夫斯克边疆区新入藏文献的居民文献保障率平均为每1000位居民190册。这一数字低于2005年,2005年为223册,2008年为234册。一些基层自治主体内的居民文献保障率明显降低,如阿穆尔区、比金区、太阳区、哈巴罗夫斯克边疆区,每1000位居民的新文献保障数量低于100册。尽管自2008年起根据俄罗斯联邦政府2007年12月29日颁布的第968号决议《2008—2010年从联邦预算向俄罗斯联邦各主体预算提供自治主体图书馆馆藏装配补助金的办法》,哈巴罗夫斯克边疆区基层自治图书馆开始获取来自边疆区馆藏装配预算资金[26],但新文献入藏量仍不乐观。

2009年全边疆区基层自治图书馆的新文献入藏量从24.3万册降到16.1万册,减少了33.6%。近些年,来自读者、赞助商、作者和各组织机构赠送的入藏文献比重不断增加。例如，苏维埃港自治区的各农村分馆从图书贸易机构获得了1677册图书，居民赠送图书3759册，分别占入藏总量的14%和32%。太阳自治区读者赠送的图书达到了各村图书馆入藏总量的29%。阿穆尔河畔尼古拉耶夫斯克集中图书馆系统的读者赠送图书超过了5500册。相比较而言，利用边疆区财政预算资金购得的文献就少得多了，只有123册，而自治区预算资金购得的文献则达到了5207册。自治图书馆还有一种非常新的馆藏装配途径：文献呈缴本。自2008年起阿穆尔河畔尼古拉耶夫斯克集中图书馆系统开始接受地方呈缴本。来自这一途径的补充文献数量不多：2009年67册。这些出版物主要来自边疆区各大学出版社[26]。

2009年基层图书馆入藏文献共16.136万册，没有超过下架文献的数量。所有自治区中心图书馆和农村图书馆共下架21.418万件文献，比2005年少下架31%。文献下架的主要原因是其物理状态已经不能供读者正常使用。例如，苏维埃港自治区中心集中图书馆系统下架文献中残破文献达到69%，其中3%是内容老化文献。太阳自治区残破文献占到74%，内容老化文献达到16%；乌利奇区为63%和23%，阿穆尔区是72%和13%。比金区和那乃人区的残破文献超过了下架文献的89%[27]。这种情况的出现主要是因为新入藏文献不足和需求率较高的文献的复本量较少，缺乏馆藏保护的保障条件。此外，由于资金所限，图书馆不得不购买印刷质量较差的出版物，这些出版物较易损坏。

文献的更新需要大量的资金、物质和人力投入。馆藏量越大，越需要大的馆舍空间来安放相应的设备，需要对文献加工整理付出更多的人力和物力。此外，馆藏属于固定资产，在纳税范畴。所以，阿穆尔河畔尼古拉耶夫斯克集中图书馆系统的领导层要求图书馆工作人员要保证图书馆入藏和下架文献数量保持平衡。通常，馆藏装配时，农村图书馆更喜欢精装书，并加强下架文献的监督和馆藏维护的保障措施。

根据专家的观点，在很大程度上，比起数量，用户更需要馆藏的质量（从内容、印刷、装帧几个方面）。而且馆藏文献的质量也决定了图书馆服务质量和读者需求的满意程度。在有限的经济条件下，更需要研究读者需求和馆藏的利用水平，及时调整馆藏的数量和质量结构，调整文献的入藏和下架数量，并制定科学的馆藏建设政策。

通过文献借阅率、流通率和阅读率可以评价馆藏的质量。总体来看，近些年，哈巴罗夫斯克边疆区的图书馆文献借阅率下降了。哈巴罗夫斯克边疆区所有公共图书馆的文献借阅量是2005年的94%，地方自治图书馆是2005年的96%。文献阅读率无论在公共图书馆，还是在基层自治图书馆都有所下降。2010年，边疆区图书馆每位读者年借书的数量（22.9册）稍高于基层自治图书馆（19.3册）。2009年边疆区的平均阅读率为19.7，与2005年（21.8）相比有所降低。图书馆馆藏流通率远低于规定的标准：全边疆区的平均流通率为1.07（2005年为1.12），基层自治图书馆为1.53（2005年为1.47）[28]。

自治主体的经济—地理和社会—文化的综合条件对文献保障率和馆藏利用率有较大影响，图书馆服务质量和读者服务组织水平也决定了这些数据的高低。从哈巴罗夫斯克边疆区每千人的文献保障量来看，最高的是图古洛—丘比坎斯克区——27292册，最低的是哈巴罗夫斯克区——2907册。边疆区的整体文献流通率在1.94（阿穆尔自治区）和0.38（阿雅诺—迈斯基区）之间。阅读率最高的是41.4（图古洛—丘比坎斯克区），最低的是13.8（阿穆尔河畔共青城）[28]。其数据指标较低的原因是图书馆没有将提供电子文献服务统计在内。

哈巴罗夫斯克边疆区各自治区农村图书馆馆藏的结构和质量不能完全符合读者的需求。例如，那乃人自治区的图书馆工作者发现：科普类出版物、行业百科全书、综合儿童百科全书、现代作者的图书、新技术类文献，包括计算机技术类的图书、法律方面的教辅图书不充足。瓦尼诺区集中图书馆系统发现技术、艺术和体育类的新文献入藏不足。一些农村图书馆的定期出版物弥补了急需图书不足的情况。共青团自治区少于500人的农村居住点的图书馆能够获得18种以上定期出版物，规模较大居住点的图书馆可以获得25~30种定期出版物。而太阳自治区的农村图书馆平均能够获得3~7种报纸、2~7种杂志。苏维埃港自治区的图书馆必须订阅《远东》《故土》《家园》三种杂志，必须订阅《阿穆尔流域公报》《太平洋之星》《年轻的远东人》三种报纸。但是，明显地感受到用户更喜欢这样一些通俗杂志，如《女农民》《同龄人》、儿童和少年类的插图杂志、时尚杂志、刺绣和工艺设计类杂志等。许多图书馆的定期出版物是馆藏利用率最高的文献类型。例如，那乃人自治区集中图书馆系统期刊借阅率达到年文献借阅总量的29%[29]。但不是所有读者都能够利用这类资源，因为订阅公司不是哪里都有，图书馆也不能定期获得足额资助。例如，2009年下半年，那乃人自治区的各图书馆都没能订购期刊，比金区自治区的农村图书馆也都没有获得任何期刊，读者被剥夺了阅读新杂志的权利，这被视作是农村图书馆馆藏建设的较大不足。

为了能够有效利用订阅期刊的资金，2010年，各图书馆开展了大规模的读者对期刊的需求状况的调查，认真研究了读者对定期出版物的需求特征。例如，哈巴罗夫斯克自治区中心图书馆为此对定期出版物的利用情况和读者对不同内容类型期刊的需求特征进行深入调查分析，确定了最受读者欢迎的出版物，并根据读者的需求状况将期刊分派到各农村分馆。

馆藏建设不仅要加强资金投入，而且需要科学论证。为了保障居住在不同地理区域的公民平等获得信息的权利，每一个自治主体在考虑各农村图书馆读者特征的情况下需要制定馆藏和入藏新文献的居民保障标准。这有助于以后测算和保持馆藏的最佳数量。制定馆藏装配政策是重要的一步，制定馆藏政策的任务是建设馆藏，使之最大限度地符合读者的需求。研究馆藏的利用情况是俄罗斯农村馆藏建设工作的重要组成部分。但是，当前存在网络电子文献借阅、数据库全文下载的核算问题，许多积极利用信息技术的图书馆，其评价图书馆工作很重要的指标——读者借阅数据呈下降的趋势。鉴于此，必须在信息技术发展的情况下，设计农村图书馆工作新的核算方法和指标体系。

（三）哈巴罗夫斯克边疆区的农村图书馆的文献信息服务状况

2010年初，俄罗斯联邦文化部系统的328所公共图书馆履行哈巴罗夫斯克边疆区的居民图书馆服务，其中有97所城市图书馆和17个自治区的239所农村图书馆（位于188个农村住点）。总体上，哈巴罗夫斯克边疆区农村图书馆服务是在人口下降（2009年，全边疆区人口减少了1.18万人，减少了0.8%）、边疆区和地方财政预算补贴下降、人力资源匮乏、物质技术设备不充足、图书馆新文献补充不足的情况下实现的。近些年哈巴罗夫斯克边疆区农村居民主要使用固定的、流动的、馆际互借和上门的图书馆服务方式。2009年，边疆区公共图书馆和基层自治图书馆共为49.52万人提供了服务，增长了3.9%（见表4-5）。这一时期用户数据指标主要依赖于基层自治图书馆用户的数量增长。农村自治图书馆的用户数量增长了5.2%，一共是18.07万人。而边疆区的城市图书馆的用户数量是呈下降的趋势的，注册用户的数量减少了7.57%，一共减少了5.45万人。这一数据的下降主要是因为远东科学图书馆（ДВГНБ）的三个部门搬迁到了远离城市中心的自治区[30]。不仅是在哈巴罗夫斯克边疆区存在这种状况，整个俄罗斯都是这种情况。其主要原因是自然人用户数量减少和利用虚拟资源的用户数量开始增加。

表4-5　2005—2009年哈巴罗夫斯克边疆区基层国家和基层自治图书馆用户注册情况变化情况[26]

年代	国家图书馆(万人)	自治区图书馆(万人)
2005	47.67	19.89
2006	47.02	19.32
2007	44.76	18.29
2008	48.61	20.23
2009	49.52	21.07

统计数据显示，哈巴罗夫斯克边疆区国家中心图书馆和自治图书馆的14岁以下用户年龄段的人数是16.32万人，比2009年降低了0.7%。边疆区图书馆的情况正好相反，这一年龄段的用户数量有所增长，远东科学图书馆（ДВГНБ）这一年龄段的用户一共是8000人，增长了12.7%，主要是因为到该馆儿童阅读中心的用户数量明显增加。哈巴罗夫斯克边疆区图书馆（边疆区公共图书馆）该年龄段的用户一共有200名，比2009年增长了100%。应该指出，全边疆区15~24岁年龄段的读者数量在下降，该年龄段的读者数量2010年初为10.49万人，减少了15.7%。同样，这个年龄段的少年读者数量也呈下降趋势，主要是自治图书馆系统的该类用户在减少。边疆区层次的图书馆这一年龄段的用户数量由过去的1.94万人增加到了2.16万人，增长了11.3%[31]。总结起来，农村自治图书馆该年龄段的读者数量减少的主要原因主要有人口因素、各图书馆现有馆藏与年轻读者的实际需求不符、馆藏更新率低、农村图书馆工作人员职业培训能力较弱、物质技术条件不佳、家庭互联网的使用、纸媒体文献与电子信息的竞争等。

信息资源和馆藏装配薄弱的农村图书馆的读者数量呈下降趋势。2010年初，农村图书馆用户的总数为10.83万人，2005年为11.78万人，减少了8.1%。在全边疆区20个集中图书馆系统中有15个用户数量指标呈下降的趋势。下降最明显的有拉佐区（26%）、鄂霍茨克区（20%）、上布列亚区（11.4%）。数据指标比较稳定的自治区有比金区、苏维埃港区（与2005年相比没有变化）。全边疆区有三个自治区的这一指标呈增长的趋势：尼古拉耶夫区（2.4%）、哈巴罗夫斯克市（0.2%）、阿穆尔河畔共青城（59.6%），但这三个地区中只有一个是农村区，另两个地区为城市。边疆区11个自治体系的儿童读者数量也明显减少，儿童读者数量下降比较明显的有：图古洛—丘比坎斯克区下降了40%，拉佐区（26.9%），乌利奇区（17.6%），共青城区（13.9%）。其主要原因是人口数量总体减少，儿童文献入藏不足，从“普希金图书馆”百万工程框架获得的儿童文献运送迟缓，在“农村图书馆”目标框架内从ДВГНБ交换—储备馆藏中获得的儿童文献因缺少运输工具而滞留。近年来较为吸引儿童读者的有鄂霍茨克区、尼古拉耶夫区图书馆系统，其中鄂霍茨克区儿童读者数量增长了20%，尼古拉耶夫区增长了2.7%[31]。

哈巴罗夫斯克边疆区基层自治图书馆的平均读者数量为686人。读者数量最多的是苏维埃港区平均2877.8人，尼古拉耶夫区1368.4人，阿穆尔区1288.9人。图书馆平均读者数量较少的地区有：图古洛—丘比坎斯克区为216.7人，阿雅诺—迈斯基区为220人，波利娜—奥西片科区为314.3人，乌利奇区为516人，哈巴罗夫斯克区为522.9人[31]。在农村地区建立新型图书馆是改变这一状况的有效方式，但这是一项长期的工程，目前还不能改变用户总体减少的状况。

到访率可以测量图书馆的被需求程度。哈巴罗夫斯克边疆区的图书馆到访率近年来一直不高，2009年是6.5，2005年是7.2（推荐的指标是8~11）。这种下降趋势不仅存在于基层农村自治图书馆，也包括边疆区图书馆。从图书馆到访率来看，哈巴罗夫斯克边疆区落后于俄罗斯联邦的平均指标（8.2），在远东地区处于倒数第二位，仅超过了滨海边疆区。这样的状况主要是因为哈巴罗夫斯克边疆区的城市化水平较高，城市居民达到了80.5%，他们有图书馆以外更多的信息替代来源。从绝对数量上来看，自治图书馆的读者到访数量为294.26万人次，下降了4.1%，边疆区图书馆读者到访量为28.89万人次，下降了19.8%，全边疆区的读者到访量为323.15万人次，下降了5.7%。虚拟图书馆的读者访问量为23.27万人次，比2005年增长了581.3%。值得注意的是，如果5年前ДВГНБ是边疆区唯一能够通过自己的网站为用户服务的图书馆，那么2010年，各自治区中心图书馆网站开始有条件服务农村用户。尽管一些数据指标在下降，图书馆，尤其是自治区的农村图书馆仍然是访问量最高的文化机构。全边疆区每天有1.39万人次到访图书馆，包括直接到图书馆和远程访问图书馆网站[32]。

2010年，边疆区每所图书馆的年均读者访问量为9852.1人次，减少了3.7%，其中自治图书馆系统9026.4人，降低了2.3%，边疆区层次的各图书馆为14445人，增加了20.3%。自治图书馆系统访问率比较高的有图古洛—丘比坎斯克区、阿雅诺—迈斯基区、比金区，其相对访问率分别为13.9、12.3、10.6。从绝对数量来看，读者访问量比较高的有哈巴罗夫斯克自治图书馆系统，为60.31万人次，该地区有两个集中自治图书馆系统，阿穆尔河畔共青城的访问量为42.18万人次，拉佐区为20.34万人次。访问量较少的有阿雅诺—迈斯基区1.35万人次，波利娜—奥西片科区1.61万人次，图古洛—丘比坎斯克区1.81万人次，鄂霍茨克区5.75万人次，瓦尼诺区7.34万人次[32]。

农村图书馆大众活动的到馆人数呈稳定增长的趋势，这也说明图书馆的休闲功能在增强。哈巴罗夫斯克边疆区全部公共图书馆的大众活动访问量为47.56万人次，增长了8.8%，其中自治图书馆系统为42.47万人，增长了4.6%，边疆区图书馆的大众活动访问量为5.09万人，增长了64.7%[32]。除了儿童图书馆和农村儿童图书馆外，几乎所有类型的图书馆的大众活动访问量都是呈增长的趋势。产生这一状况的原因不仅是因为儿童图书馆的资源基础薄弱，也是因为行政改革对儿童图书馆进行重组的影响。2010年以后，哈巴罗夫斯克边疆区只有两个中心儿童图书馆具有独立地位，它们是上布列亚区和哈巴罗夫斯克中心儿童图书馆，其他图书馆都被重组到各自治区中心图书馆或农村分馆作为图书馆的一个部门存在。

文献借阅量是图书馆工作效果的最重要评价指标。与2005年相比，边疆区文献借阅量整体减少6.1%，一共975.1万册（见表4–6）。自治图书馆系统的文献借阅量减少了4%，一共是850.5万册。边疆区图书馆的这一项指标也呈下降趋势，下降了18%。从绝对数量上来看，边疆区农村图书馆的文献借阅量为124.581万册[26]。

表4-6　2005—2009年哈巴罗夫斯克边疆区文献借阅量变化表[26]

年代	全部公共图书馆(万册)	自治区中心馆及农村分馆(万册)
2005	1038.2	886.2
2006	1023.8	876.7
2007	940.6	815
2008	977.1	853.7
2009	975.1	850.5

2009年每位读者借阅图书的平均数量（阅读量）是19.69册，比2005年降低了9.6%，自治图书馆是16.9册，比2005年降低了8.8%，边疆区图书馆是22.86册，比2005年降低了13%（俄罗斯的平均水平是22册）[26]。

从绝对和相对数据来看，哈巴罗夫斯克边疆区与全俄罗斯范围的整体情况是一致的，呈下降的趋势。其主要原因是社会信息化水平不断提高和用户积极利用电子资源，这使自然人用户的数量、访问量、文献借阅量的统计在一定程度上失去了现实意义。

第三节　俄罗斯远东与我国东北地区馆藏建设及利用情况的比较研究

一、馆藏建设的法律法规保障状况的比较研究

根据上面介绍的俄罗斯和远东地区农村图书馆馆藏建设的情况来看，俄罗斯远东地区农村图书馆馆藏建设与我国东北相比较而言，各类法规和条例的支撑更为充分。总体来看，俄罗斯农村图书馆馆藏建设有三种类型的法律法规作为保障。首先是俄罗斯联邦层面的法规，这一层面的法规有俄罗斯联邦《图书馆事业》法、俄联邦文化部No682号《俄罗斯联邦主体内自治公共图书馆网组织基本条例》、2008年俄罗斯联邦文化与传媒部第32号令《农村文化机构（公共图书馆和文化休闲机构）服务的最低资源保障标准》、1994年颁布并实施的《俄罗斯文献呈缴法》；另外还有州、边疆区、共和国的地方自治主体颁布的图书馆法规作为支撑，如远东地区的《滨海边疆区图书馆和图书馆事业法》《萨哈共和国图书馆事业法》《阿穆尔州图书馆事业法》《哈巴罗夫斯克边疆区图书馆事业法》《萨哈林州图书馆事业法》，以及各州、边疆区制定的《文献呈缴法》等；此外还有各联邦主体内的自治区颁布的图书馆条例，各自治区制定的《自治图书馆的居民图书馆服务标准》，以及专门针对农村图书馆馆藏建设的规章和规范和各类文化发展规划。可以说俄罗斯远东地区农村图书馆馆藏建设的法律保障体系是健全的，并且上述每一部法规、条例、规范都涉及基层自治图书馆（各自治区的中心图书馆和农村分馆）的馆藏建设细化规则和要求。而我国东北地区在农村图书馆馆藏建设方面的法律和政策支撑状况要比俄罗斯远东地区薄弱许多。笔者对我国国家层面和东北地方性图书馆法规、条例进行了梳理，国家层面的法规很少涉及农村图书馆馆藏建设的条款。即将出台的《中华人民共和国公共图书馆法》征求意见稿的第一章第六条涉及了公共图书馆文献捐赠的问题，但只针对县级以上地方人民政府的文献资源建设问题，且条款内容较为粗放。第四章第二十一条规定的呈缴本制度要求：出版机构自图书、报纸、期刊、音像制品、缩微制品、电子出版物、网络出版物等正式出版物出版之日起30日内，应当向国家图书馆免费缴送3册（套、盘），向注册所在地区省级公共图书馆免费缴送1册（套、盘）。这项呈缴本制度剥夺了所有省级以下的公共图书馆获得呈缴本的权利。而俄罗斯

远东地区接受呈缴本的图书馆范围更广，自治区中心图书馆（俄罗斯为州、自治区、村庄三级行政建制，所以自治区相当于我们的市、县的行政级别，从人口上来看相当于我们的乡镇）和农村图书馆有接受呈缴本的权利。2008年以来随着我国农家书屋工程的实施，国家和各级地方政府颁发了各类指导农家书屋建设的办法、规章。国家层面有2008年8月4日新闻出版总署颁布的第865号法规《农家书屋工程建设管理暂行办法》[33]。该《暂行办法》第三章第八条对农家书屋的图书、报刊、电子音像出版物的数量进行了具体规定，第五章第十七条对农家书屋接受出版物捐赠的管理办法进行了统一要求。涉及具体馆藏建设方法的是第六章“出版物选配”，该章对农家书屋出版物的装配的原则、配备图书、报刊的品种进行了要求，并要求进行出版物配备的时候，要充分征求村民的意见。与俄罗斯图书馆法的馆藏建设条款相比较而言，《暂行办法》只涉及了农家书屋建设初期出版物的采购和配备问题，而藏书的更新问题、馆藏建设后续资金的来源及管理问题没有提及。另外，按照《暂行办法》的要求，农家书屋要根据新闻出版总署设计的《农家书屋必备出版物目录》和《推荐出版物目录》配备出版物，现代俄罗斯的农村图书馆馆藏补充则是由个自治区中心图书馆根据本地各村的读者实际需求装配文献的，俄罗斯及其远东地区各类法规和条例都没有要求按照国家制定的统一出版物装配目录装配馆藏。

二、政府财政预算对农村图书馆馆藏建设资金投入情况的比较研究

俄罗斯远东地区农村图书馆馆藏建设的政府财政预算资金投入与我国东北地区的乡镇图书馆和农家书屋明显不同。虽然两国的两个地区都有政府财政预算资金支持农村图书馆的馆藏装配，但是俄罗斯远东地区的政府财政预算资金来源渠道更加广泛。俄罗斯远东地区农村图书馆馆藏建设的财政预算资金主要来自于三个层面：一是俄罗斯联邦预算资金，也称跨预算转账拨款，这项财政预算资金在农村图书馆馆藏建设的预算资金中其金额占到第二位，约占农村图书馆馆藏预算资金的1/4；二是俄罗斯联邦个自治主体（州、边疆区、共和国）的农村图书馆馆藏建设预算资金，这项资金由各自治州、边疆区直接拨款到自治主体内各自治区的中心图书馆，根据各村的文献需求用这笔资金为本区各村图书馆实施馆藏装配，这项预算资金的金额比例最大，约占农村图书馆馆藏财政预算经费的1/2以上；三是各自治区或村政府针对农村图书馆的馆藏预算资金，其中集中图书馆系统下属的农村图书馆的那部分馆藏资金主要来自于自治区财政预算，而独立的农

村图书馆和农村文化宫图书馆的这部分预算资金主要来自于村政府。我国东北地区的农村图书馆馆藏建设财政资金来源比较单一。乡镇图书馆的馆藏建设经费主要来自于乡镇政府，经费的多少要根据乡镇政府的财政状况来定。我国东北地区乡镇政府多年以来缺少对乡镇图书馆馆藏建设的关注，很多情况是无论财政状况如何，都没有对图书馆的馆藏建设预算；农家书屋的馆藏建设财政预算资金更不乐观，由于农家书屋的最初建设方式是中央财政投资农家书屋初期的馆藏建设和购买硬件设备，农村村政府提供房舍，省、市、县的新闻出版局负责农家书屋建设的组织、协调工作。所以这样看来东北地区的的农家书屋馆藏建设只有来自中央的最初投入资金是硬性规定划拨的，而各省、市、县、乡镇、村各级政府是否对农将书屋的馆藏建设进行匹配资金投入，或是投入多少，都由各级政府自行决定，没有任何法规可以遵循。而且中央财政对每个农家书屋建设的投入标准是2万元，这些经费包括硬件设备购置和文献采访。从国家预算资金对农村图书馆（书屋）的支持特点上来看，俄罗斯远东地区与我国东北地区也有较大的差别。俄罗斯远东地区农村图书馆馆藏建设资金的投入具有持续性，这一点通过俄罗斯联邦和地方的立法体现出来，如俄罗斯联邦文化与传媒部第32号令《农村文化机构（公共图书馆和文化休闲机构）服务的最低资源保障标准》规定“农村图书馆年馆藏更新率不低于馆藏总量的8%~10%，每1000位居民的期刊数量不少于10种”。馆藏更新率和期刊的种数依赖于各级财政财政预算的持续投入得以保证，远东地区农村图书馆的财政预算规定也都体现在了俄罗斯和远东地区各自治主体的各项立法中，而我国东北地区的乡镇图书馆、农家书屋的馆藏建设后续资金是没有保障的。主要体现在：一是在立法上没有保障，在现行的各种图书馆管理条例和管理办法上没有关于乡镇图书馆的馆藏更新问题的规定。《农家书屋工程建设管理暂行办法》[34]中也没有涉及农家书屋后续馆藏建设和馆藏更新的问题，国家各级政府和部门也没有针对农家书屋后续发展的资金来源问题形成相关的法规、文件或政策，馆藏建设的后续资金没有着落。二是体现在基层政府的文化建设和发展观念上，长期以来东北地区基层市县形成了重视经济建设和经济发展，一切以经济发展为重心的观念，忽略了对文化建设的软件投入。在这样的观念下，乡镇图书馆包括农家书屋未来的持续投资问题、馆藏更新问题很难受到地方政府的重视，刚刚建成的农家书屋系统的现有馆藏很可能因缺乏财政预算而成为“无源之水”，难以更新。

三、农村图书馆馆藏建设管理模式的对比分析

我国东北地区乡镇图书馆和农家书屋的馆藏建设管理模式与俄罗斯远东地区的差异较大。这种差异主要表现在三个方面：首先是馆藏建设的法制管理水平差别较大。俄罗斯远东地区的图书馆管理和馆藏建设的法治观念较强，农村图书馆的微观馆藏建设通过法律条款予以具体约束，能够把农村图书馆的日常馆藏建设上升到法律的高度，这样会使农村图书馆、自治区中心图书馆、村政府、自治区政府、各州政府、联邦政府，以及联邦政府和地方自治政府的各相关机关能够依据各类与农村图书馆馆藏建设有关的法律法规履行各自的职责，否则会被视为违反法律规定。而我国东北地区农村图书馆馆藏建设目前还没有正规的国家图书馆法作为保障，我国即将出台的《〈中华人民共和国公共图书馆法〉意见稿》中也没有对农村图书馆馆藏建设问题作具体的规定。另外农村图书馆馆藏建设仅有图书馆专门法还不够，还需要财政、文化、人力资源等各个领域的配套法规予以保障，这样图书馆法规对馆藏建设的要求才可能得以实现。正如本书前面所讲，针对农村社会新的文献保障体系的“农家书屋工程”也有相关的中央和东北地方的管理办法出台，但关于馆藏建设方面的规定也不够细化，后续的馆藏建设在各管理办法中都没有明确体现。所以我国的“图书馆法”和农家书屋管理办法对于馆藏建设无法实现宏观管理的作用。第二，从农村图书馆馆藏建设依法管理的这个角度来看，我国东北地区与俄罗斯远东地区各层次、各部门的管理者对待法律法规，对待国家、地方的相关标准和规范的态度和习惯有较大差异，或者说两国两地区管理者的法律文化不同。从俄罗斯远东地区农村图书馆馆藏建设的现实状态来看，他们的管理层更重视有关农村图书馆馆藏建设的法规、条例、条款的具体要求，以是否满足这些条款的要求来评价自己的工作是否合格。我国东北地区的基层政府、财政部门、文化机构在农村图书馆馆藏建设方面通常把各种法规、条例放在第二位，把上级主管部门、领导机构、上级领导是否重视放在第一位，如果主管部门和相关领导以相关法规、条例来要求基层图书馆的建设，那么该法规才能对农村图书馆馆藏建设起到约束作用，这种人治观念使法律对馆藏建设的恒久约束力失去了效力。第三，俄罗斯远东地区与我国东北地区的农村图书馆馆藏建设管理的组织结构和效率不同。俄罗斯远东地区形成了农村图书馆馆藏建设的有效组织管理机制，绝大部分农村图书馆属于集中图书馆系统，馆藏装配采用的是总分馆的管理模式。中心图书馆针对各村分馆的馆藏文献结构和数量与农村馆管理员协商设计文献采访内容，农村分馆馆员则积极配合中心图书馆，对本村的

文献需求、用户个体文献需求状况进行调查研究。由于俄罗斯远东地区各自治区中心图书馆从事馆藏装配工作的馆员基本都是图书馆专业毕业的，农村分馆的馆员很大一部分也是学图书馆学的，即使没有图书馆学学历，也都是受过高等教育或专业培训的（详见第五章），所以对馆藏结构的设计、对用户文献需求的调研都具有一定的科学性。我国东北地区农村图书馆馆藏装配的管理机制不够完善，县及县级市与乡镇图书馆名义上是业务指导的关系，但大部分乡镇图书馆没有馆藏建设经费或者经费少得可怜，馆藏装配这项业务对于大多数乡镇图书馆来说已经荒废了，由于长时间没有馆藏建设的实质性工作，县图书馆与乡镇图书馆之间的业务指导关系也名存实亡了。而新型的农家书屋系统与乡镇图书馆的关系，在课题组的调查问卷上，许多乡镇图书馆工作人员选择的是“业务指导关系”，但实质上两者也很少发生业务关系。从乡镇图书馆和农家书屋管理员的学历、专业来看，所有管理员都没有图书馆学专业学历，受过高等教育的管理员也极少，并且绝大部分都是兼职工作。从人员的职业素质上来看，要想做好馆藏建设工作，东北地区的农村图书馆还有很长的路要走。

四、农村图书馆馆藏来源途径的比较研究

俄罗斯远东与我国东北地区农村图书馆馆藏来源渠道总体上相似，但也存在一定的差异。两地区农村馆藏来源相似的途径大致可以包括这样几种：政府预算资金的支持、社会和个人的捐增资金支持、社会团体和个人的捐赠图书。虽然俄罗斯远东和我国东北地区村图书馆这几种馆藏来源途径形式上是一致的，但细节上又有很大的差别。两地区通过政府预算资金来获得馆藏的相同之处和细节性差别在“馆藏建设政府财政预算资金投入情况的比较研究”部分已经详细比较分析，在这里不赘述。俄罗斯远东地区和我国东北地区农村图书馆的社会和个人捐赠资金来源的相同之处主要有这样几个方面：一是政府机构牵头组织，号召企业、事业、各类团体向农村图书馆或农家书屋捐赠资金，这是两地区经常使用的鼓励民间资金支持农村图书馆馆藏建设的方法。当然这方面也有一些细微的差别，即俄罗斯远东地区政府机构在号召社会组织和个人向农村图书馆捐赠资金的同时，政府机构也向农村图书馆拨付捐赠资金，并且这部分资金往往占的比重较大。二是一些企业和社会组织自发自愿向农村图书馆捐赠资金，中国东北和俄罗斯远东地区都有这种资金捐赠的情况，但其中也有一定的差异，即俄罗斯远东地区社会组织和个人自发向农村图书馆的资金捐赠行为更加普遍些，而且捐赠方的

捐款目的更加出于精神和道德的需要。社会团体和个人以直接捐赠图书或其他类型出版物的形式支持农村图书馆馆藏建设是两地区馆藏来源的另一个共同点，这一馆藏来源方式在中国东北和俄罗斯远东地区都是比较普遍的。近年来东北的一些事业单位、企业几乎每年都组织、号召员工义务捐赠图书和报刊，一些藏书比较丰富的私人藏书者也以个人的名义向农村图书馆或农家书屋捐赠图书、其他出版物。俄罗斯远东地区的社会组织和个人的图书捐赠情况这里不再赘述，详见前面的研究内容。

俄罗斯远东和中国东北地区馆藏来源的不同之处有这样几个方面：一是俄罗斯远东地区有非政府性质的国际基金会、国内基金会与俄罗斯联邦政府、地方政府合作建设农村图书馆馆藏，如索罗斯基金会的“普希金图书馆”工程为农村图书馆提供了大量的馆藏资源。而我国东北地区目前还没有任何国际基金组织和非政府的国内基金组织参与农家书屋、乡镇图书馆的馆藏建设。二是俄罗斯农村图书馆管理员积极为农村图书馆馆藏建设出力。他们通过参加各类竞赛获取奖金来为村图书馆增加馆藏，管理员通过个人的努力向社会组织和个人号召图书捐赠。我国东北地区目前还没有建立长期性的农家书屋管理人员的职业知识竞赛活动机制，农家书屋管理人员没有因个人的图书管理专业知识和专业技能而获得奖金的机会，而且到目前为止东北地区的农家书屋管理人员（兼职人员）绝大部分是没有工资的，因此他们对农村图书馆藏建设缺少专职人员的热情和积极性。三是俄罗斯远东地区一些隶属于村行政管理处的农村图书馆的馆藏建设会得到村里资金的大力支持，俄罗斯远东地区的农村社会与我国东北地区在经济结构上还有一定的差异，多数村子都非纯农业型，村里的企业和公司相对较多，财政来源渠道多元化。另外，俄罗斯远东农村地区有重视文化建设和农村居民精神需求的优良传统，所以村行政管理处能够从文化建设经费中支出较大比例的资金为农村图书馆采购文献。我国东北地区没有相关法律和规定要求村委会对农家书屋实施馆藏装配，此外，由于东北地区的行政村多以农业生产为主，村办企业较少或没有，多数村委会的资金来源渠道比较单一，缺少资金支持农家书屋馆藏建设。另外，长久以来我国东北农村社会缺少文化决定社会发展的观念，乡镇政府和村委会通常较少考虑将有限的资金用在图书馆（书屋）的文献更新上。

五、农村图书馆馆藏结构的比较研究

俄罗斯远东和中国东北地区农村图书馆（书屋）的馆藏总体结构有许多相同

之处，但两地区的馆藏中各类文献所占的比重，以及重点建设的馆藏文献类型又有着明显的区别。从远东地区和我国东北地区农村图书馆（书屋）的馆藏文献大类来看，远东地区的主要文献类型有文学类、社会政治类、经济类、农业技术类、经济类、教材教辅类、儿童类、医疗卫生类、法律政策类、求职就业类，我国东北地区有文学类、政治类、经济类、农业技术类、历史类、法律政策类、妇女儿童类、应聘打工类。虽然两地区农村图书馆上述藏书大类结构基本相同，但其内在也有较大的差异。如农业技术类，俄罗斯农村图书馆在这类文献中较注重收藏农业机械技术类、园艺技术类的图书，而我国东北地区农家书屋则更重视农作物的高产、防治病虫害、养殖技术类以及经济类作物的培育技术的文献收藏。这主要是因为俄罗斯远东地区和我国东北地区的农村农业经济状况差异较大。俄罗斯远东地区地广人稀，农业生产全部采用机械化作业的方式，所以机械技术类的文献需求较为广泛，而我国东北地区农场以外的农村地区农业生产仍然以人工为主，而且土地面积相对较小，所以较为重视高产增收类和经济作物类的种植技术。从法律政策类的文献馆藏情况来看，我国东北地区的法律类文献的涉及面较窄，主要是与三农有关的法律读本，而且品种数量极为有限。俄罗斯远东地区农村图书馆的法律政策类文献种类更为丰富，涉及的领域更为广泛，详见第三章，这里不赘述。另外值得一提的是俄罗斯远东地区农村图书馆注重全面收集近期形成的国家、自治州、边疆区、自治区政府各机关的文件全文文本。俄罗斯远东地区农村图书馆求职就业类的文献内容结构也与我国东北有一定的区别，远东地区的这类文献涉及的职业种类较为丰富，会涉及律师、经济师、教师、农业机械师等多种职业，而东北地区的农村图书馆这类藏书主要是针对体力劳动的职业较多，如如何应聘餐馆服务员、如何应聘保安等职业。从两地这类文献的图书品种来看，虽然差别较大，但都符合本地村居民的现实需求。从俄罗斯远东地区与我国东北地区农村图书馆的馆藏文献时间上来看，也有一个共同的特点，也可以说是有同样的缺陷，就是内容老化的文献比重较大。远东地区农村图书馆有很大一部分图书是20世纪七八十年代出版的，而我国由于农家书屋的建成时间较短，太旧的文献不多，但由于多年没有更新，很多文献已经失去了使用价值，严重影响了读者的阅读积极性。中国东北和俄罗斯远东两地区农村图书馆馆藏文献结构也存在明显不同的地方，如我国东北地区农家书屋的计划生育类、马克思主义理论、思想类文献，俄罗斯远东地区的东正教类、地方志类、联邦和地方政府的文件、自然科学类。上述两地区较为不同的文献类型主要是由两国的政治体制、国家政策和具体国情不同造成的。如我国东北地区的计划生育类文献主要是因为人口较多，而形成的特殊文献类型；马克思主义理论和思想类文献则是有我国的政治体制决定的。当然，俄罗斯农村图书馆过去也有大量的这类文献，但苏联解体以后这类文献绝大部分下架了。宗教类文献虽然不是特殊类文献，我国也提倡宗教信仰自由，但在农家书屋和乡镇图书馆很少有这类的馆藏，或者完全没有。自然科学类文献在我国东北的农村图书馆（书屋）中比重也极小，而俄罗斯远东地区农村图书馆的这类文献比重较大。两地这类文献的比重差别主要是因为农村读者的文化水平相差较大，俄罗斯远东地区的农村居民的受教育程度相对较高，有阅读自然科学类文献的需求。俄罗斯远东地区农村图书馆更加重视地方志类文献的收集，这与他们的工作重心有关，即他们更加注重地方志的研究，重视对本村、本自治区的历史和文化的发掘。

六、农村图书馆馆藏文献利用情况及阅读文化的比较研究

俄罗斯远东和我国东北地区农村图书馆（书屋）的文献利用情况差异巨大。首先从文献的利用数量和频次来看，我们通过俄罗斯远东地区农村图书馆的文献利用率和阅读率上可以看出来，以滨海边疆区为例，其读者阅读率最高的自治区——波格拉尼奇区的阅读率达到26.4，即使是阅读率最低的自治区切尔尼戈夫区也达到18.9。读者对农村图书馆的访问量虽然不能直接反映文献的利用情况，但在一定程度上这一数据也是提高文献利用率的基础。以哈巴罗夫斯克边疆区为例，2009年该边疆区农村图书馆总访问量为282.19万人次，其农村人口总数为273659人，农村登记读者占到农村人口的39.6%（见第二章），这样高的访问量扩大了文献的利用率。课题组实地调研发现，由于我国东北地区大多数乡镇图书馆坐落于乡镇政府的办公楼内，所以农村居民很少到访这类图书馆，读者数量少，文献利用率很低。由于东北地区的农家书屋管理员都没有图书馆学专业背景，也没有相关组织和机构对他们进行较强的专业培训，所以各农家书屋没有对读者阅读率和文献利用率的统计数据。但从课题组的调查问卷统计数据来看，在“多长时间有村民来借书”这一问题中，选择了“每天都有人来借阅”的有5家，选择了“2~3天”的有15家，选择了“一个星期”的有18家，选择了“很久”的有41家。可见我国东北地区农村图书馆的文献利用情况总体不够理想。从不同类型文献的读者阅读情况来看，文学类图书是俄罗斯远东和我国东北地区农村读者最为喜爱的文献类型，以滨海边疆区为例，2009年其文学类文献借阅率达到58.8%。

黑龙江省农村读者调查问卷统计数据显示，选择了“阅读的图书类型”中的“文学类”的人数占到所调查读者总数的70.7%，阿穆尔州则达到了83.4%，分别占到两州省的第一位。俄罗斯远东和我国东北地区农村图书馆的儿童类文献利用情况差异较大。俄罗斯远东地区极为关注儿童对图书馆文献的利用情况，这一点从俄罗斯各类图书馆法规和条例中可以窥其一斑，如对农村图书馆馆藏儿童文献比例的要求，也可以通过远东地区农村图书馆员的日常工作和所组织的各类儿童阅读活动看出这一特点（详见第三章）。国家和社会对农村儿童阅读的重视，使远东地区农村儿童成为图书馆最主要的读者群，儿童类文献的利用率也很高。我国东北地区农村儿童阅读情况不容乐观，由于东北地区农村青少年通过读书改变命运的可能性较低，这一事实直接影响了农民家长对待阅读的态度，很少有家长把儿童阅读放到生活的重要位置，不注意培养儿童的阅读兴趣。通过黑龙江省和阿穆尔州读者的调研数据可以看出这一特点，阿穆尔州读者选择“故事童话类”的人数占到29.8%，而黑龙江省仅占3.3%（详见第六章）。另外，文献更新率对文献利用和读者阅读兴趣也有较大影响，俄罗斯远东地区农村图书馆文献年更新率虽然没有达到理想的状态，但能够保障每年都有一定数量的更新，而我国东北地区乡镇图书馆和农家书屋馆藏绝大部分处于多年不更新的状态，使原本不多的读者更加稀少起来。通过俄罗斯远东地区农村图书馆的相关数据，可以看到那里已经形成了阅读传统和文化，而我国东北地区要形成这样的文化环境还需要农村社会自身的长期努力和全社会的不懈帮助。

第四节　结论与对策

与俄罗斯远东地区相比较而言，我国东北地区农村图书馆馆藏建设缺乏完善的法律保障。首先，我国在国家层面还没有出台正式的公共图书馆法，目前《〈中华人民共和国公共图书馆法〉意见稿》中没有涉及乡镇及农村图书馆馆藏建设的条款。笔者认为，即将出台的中国第一部公共图书馆法应该对农村图书馆的馆藏建设问题提出具体的要求，另外还应该对近些年来建立的数量最为庞大的农村图书网——农家书屋进行定位，从其性质和功能特征来看宜于定性为农村社区图书馆，即应纳入到公共图书馆的范畴，其馆藏建设和其他职能可以参照公共图书馆进行管理。另外，国家或东北地方还迫切需要出台适合农村实际情况和本地特征的农村图书馆资源建设的最低保障标准，包括农村图书馆（书屋）的馆藏建设资金来源渠道和匹配标准，这一标准可以借鉴俄罗斯的《农村文化机构（公共图书馆和文化休闲机构）服务的最低资源保障规范》，实施国家、省、县（市）、乡镇四级财政预算制度保证农村图书馆的文献保障率和文献更新率。另外，在没有出台专门的农村图书馆服务标准的情况下，农村图书馆（书屋）的馆藏建设和资金匹配也可以参照2012年5月正式实施的《公共图书馆服务规范》予以保障。该规范要求“县级馆年人均文献购置费应达到0.18元以上。文献购置经费应与财政收入的增长同步增加”，乡镇图书馆和农家书屋可以根据这一标准适当调整文献购置经费。

与俄罗斯远东地区农村图书馆馆藏建设的资金和文献来源渠道相比较而言，我国东北地区乡镇图书馆和农家书屋的馆藏建设投入极为匮乏，文献来源渠道比较单一，农家书屋甚至没有后续馆藏建设资金来源。针对这种状况，可以分三个途径来逐步解决农村图书馆（书屋）的馆藏文献更新问题：一是由省级政府出台文件硬性要求各县（市）、乡镇政府要拿出一小部分资金来保障乡镇图书馆的馆藏建设，尤其是要保障农家书屋的最低文献更新率。目前而言，东北地区多数农家书屋多年馆藏无法更新，虽然农家书屋短期还不能奢望像俄罗斯远东地区那样达到国际规定的标准，但即使每年更新1%的文献（10~20种图书，折合人民币300~600元），对于农村图书馆的管理者和农村读者都是值得欢欣鼓舞的事情，有了新文献，就会燃起人们阅读的希望。第二个途径是可以考虑利用本省各出版社积压图书来解决农家书屋的馆藏更新问题，当然这部分图书捐赠工作也需要省里的宣传部门、新闻出版部门协调各出版社来做，每年定期认真筛选出版社积压的图书，选择对农村读者有益的出版物充实农家书屋的馆藏。第三个办法是可以在省、地市、县（市）成立三级建制的农家书屋基金会，也可以叫做“一本书基金会”，即个人和团体可以自愿以捐赠图书实物或捐赠资金的形式来支持农家书屋的馆藏建设。基金会可以通过省市电视台的公益广告加以宣传，加强本省民众对该基金的认识和了解，让更多的组织、机构和个人了解农村图书馆（书屋）馆藏建设的困境。

与俄罗斯远东地区农村图书馆馆藏建设管理模式相比较而言，我国东北地区从宏观、中观到微观都需要向俄罗斯远东地区学习、借鉴。从宏观上来看，一是我国东北地区缺乏依法建设馆藏的观念和认识。虽然我国及东北地区公共图书馆和农村图书馆的相关法规、条例还不是十分健全，但是各省出台的相关公共图书馆管理办法也有个别条款涉及县以下基层图书馆的馆藏建设问题，但从乡镇和农村图书馆馆藏建设、馆藏更新的实际情况来看，大部分农村图书馆馆藏更新没有按照现行的办法、条例执行，也没有相关的部门进行考核和监督，农村图书馆馆藏建设和更新的管理工作没有做到依法管理。二是东北地区各省行政管理机构对农村图书馆的建设和管理重视程度不够，其直接表现就是没有下大力气来改变农村图书馆（书屋）馆藏难于更新的现状。即使目前图书馆法规和条例没有关于农村图书馆（书屋）馆藏建设的具体条款，但国家和东北地区的文化行政主管部门也可以组织专家对农村图书馆的馆藏建设方案进行论证，找到适合国家财政和地方财政状况的农村图书馆馆藏资金投入方式，找到解决农村图书馆馆藏建设和更新的多元化途径。从中观来看，我国东北地区各县、乡镇政府对农村图书馆馆藏建设问题缺少关注，或者这一问题完全没有进入地方政府管理层的视野。过去经济发展第一的政治要求在一定程度上牺牲了农村居民获得公共文化服务的权利。第三章已经论述了农村图书馆如果办得好，就会像俄罗斯远东那样成为农村社会、文化发展的核心动力源。所以，当前和以后，我国东北地区应该把农村图书馆建设和对村民图书馆服务工作做质量作为衡量县（市）、乡镇政府行政管理水平的重要标准。从微观上来看，我国东北地区农村图书馆（书屋）管理员对馆藏建设的思考不够、专业知识不足，其主要原因就是我们的农村图书馆员都是兼职，大部分管理人员没有把农村图书馆工作放在第一位，所以在解决馆藏建设问题的同时，还需要实现农村图书馆管理人员由兼职向专职的过渡（具体对策详见研究报告的第五章）。

从我国东北地区乡镇图书馆（室）和农家书屋的文献内容结构来看，数量较多、品种比较全面的是农业生产、养殖、种植技术类和文学类文献。这两类文献建设需要注意两方面的问题：一是内容更新，尤其是农业生产和农业技术类文献的更新；二是这两类文献的出版总量很大，在为乡镇图书馆和农家书屋配备这类馆藏文献时，农业生产和技术类要注意挑选适合东北地区种植、养殖气候、环境特征的文献，让这类文献能够对村民发挥实际作用。文学类文献要考虑老中青幼四个年龄段的人群需要，要根据农村居民年龄阶段、文化水平按比例选择内容和文字形式适合的文学作品，要让每一类读者都能找到看的懂、内容形式适合自己的文学图书。通过对俄罗斯农村图书馆馆藏文献的了解，笔者认为我国东北地区农村图书馆也要加强对地方文献、宗教类文献、中小学教材教辅类文献的馆藏建设。通过东北各县地方志的记载，我们了解到东北地区早期有宗教信仰的农村居民不少，我国宪法规定公民有宗教信仰自由，做为农村图书馆应该在文献方面予以保障，如根据当地村民的信仰情况增加佛教、道教、基督教等类通俗读物。目前来看，农家书屋地方文献的品种数量较少，笔者认为应该适当增加东北地区、本省或本地区的历史、文化、经济、自然类的纸质和电子文献，让农村居民更多地了解自己的家乡、热爱家乡。农村中小学生缺少与课业有关的教材、教辅类图书，农村图书馆应选择增加这类图书的比例，为农村学生助力。另外，还要考虑不同地理区位的乡镇图书馆和农家书屋的馆藏内容和结构特征。比如大城市、县（市）城城乡结合部、近郊与偏远地区的农村图书馆的馆藏内容和结构就要区别性定位。城郊地区，尤其是大城市的城郊地区的农村的经济结构、经济来源渠道和社会生活更加多元化，思维方式和生活习惯更加接近城市居民，或者村民在各方面希望与城市接轨，所以既定的农家书屋目录上的文献不一定适合这类村庄村民的现实需要，这类村庄农村图书馆的馆藏文献结构要根据其经济结构、文化、生活具体特征来设计。而对偏远、信息闭塞地区的农村图书馆馆藏结构设计，在考虑满足其生产生活需要的同时还要及时补充一些内容鲜活的、让他们能够了解现代生活的信息和文献。

通过我国东北与俄罗斯远东地区农村图书馆馆藏文献的利用情况的比较研究，发现我国东北地区乡镇图书馆和农家书屋的读者阅读率、文献利用率都不高。虽然这里没有阅读率和文献利用率的具体数据，但通过课题组问卷调查了解的农家书屋的图书借阅情况来看，到访乡镇图书馆和农家书屋的人的数量很少，而且到访频次很低，有的农家书屋一个月或更长时间才会有人来借书。笔者认为，造成这一现象的原因主要有两方面：一是文献更新率不高或多年不予更新；二是农村居民缺少阅读的习惯。文献更新的对策和方法前面已经提到，这里不赘述。文献更新率低对读者阅读的影响是非常明显的，课题组在调查过程中了解到，农家书屋建成第一年里较为经常借书的读者现在很少来了，原因是“没有新书，旧书都看过了”，这里指的是文学类图书（经常看书的村民大多借阅通俗小说和故事类的图书），所以，这类图书应该优先考虑更新。少年儿童愿意接触新鲜、新奇事物，求知欲强，图书恰恰能够最为充分地满足他们的这种愿望，所以为农村儿童配置适合他们阅读、喜爱的读物，也是提高这一群体对农村图书馆文献利用水平的有效途径。农村读者的阅读习惯或阅读文化是决定农村图书馆馆藏文献利用率的根本性原因。农村居民的阅读文化和阅读习惯不是一朝一夕形成的，我国东北地区农村图书馆不像俄罗斯远东地区那样有长久的历史，图书馆已经成为俄罗斯农村居民生活不可或缺的一部分。所以，我国东北地区提高农家书屋藏书的利用率的首要任务是帮助农村居民形成阅读习惯，形成村里的阅读文化。首先可以在村里培养两类人群的阅读习惯：一类是文化水平较高的村民，如中小学教师、村干部等；另一类是少年儿童读者。第一类人群有阅读的动力和阅读的基础，而且对周围的村民具有更高的影响力；第二类人群的年龄小，求知欲强，可塑性强。在农家书屋的组织下，通过有文化的村民带动其身边的人到农家书屋体验尝试阅读，通过少年儿童带动自己的长辈、亲人走进农家书屋。当然这两类阅读群不可能自动形成，需要农家书屋管理员组织多样化的文化、阅读活动来带动他们，吸引他们接触图书、阅读图书。通过这种人带人、人影响人的方式，经过几年、十几年甚至更久的时间才可能逐步形成良好的、具有传承性的农村阅读文化。

参考文献

[1]Комплектование и использование фондов муниципальных (общедоступных) библиотек Архангельской области[EB/OL].[2012-11-28]. http://www.aonb.ru/depart/metod/ itogi/otchet.doc.

[2]Программа. Сельская библиотека[EB/OL].[2012-11-28] http://www.pushkinlibrary.ru/ projects/13.

[3]Акция. Подари сельской библиотеке новую книгу![EB/OL]. [2012-11-29]. http://www.lib.smr.ru/lib3/razdel.php?86.

[4]Сельским библиотекам Хакасии передали знаний на 60 тысяч рублей[EB/OL]. [2012-11-29]. http://www.19rus.info/news/92178.html.

[5]Поможем сельской библиотеке[EB/OL]. [2012-11-29]. http://ideafor.info/?p=6074.

[6]Алтай. Возможность помочь комплектованию фонда сельской библиотеки Верх-Уймона[EB/OL]. [2012-11-29]. http://sibro.ru/news/31468.

[7]Сельская библиотека: инновационное видение, трансформация деятельности[EB/OL]. [2012-11-30]. http://www.library.donetsk.ua/naukdosl/vist_novoaz.doc.

[8]Нормативы минимального ресурсного обеспечения услуг сельских учреждений культуры (общедоступных библиотек и культурно-досуговых учреждений) [EB/OL]. [2012-11-27]. http://www.kemrsl.ru/documents/Normativyi_resursnogo_obespecheniya__selskih_bibliotek.doc.

[9]Новые детские книги - в подарок сельской библиотеке[EB/OL]. [2012-12-01]. http://culture.admsakhalin.ru/news/post/911.

[10]Состав фондов. Мероприятия по сохранности фондов[EB/OL]. [2012-12-01]. http://www.rlib.yar.ru/_metod_mater/v_4/komplekt_bibfondov/03.doc.

[11]Комплексные исследования фондов массовых библиотек как основа региональной политики в области их формирования и сохранения[EB/OL]. [2012- 12- 03]. http://new.bgunb.ru/bgunb/biblonline/resource/SBI/vistuplenia_slushatelei/gubernik.doc.

[12]Библиотечные фонды общедоступных (публичных) муниципальных библиотек Тамбовской области и потребности пользователей [EB/OL].[2012-12-03]. http://www.tambovlib.ru/index.php?view=editions.metod.data.bibliotechnije_fondy_bibliotek_oblasti.

[13]Лапичкова В П. Библиотечные фонды. Практика перехода от накопления фонда к реализации стратегии управления им[C]// Справочник руководителя учреждения культуры，2006(4): 30 – 35.

[14]Евстигнеева Г А. Формирование фонда сельской библиотеки в условиях развития информационных технологий в приморскм крае :15-я Междунар. конф. «Крым-2008»[J]. Науч.-техн. б-ки，2009(2): 26-37.

[15]Библиотечная эконометрика: вопросы управления формированием библиотечных фондов приморского края : сб. науч. Тр[M].Владивосток， 2010(2):120.

[16]Бесстремянная Ю С. Полемические заметки комплектатора- практика[J]. Мир библиографии，2010(1): 68-73.

[17]Цукерблат Д М. Библиотечный фонд: вопросы формирования， использования и сохранности : сб. науч. Ст[C]//Гос. публич. б-ка СО РАН ， Новосибирск， 2010: 282.

[18]Васильева Н А.Оптимизация фонда сельской библиотеки в контексте социально-культурного развития территории (на примере Приморского края) [C] // Библиотечный фонд: вопросы формирования， использования и сохранности : сб. науч. тр. Гос. публич. науч.-тех. б-ка ， Новосибирск， 2009:141-150.

[19]Вихрева Г М. Определение библиотечной ценности документа в процессе отбора[C]// Библиотечные ресурсы региона : сб. науч. тр.Новосибирск， 2010:44-49.

[20]Вихрева Г М. Роль отбора в комплектовании[J].Университетская книга， 2010(10):48-51.

[21]Михайлов Н А.Состояние пользования библиотечными фондами сельских библиотек Приморского края[C]//Проблемы пользования библиотечными фондами сельских библиотек，2010 : 43-47.

[22]Добролюбов Н Н.Изучение отказа читательских спросов сельских библиотек Приморского края за 2009 г [C] // Проблемы пользования библиотечными фондами сельских библиотек，2010 : 32-36.

[23]Васильченко Н П. Принципы формирования библиотечных фондов Хабаровского края [J].Науч. и техн. Б-ки， 2010(7):20-28.

[24]Шилов В В. актуальности и вопросы комплектования библиотечных фондов Хабаровского края[J]. Сов. Библиотековедение，2010(2):59-69.

[25]Фенелонов Е А. Об измерении эффективности библиотечной работы[J].Сов. Библиотековедение，2011(2):35.

[26]Формирование и использование библиотечных фондов. 2005—2009 гг[С] // Общедоступные библиотеки Хабаровского края в 2005- 2009 годах: аналитико- стат. обзор.- Хабаровск: РИО ДВГНБ， 2010.

[27]Терешин В И. Проблемы формирования библиотечного фонда муниципальных библиотек Хабаровского края: десятилетие минувшие и настоящее[J]. Сов. Библиотековедение，1981(6):14-30.

[28]Стародубова Н З. Читаемость - показатель качества комплектования муниципальных библиотек[С] // Сов. Библиотековедение，2010（2）：46-54.

[29]Селигерский А П. Периодические издания в сельских библиотеках Хабаровского края[J]. Науч. и техн. 6-ки，2009(5): 29－43.

[30]Багрова И.Читатель и библиотечный фонд сельских библиотек Хабаровского края[С]// Проблемы формирования библиотечного фонда Хабаровского края.Хабаровск，2010:45，46.

[31]Беляков С.Показатель читателей сельских библиотек[С]//Проблемы формирования библиотечного фонда Хабаровского края.Хабаровск，2010:35-37.

[32]Бесстремянная Ю С.Посещаемость читателей в сельские библиотеки Хабаровского края [С]//Проблемы формирования библиотечного фонда Хабаровского края.Хабаровск，2010:35-37.

[33]关于印发《农家书屋工程建设管理暂行办法》的通知[EB/OL].[2012-11-12]. http://wcwy.ahxf.gov.cn/village/Content.asp?WebID=13552&Class_ID=22520&id=31454.

[34]农家书屋工程建设管理暂行办法[EB/OL]. [2012-12-13]. http://baike.soso.com/ v6532984.htm?pid=baike.box.

第五章　俄罗斯远东与我国东北地区农村图书馆人力资源状况与馆员培训机制比较分析

研究目的

（1）通过对俄罗斯及其远东地区农村图书馆人力资源情况的分析与对俄罗斯农村图书馆的培训模式的研究，找到俄罗斯农村图书馆人力资源配置与馆员培训模式的总体特征。通过对哈巴罗夫斯克边疆区农村图书馆人力资源状况和馆员培训的具体方式、组织形式进行分析，归纳俄罗斯远东地区农村图书馆人力资源状况及馆员培训模式的特征。

（2）通过对俄罗斯远东与我国东北地区农村图书馆人力资源状况、人力资源建设的法律和政策保障、农村图书馆员培训体系、农村图书馆员培训形式和内容、培训效果与馆员考核评估机制的比较研究，探寻俄罗斯远东地区在上述几个领域存在的优势，找到我国东北农村图书馆在这些领域中存在的不足和问题，并提出相应的解决思路和对策。

研究方法

（1）文献调研法：文献调研主要通过两种途径，一是通过网络进行文献调研；二是通过俄罗斯在华留学生和远东科学图书馆员工查找俄文纸质文献。

（2）调查访问法：通过对我国东北地区乡镇图书馆和农家书屋的实地调查与对其管理员的采访、问卷调查，了解农村图书馆人力资源建设状况及农村图书馆员培训方式、培训内容等方面的数据。

（3）比较分析法：从人力资源状况、人力资源建设的法律和政策保障、农村图书馆员培训体系、农村图书馆员培训形式和内容、培训效果与馆员考核评估机制等几个方面，对我国东北和俄罗斯远东地区进行比较分析，发现我国东北地区农村图书馆人力资源保障机制的缺陷和农村图书馆员培训方式、内容等方面存在的不足。

第一节　俄罗斯农村图书馆人力资源状况与培训模式研究

一、俄罗斯农村图书馆人力资源保障情况研究

农村图书馆的服务质量较大程度地取决于图书馆员的职业水平。截至到2010年1月1日，俄罗斯共有农村馆员48900余人，其中具有高等教育学历的占22.7%，而2001年具有高等教育学历的农村图书馆员则只有17.5%；2009年俄罗斯具有图书馆学中等专业学历的馆员约占65%，2001年则为57.1%，详见表5-1。2001年俄罗斯具有非图书馆学专业学历的农村馆员比例为25.5%，共有13009人，而2009年为12.4%，共有6053人[1, 2]，这类图书馆员的数量和比例缩减了1/2。

表5-1　2001—2009年俄罗斯联邦农村图书馆员的学历构成 [1,2]

联邦区名称	农村图书馆数量		图书馆员数量		具有高等学历的馆员				具有图书馆学中等专业学历的馆员			
	2001	2009	2001	2009	2001		2009		2001		2009	
					数量	%	数量	%	数量	%	数量	%
中央区	9450	8424	11154	9950	1725	15.5	1957	19.7	6589	59.1	6960	69.9
西北区	2983	2557	3633	3186	554	15.2	610	19.1	2254	62	2187	68.6
南方区	5049	2834	8427	4827	1717	20.4	1275	26.4	4858	57.6	3097	64.2
北高加索	0	2145	0	3728	0	0	800	21.5	0	0	2322	62.3
伏尔加河	10838	10002	13713	13273	2078	15.2	2945	22.2	8414	61.4	8821	66.5
乌拉尔	2513	2389	3177	3123	472	14.9	690	22.1	1600	50.4	1962	62.8
西伯利亚	6324	6160	8627	8664	1805	20.9	2210	25.5	4440	51.5	5194	59.9
远东区	1694	1519	2493	2213	596	23.9	645	29.1	1213	48.7	1236	55.9
全俄罗斯	38851	36030	51224	48964	8947	17.5	11132	22.7	29268	57.1	31779	64.9

注：南方区和北高加索区于2009年分离，在此之前两个区同属于“南方联邦区”。

由表5-1可见，虽然具有高等学历和图书馆学专业中等学历的农村图书馆员数量、比例呈增长的趋势，但是全俄罗斯具有上述学历的农村馆员数量整体增长缓慢，各地区呈现出发展不均衡的特征。例如，在具有高等学历的农村图书馆员数量增长的情况下，俄罗斯联邦各州、边疆区具有这一学历的农村图书馆员的平

均比例占22.7%。而具有高等学历馆员比例最低的俄罗斯西北联邦区仅为19.1%，这一比例最高的则是远东联邦区，为29.1%。如表5-2所示，各联邦主体（州、边疆区、共和国）中该项数据最高和最低的地区之间相差了3倍，如萨哈共和国和哈巴罗夫斯克边疆区。

表5-2 各州、边疆区、共和国农村图书馆的人力资源学历状况[1,2]

俄联邦主体名称	具有高等学历的馆员比例(%)			拥有的职业高校(22所)
	2001	2009	增加比例	
萨哈共和国	37.8	47.1	9.3	国立萨哈共和国文化艺术学院;国家文化艺术科学院亚雅库特分部
布里亚特共和国	45.2	44.7	−0.5	国立东西伯利亚文化艺术学院
阿尔泰共和国	34.9	41.8	6.9	无
阿迪格共和国	31.7	38.8	7.1	无
阿尔泰边疆区	32	36.6	4.6	国立阿尔泰文化艺术学院
楚瓦什共和国	22.9	36.2	13.3	国立楚瓦什文化艺术学院
克拉斯纳达尔边疆区	32.3	34.8	2.5	国立克拉斯纳达尔斯克文化艺术学院
萨马拉州	25.6	32.4	6.8	国立萨马拉文化艺术学院
莫斯科州	30.3	31.5	1.2	莫斯科文化艺术大学
卡尔梅克共和国	29.4	31	1.6	无
印古什共和国	14.8	31	16.2	无
秋明州	15	29.8	14.8	国立秋明文化艺术学院
车里雅宾斯克州	21.4	28	6.6	国立车里雅宾斯克文化艺术学院
罗斯托夫州	17.4	21.8	4.4	圣彼得堡大学文化艺术大学罗斯托夫分校
哈巴罗夫斯克边疆区	16.7	16.6	−0.1	国立哈巴罗夫斯克文化艺术学院
斯维尔德洛夫斯克州	9.1	14	4.9	无
库尔斯克州	6.9	11.3	4.4	无
乌里扬诺夫斯克州	8.8	8.5	−0.3	国立乌里扬诺夫斯克大学(图书馆学专业)

表5-2表明，各地区农村图书馆不仅受过高等教育的馆员比重差别极大，而且增长态势也相差悬殊。例如，印古什共和国具有高等教育学历农村馆员的增长比例超过16%，而萨哈共和国则只增长了9.3%（尽管它是远东联邦区这项指标

最高的)。通过表5-2可以看出：第一，不同地区具有高等教育学历的员工比例反差很大；第二，文化大学①的存在几乎没有改变农村图书馆工作人员的学历情况。如阿尔泰共和国和阿尔泰边疆区，印古什共和国和哈巴罗夫斯克边疆区或卡尔梅克共和国和乌里扬诺夫斯克州。

表5-1和表5-2中的数据显示的只是具有高等学历的图书馆员数量，并且没有进行图书馆和非图书馆专业的区分。可以以克梅洛夫斯克州、乌德穆尔特共和国等地的数据为例，对自治主体的城市和农村图书馆工作者的学历进行具体分析。克梅洛夫斯克州各自治区全职图书馆员共1300名，其中具有高等教育学历只有265人（20.3%），具有文化类专业高等学历的馆员174人（占13.3%）。乌德穆尔特共和国各自治区的中心图书馆（ЦБС）具有图书馆学专业高等学历的工作人员比例为15.6%。乌德穆尔特共和国科学图书馆部门负责人指出：一些自治区的ЦБС中只有一名具有图书馆专业高等学历的馆员，也有一些ЦБС中完全没有这样的专家，30岁以下年龄段的馆员中具有高等学历的只有6.1%，全边疆区只有12人[3]。当前来看，俄罗斯农村图书馆馆员的主干部分由具有中等图书馆学专业学历的专家构成，这类工作人员的比重在乌德穆尔特共和国为72.1%，库尔斯克州为43.5%，而在其他几个州、区中具有中等专业教育学历的农村图书馆员比重为60%~70%。

俄罗斯农村图书馆工作人员老龄化问题较为严重。以下哥罗德州为例，工龄3~10年的人员比20年工龄的人员少的3/5[4]。2006年克梅洛夫斯克州图书馆统计数据显示，59%的农村自治图书馆工作人员年龄在30~50岁之间，约28%的人员超过50岁，13%的馆员在30岁以下[5]。阿尔泰边疆区卡班自治区中心图书馆的工作人员中30岁以下的仅占12.7%，31~55岁的占68.3%，55岁以上的占19%[6]。产生这一现象的原因是：第一，一些图书管理员达到退休年龄后仍继续工作；第二，许多农村图书馆多年没有年轻专业人员来工作。出于同样的原因（俄罗斯年轻的图书馆专业人员不愿意到图书馆工作，特别是到小城市和农村地区），农村图书馆聘用具有专业学历的人员相对困难，是人力资源工作的主要问题之一。此外，由于现代图书馆应用技术的发展和图书馆服务理念的变化，较早毕业于图书馆学专业教学机构的农村馆员的专业知识和技能也需要不断更新。对于新上岗的馆员和没有受过图书馆学专业教育的馆员，其专业知识的学习和实践能力的培养

①俄罗斯图书馆学专业绝大部分开设在各地区的文化大学内。

就更为迫切了。所以农村图书馆员继续教育工作成为各自治区中心图书馆培训中心和图书馆职业教育机构较为重视的问题之一。

二、俄罗斯农村图书馆员的培训模式研究

（一）俄罗斯农村图书馆员培训体系多元化

俄罗斯农村图书馆员培训体系具有多元化的特征。各州（边疆区、共和国）常规农村馆员培训体系主要有“农村图书馆员学校”“青年农村馆员学校”“暑期农村图书馆员学校”“培训日”四种形式。

“农村图书馆员学校”(ШСБ)，是俄罗斯农村图书馆员培训的一种普遍形式，通常由州（边疆区、共和国）公共图书馆或自治区中心图书馆①组织承办，由地方自治政府和各类基金会、社会组织出资合办。由各州公共图书馆或自治区中心图书馆制定培训计划，组织师资和学员开展培训工作。“ШСБ”根据培训人员的数量、地理分布情况及馆员的现实需要，选择在州公共图书馆或自治区中心馆开课，如果学员恰好是邻近几个村的，也会直接安排在农村图书馆授课或组织培训活动，这样既方便了学员，又节省了他们的差旅费（学员的差旅费由村政府或个人支付）。隶属于“ШСБ”还开办有“农村图书馆负责人学校”，该学校的培训对象主要是农村图书馆负责人，每期3门课程[7]，学员有机会到其他州（边疆区、共和国）图书馆参观学习。

“青年农村馆员学校”（ШСМБ）也称“新馆员学校”，是俄罗斯农村青年图书馆员的培训形式之一，通常由自治区中心图书馆主办，由地方政府出资或社会团体赞助实施培训工作。该学校主要面向农村图书馆中工龄不满3年，且没有图书馆学专业学历的青年图书馆员。“ШСМБ”有两种学制形式：一年制和两年制。学校由自治区中心图书馆培训部制订培训计划，由专家或经验丰富的老图书馆员向学员传授图书馆理论知识和工作经验，帮助农村馆员掌握新的工作方法、创新工作形式，提升新馆员的职业文化。此外，授课专家在培训过程中还向青年图书馆员展示自己的工作成果，解释自己所取得的工作成就，让学员了解做好图书馆工作的要素，向他们揭示自己的工作技巧和“秘密”。每一位学员需要在老师的指导下开展图书馆工作实践。学习优异的“ШСМБ”学员，会被推荐到本

①自治区中心图书馆与各村图书馆是总分馆的关系。

行政区域内的文化艺术大学或文化艺术专科学校①的图书馆学专业进修或接受学历教育。

"暑期农村图书馆员学校"(ЛШСБ)是俄罗斯经济复苏以后形成的农村图书馆员培训形式，首次"ЛШСБ"的组织者是列宁格勒州的科学图书馆。之后俄罗斯各州（边疆区、共和国）开始组织该种培训形式。"ЛШСБ"学员的选择方式是：各村图书馆馆员自愿报名，然后，由自治区中心图书馆根据农村馆员过去的培训情况，推荐较长时间没有参加过培训的馆员。"ЛШСБ"的培训周期较短，一般为4~5天，以参观、研讨和学术会议的形式组织学习[8]。"ЛШСБ"通常由州级图书馆牵头，根据每期培训主题吸收相关图书馆或研究机构参加。如2010年卡列利亚共和国的"ЛШСБ"就是由作为图书馆员职业发展中心的共和国民族图书馆（НБРК）与卡列利亚共和国文化艺术专科学校协同组织，由跨区域图书馆合作中心（莫斯科）、卡列利亚共和国少儿图书馆、盲人图书馆和部分自治区中心图书馆协办的[9]。由于"ЛШСБ"培训是面向州级行政区域内的所有农村图书馆员，所以每期学员人数较多，一般为20~30人。

"培训日"（МД）在俄罗斯农村图书馆员培训体系中占有重要地位。这种培训形式的主要价值在于它具有经常性——平均每年举办10次左右，每期培训主题具有现实性，培训时间和内容对其他培训体系具有补充的作用。"МД"的实施主体是各自治区中心图书馆的培训部，培训场地由各村图书馆轮换提供，每期学员人数限制在8~10人[7]。"МД"的培训对象是年轻馆员和新型农村图书馆②馆员。其教学过程主要采用互动、体验式教学，如业务游戏、角色游戏、创作实验室、农村文化活动组织、馆藏整理实践（编制卡片、馆藏目录）。另外，学员还可以参观了解培训馆的情况，交流工作经验，发现日常工作中存在的问题。培训过程中学员遇到疑难问题随时可以向身边的培训员咨询，并获得即时解答。这些教学形式不但提高了学员学习业务知识的兴趣，而且加深了对农村图书馆工作的感情。

（二）俄罗斯农村图书馆员培训方式多样化

俄罗斯农村图书馆员培训方式具有多样化的特征。无论是"农村图书馆员学

---

①俄罗斯每个联邦行政大区都有文化艺术大学和文化艺术专科学校，这类院校都开设有图书馆学专业，如远东联邦区就有国立哈巴罗夫斯克文化艺术学院(ХГИИК)和哈巴罗夫斯克边疆区文化艺术专科学校。

②"新型农村图书馆工程"是俄罗斯2002年开始实施的农村图书馆现代化升级工程，其特点是利用现代化的技术设备，采用现代图书馆管理方法和服务理念。

校”“青年图书馆员学校”，还是“农村图书馆负责人学校”，除了进行常规的理论授课和实践外，还以不同的教学形式来增强学员理论与实践结合的能力。

“研讨会”这种方式可以将学员从教学“旁观者”的身份转化为参与者，使其更深入地思考问题和解决问题。“研讨会”可以归纳为三种形式：第一种是“入学研讨会”，这种研讨会主要是在“ШСБ”和“ШСМБ”这两种学习周期较长的培训形式中使用，一般在培训班开课前举行。研讨会上学员需要分析本自治区农村图书馆工作的特点，了解每位学员的专业知识储备情况，讨论现实工作中遇到的困难，为培训热身。第二种是“专题研讨会”，即预先确定研讨主题，在研讨会上学员针对某一主题从理论和实践角度开展讨论，通过这种研讨会可以强化、巩固学员的理论知识，增强学员利用学到的知识和技能解决现实问题的能力。此种类型的研讨会通常在教学过程中根据教学内容的需要举办，每年5~6次[10]。第三种是“巡回研讨会”，所谓“巡回”是指研讨会不固定在中心图书馆举办，而是就一个主题到不同村图书馆巡回研讨；有时由中心图书馆派培训员将若干个偏远农村社区的图书馆员就近组织到一个村的图书馆中，根据村图书馆所遇到的现实问题组织专题研讨。

视频教学可以使学员直观和多角度地认识图书馆工作。为了增强学员对图书馆实践活动的了解，俄罗斯一些自治区中心图书馆培训部将直观性较强的图书馆活动录制下来，经剪辑加工制作成视频材料，以此让学员轻松地了解和学习农村图书馆的工作流程、方法，如《农村居民文化活动组织工作》《图书馆空间装饰和设计》《馆藏文献组织与建设》《我们的图书馆》等视频资料。这些视频不但可以在培训课堂上使用，也可以由学员录制下来，带到家中学习。另外，培训部还要求农村分馆的负责人、小村子的图书馆员或图书馆借阅站的馆员将个人和本馆的工作实践录制下来与学员进行交流。录制视频资料的优势还在于，它可以把不同时期的图书馆个性化工作经验、工作方法拿到课堂上集中讨论和比较分析，让学员切身体会到农村图书馆工作的灵活性和多样性。通过这些视频资料，学员不但可以学到其他馆员的优秀经验，也可以了解图书馆工作近几年的发展和演变状况。

以游戏的形式组织教学过程可以使学员在学习上更具主动性和参与感。在参与业务游戏和业务实训的过程中学员可以无拘束地相互交流，以此培养他们的协作能力及合作意识，提高自身以轻松的心态面对和解决难题的能力。如这样一些游戏：业务游戏《图书馆展览的模式》《书展的布置方法》；迷宫游戏《成功展览会的路径》；答题游戏《图书馆员信息文化》。通过这些游戏，既可以展示学员设计图书馆展览活动的不同理念和创新能力，又可以以此检验馆员对培训期间所学知识的应用能力。

培养学员的自主学习能力和自主学习习惯，对馆员的职业发展更具长远意义，可以说是一项特殊的培训方式。自治区中心图书馆培训部通过组织“自主学习课堂”向学员讲授自主学习的方法，提升学员的自主学习能力。为了保障学员的自主学习，培训部极为重视信息资料支持工作：建立自主学习资料库，编制用于自主学习的资料目录和卷宗，订购图书馆学专业报刊，如《图书馆》《图书馆学》《图书馆事业》《图书馆园地》《图书馆报》《新图书馆》《图书评论》《文献报》《书架上》等。另外，自治区中心图书馆培训部还通过举办“自主学习日”增强图书馆员的自主学习意识，提高他们的职业阅读文化。“自主学习日”通常每月举办一次（也有一个季度举办一次的情况），这一天每位图书馆员都要留出2~3小时研读专业文献[11]。自主学习活动有时被冠以“不能没有书”“文献大厅”“图书馆员职业学习俱乐部”等名称。

（三）俄罗斯农村图书馆员培训工作务实且内容丰富

俄罗斯地方各级图书馆培训部能够从实际出发，认真做好各项支持和协调工作，能够根据农村图书馆工作的特点和现实需要组织内容丰富且实用价值较高的课程、研讨活动。

为了使农村馆员培训活动充分发挥自身的功能，俄罗斯各州（边疆区、共和国）图书馆和自治区中心图书馆努力建立培训资料库，组织更新职业出版物馆藏（包括各类专业期刊、照片、视听资料、电子文献），与其他州图书馆保持培训业务联系，进行培训资料交换。为了支撑教学过程，培训部订购了各类实用性较强的教材，如《图书馆的社会活动组织》《图书馆工作目标计划》《图书馆疗法》等[12]。为了保障视频教学，建立了“V档案室”（即视频档案室），将各类讲座、农村图书馆组织的儿童文化活动、自治区各图书馆的周年庆典、本区的历史和文物遗迹录制下来服务于教学活动，如《边疆区儿童图书馆旅行》《农村图书馆儿童工作新方法》《图书馆与阅读》《培训部的出版物》《期刊——职业思想库》《家庭阅读活动组织》《图书馆对青年的就业指导》等视频材料。这些培训资料保障了农村图书馆培训工作的每一个环节得以顺利开展，帮助学员了解图书馆工作的新动态、新思想、新方法。

为了让新学员尽快掌握农村图书馆工作的基本知识和方法，图书馆员学校开设这样一些与农村图书馆工作密切相关的理论和实践课程："图书馆法律基础""读者服务""馆藏清查和排架""图书馆宣传""农村图书馆参考咨询工作""图书馆工作计划与总结""超期读者工作"。专门编制了培训教材《图书馆工作讲义》，根据该教材讲授这样一些实用性较强的内容，如"图书馆的利用规则""读者与馆员的权利和责任""设计和组织书展""馆藏与目录工作""读者个性化工作""职业图书馆员工作的自我评估"等[13]。地方志编撰是俄罗斯农村图书馆的一项重要工作，所以还讲授这样一些课程，如"如何编撰年鉴""地方文献馆藏建设问题"等。研讨会经常设定一些具有现实意义的主题，研讨内容既关注图书馆自身的改革、发展和创新，又涉及读者工作，体现对农村读者的人文关怀，如"图书馆员与用户的信息文化""农村图书馆的大众工作：传统与创新""农村社会的法律空间——农村社区图书馆""青年人与图书馆：现实问题与发展方向""我的故乡，我用心向你诉说"等主题研讨。

通过各种培训形式不但促进了图书馆员专业知识更新，加强了图书馆员的业务实践能力，而且在培训过程中还注意发现和解决图书馆工作中存在的现实问题。例如，在2011年阿穆尔州科学图书馆举办的"农村图书的困境与前景"巡回研讨会上，参会馆员提出了地方政权不能满足各农村图书馆期刊装配需要，期刊装配水平远没有达到《农村公共图书馆服务的最低资源保障标准》[14]中规定的水平。经充分讨论后，州图书馆协会将这一研讨内容的建议提交到自治区文化管理机关，以行业协会的身份与政府管理机构对话，寻求协商解决问题的途径。

培训研讨会上讨论的数据和结果成为行业文件制定的依据。2010年哈巴罗夫斯克边疆区的乌利奇区自治区中心图书馆举办了"家庭与图书：联合阅读"农村馆员研讨会，会上自治区档案委员会的专家、区教育委员会培训员与馆员从职业阅读与休闲阅读两个角度，对中学俄罗斯语言与文学教师的阅读情况进行了讨论，对10~11年级的学生阅读情况进行了分析，对"学生的文献知识问题，学校教育过程中对信息服务的需求问题"进行了探讨，研讨会上的讨论结果和数据成为自治区制定《图书馆与学校：合作的途径》草案的参考依据[9]。

由于俄罗斯多数农村图书馆只有一名工作人员，所以馆员通常身兼数职，既是图书馆负责人，又是业务人员，同时也是图书馆与当地社会文化活动的组织者。所以从自身素质、知识和能力上要求农村馆员不但要掌握专业知识、业务技能，还要具备管理知识、财务知识，拥有社会协作能力和文化活动组织能力。针对上述职业要求，培训班通常设置这样一些课程或专题研讨内容，如"俄罗斯文化和图书馆事业立法”“图书馆与地方政权机关的协作机制”“劳动报酬的优化问题”。为了提高农村图书馆负责人的管理能力，还开设了“图书馆管理”“图书馆营销”“图书馆活动的经济视角”“图书馆工作自动化”“现代图书馆馆藏装配”“儿童阅读”“公文处理”等课程。

（四）以多种方式检验学员的学习效果

俄罗斯农村馆员培训的考核形式具有灵活性和多样性的特点，学员在考核过程中处于主动地位。其考核的根本目的不是单纯让学员熟记理论知识，而是以此来检验学员对知识的应用能力，提高他们的学习自觉性。

为了评估学员的学习效果，在培训周期结束后，培训活动的主办方要对农村馆员进行考核。考核通常以轻松的形式进行，一般是由州公共图书馆或自治区中心图书馆培训部设计一些理论和实践题，学员以抽签的形式获得2~3道口试考题，展示自己的理论知识和实践能力。虽然这种考查形式不能全面检验学员的知识水平，但学员在回答问题的过程中能够较充分地表述自己对所学知识的理解，并表现他们的学习态度。

填写“自我评价表”是培训主办方了解或考查学员学习效果的另一种方式。学员毕业前夕，州或自治区中心图书馆培训中心会为学员发放一份《职业图书馆员》自我评价表，学员需要根据评价表上设计的问题认真做出回答，如“你在理论上有哪些收获”“你在学习过程中获得了哪些新技能”“你觉得自己在业务上还有哪些不足”等一些问题，培训主办方根据回答内容，既可以了解学员对专业知识和专业技能的掌握情况，又能让学员在填表过程中认真反思自己的学业。

“图书馆职业竞赛”是对学员学业考核的一种特殊方式。“图书馆职业竞赛”一般有两种形式：一种是由州或自治区中心图书馆培训部专门为学员组织设计的；另一种是“年度图书馆竞赛”，是由州（边疆区、共和国）公共图书馆或科学图书馆面向全体农村馆员举办的[15]。各培训学校要求所有学员必须参加该竞赛，以此来检验他们的学习效果。事实表明，竞赛的获胜者多是这些学员。所以，这种考核形式不但对学员具有激励作用，而且还可以使他们更加珍惜培训班的学习机会。

第二节　俄罗斯远东地区农村图书馆人力资源状况及馆员培训模式——以哈巴罗夫斯克边疆区为例

一、哈巴罗夫斯克边疆区农村图书馆人力资源状况

（一）人力资源的总体状况

2009年，哈巴罗夫斯克边疆区图书馆工作人员一共有1685人，其中图书馆一线工作者1064人，比2005年增加了3.7%，而各自治区中心图书馆和农村馆的工作人员一共867人，比2005年减少了6.1%，最基层的农村图书馆工作人员383人，比2005年减少了4.3%[16]。可见，在边疆区图书馆工作者人数整体增长的情况下，农村图书馆一线工作者——农村图书馆员的数量呈下降的趋势。

哈巴罗夫斯克边疆区各自治区的图书馆的人力资源变化状况与边疆区整体情况相似，但各自治区也有自身的特点。苏维埃港区、瓦尼诺区、哈巴罗夫斯克区、共青团区的图书馆工作人员数量呈增长的态势，而且增长幅度较大，分别增长了38.3%、24.3%、22.4%、13.5%。图书馆工作人员数量增长幅度较小的有那乃人区、太阳区、图古洛—丘比坎斯克区。图书馆人力资源状况恶化的区有波利娜—奥西片科区、拉佐区、上布列亚区、鄂霍茨克区、比金区，图书馆工作人员数量分别减少了29.4%、21.6%、12.7%、9%、5.9%[16]。

（二）农村图书馆员的学历状况

2009年，各自治区具有高等学历和中专学历的农村图书馆员的数量、比例有所增加，具有高等教育学历的馆员占22.8%，一共198人，其中各农村分馆具有高等学历的人数为103人。自治区中心图书馆和农村图书馆具有图书馆学专业高等教育学历的专家数量也有所增加，一共128人，占边疆区图书馆工作人员总数的14.8%（2007年为14.2%，2006年为13.9%），其中农村图书馆这一层次的专家只有56人。自治区中心图书馆和农村图书馆具有中等专业学历的农村图书馆工作人员数量也有所增加，这类人员总数为517人，占59.6%。具有图书馆学专业中专学历的专家人数稍有增加，各自治区中心图书馆和农村馆这类人员一共有183人，占35.4%（2007年为34.9%）[16]。各自治区中心图书馆和农村馆具有中学学历的人数有所减少。通过以上这些数据可以得到这样的结论，即哈巴罗夫斯克边疆区具有高等和中等职业教育学历的工作人员数量、比例逐步增加，农村图书馆的人力资源向更为专业化方向发展。

（三）农村图书馆员的工龄及接受继续教育的状况

从图书馆员的工龄构成来看，有10年以上工龄的占64.3%，工龄为6~10年的占10.5%，3~6年的占10.8%。当前，在哈巴罗夫斯克文化艺术学院就读接受函授教育的有23人（占2.2%），在哈巴罗夫斯克文化艺术专科学校就读的共29人（占2.8%）。另外，27名（2.5%）农村图书馆员获得了非专业教育学历。2008年10名馆员在哈巴罗夫斯克文化艺术学院毕业，另有15人大专毕业。哈巴罗夫斯克文化艺术学院函授课程毕业的农村图书馆员30人，大专毕业15人。农村图书馆员的全日制中专教育近年来也存在许多问题，如2009年，哈巴罗夫斯克文化艺术学院的农村图书馆员毕业生结束全日制学习之后，几乎没有在图书馆进行过实践[17]。

（四）农村图书馆员的离任和选聘状况

2008年，哈巴罗夫斯克边疆区辞任的农村图书馆员占8.5%（88人）。主要原因如下：精简10人，退休29人，根据馆员个人意愿离任49人（因家庭搬迁，健康原因，调换工作）。其中离任的图书馆员中具有图书馆高等教育学历的占6.8%，具有图书馆专业中专学历的占29.5%。与离职馆员学历相当的新馆员较少被补充到相应的岗位上。从整个边疆区来看，新上任的馆员具有图书馆专业高等教育学历的占1.4%，具有中等专业学历的占9.5%[16]。

在NO131–ф3法律生效之前，边疆区各自治区中心图书馆培训中心具有为农村图书馆选聘图书馆员的权力，培训中心通过竞赛上岗的方式为农村图书馆空缺岗位（图书馆负责人）挑选新的工作人员。2006年1月起，在NO131–ф3号法律生效之后，农村馆员的选聘权力转移到农村行政管理处，但是从选择专业性人员这个角度来看，村管理处有时不能够科学开展选聘工作。存在管理处为村图书馆随意安置人员的情况，其结果是新任图书馆员工作组织能力较弱，甚至不胜任农村图书馆工作。因此，在这种条件下中心图书馆的工作重心之一，就是及时向新任农村馆员传授图书馆理论和工作方法，使其掌握图书馆基本专业知识和操作技能。

二、哈巴罗夫斯克边疆区农村图书馆员培训的具体方式和组织形式

《哈巴罗夫斯克边疆区自治公共图书馆工作新标准》规定图书馆的每个工作人员每5年必须按照边疆区培训计划更新知识（每年的数量标准大致为全体馆员总数的20%）。近5年里，23%的农村图书馆员有机会在培训计划的框架内提高

他们的职业技能，每期72学时[17]。边疆区的每个自治区中心图书馆培训部是本区农村图书馆员的继续教育中心。为了保障自治区农村图书馆员的培训质量，有效提高图书馆员的职业潜力和专业技能，通常培训任务由ЦРБ（区中心图书馆）和УНБ（边疆区科学图书馆）联合完成，各自治区中心图书馆培训部与УНБ联合制订农村图书馆员培训计划、开展培训工作。培训活动一般包括这样一些形式，如理论讲授、实习（包括巡回实习）、视频学习课、答疑课、新任图书馆员学校、研讨会、业务游戏、训练、职业技术竞赛、职业交流日等。

（一）课堂授课

新聘任的非图书馆学专业农村图书馆员通常在上任前要在“新任图书馆员学校”接受培训。这类图书馆员的职业培训为期一年，分为两个阶段：第一个阶段历时2~3个月，主要进行图书馆工作入门教育；之后进入系统理论学习和实践阶段[18]。这一年内图书馆员会获得组织图书馆服务、设计图书馆空间、与各类读者开展工作等方面的知识。课堂理论讲授是农村图书馆员培训的传统方式，也是掌握理论知识的最基本方式。农村图书馆员培训班上讲授的课程内容一般是针对农村图书馆实际工作需要设置的，具有现实性和及时性的特点。例如，设置这样一些课程：《图书馆活动的经济视角》《图书馆过程自动化》《图书馆文献问题与答案》《现代馆藏装配》《儿童阅读问题》《公文处理》等。针对农村图书馆负责人还讲授一些基础性的课程，如《图书馆法律基础》《图书馆管理与营销》《图书馆经营活动》等。农村图书馆学员在接受正常授课之余，培训班也会组织一些涉及实际工作领域的辅导答疑活动，请图书馆工作经验丰富的专家作专题报告，如《图书馆员与用户的信息文化》《图书馆中的大众工作：传统与创新》《现代时期的个性化读者工作》等[19]。

（二）视频教育

视频教育是一种比较受欢迎的实践教学形式。具有良好工作经验的农村社区图书馆将自己的工作实况录制成视频资料，并在中心图书馆培训部工作人员的协助下对视频资料进行剪辑加工，制作成具有主题内容的纪录片作为教学素材，如“图书馆工作中的大众活动形式”“组织和建立馆藏”“图书馆空间装饰”。

视频实践课结束后，农村图书馆员还可以将这些录像资料复制下来，带到家里自主学习。培训班上，培训员还以幻灯片的形式播放各类工作实践的照片，做工作总结报告，这种培训方式对于刚上岗的图书馆员来说是了解图书馆各方面工作的有效方法。这些幻灯教具由各自治区中心图书馆培训部按照农村图书馆工作的重点制作而成。当然各农村社区图书馆的专业人员也录制本村图书馆各种实践工作幻灯片，包括具有创新形式的工作经验的幻灯片、举办各类大众活动的幻灯片、展览活动的幻灯片。培训班上，学员们针对这些幻灯片的内容开展研讨，并进行经验交流[20]。

2003年开办的“职业教育视频学校”也是哈巴罗夫斯克边疆区对农村图书馆员培训的一项新举措。视频学校的课程内容是这样架构的：首先观看各农村图书馆的外观、内部结构设计和农村图书馆工作实践的视频，参与视频制作的图书馆员在视频播放过程中回答学员们的相关提问。观看视频后，学员需要填写调查问卷，问卷上会设计这样一些问题，如“您喜欢同事们工作中的哪些内容”“您有什么疑惑，您不认同视频中的哪些工作方式”“您打算将看到的哪些视频内容应用到自己的工作中”“您有哪些工作经验可以与同事们分享”等。视频报告是农村图书馆员交流工作经验的有效方式之一，是专家为那些想更多地了解图书馆工作的多样性的馆员所推荐的最好的培训形式之一。各中心图书馆的分馆负责人、小村子的图书馆员、图书借阅站的馆员录制了这些视频，并提供给视频学校[21]。这些视频教学材料收藏在各自治区中心图书馆培训部的档案室中，根据这些视频报告不但可以研究一些办馆理念先进的农村图书馆的工作经验，而且可以追溯几年内这些图书馆的工作发展、进步进程。

（三）按照《农村图书馆员手册》对农村馆员进行培训

《农村图书馆员手册》（以下简称《手册》）是针对农村图书馆工作专门编辑整理的业务培训辅导书，《手册》所涉及的内容大部分来自于农村图书馆工作实践，掌握了该手册的培训内容，就会对农村图书馆工作有一个全面性的了解，能够胜任农村图书馆的基础性工作。历次培训证明哈巴罗夫斯克边疆区农村图书馆员对《手册》有较大需求。该《手册》大致包括以下几部分内容：图书馆的使用规则；读者与馆员的权利和责任；读者的信息情报工作和参考咨询工作；个性化读者工作；馆藏工艺、设计和组织书展；馆藏与目录工作；读者工作的大众形式；制定农村社区图书馆工作计划等[22]。

《手册》中的每一部分内容都有针对新任馆员实践工作的建议和方法，培训部的工作人员也会将图书馆专业期刊上发表的与该部分主题相符的农村图书馆工作实践论文的内容复印并附在《手册》的相应部分上。例如，在“制订农村社区图书馆工作计划”部分包括：“职业——图书馆员”工作的自我评估；一年工作计划的样例；图书馆工作考核和图书馆指标核算表；农村社区图书馆一年工作计划大纲等。在《手册》的“图书馆使用规则，读者和馆员的权利和责任”部分可以找到世界、全国、边疆区和自治区图书馆的使用规则，参照“对读者的有益建议”及其他内容可以帮助学员制定针对本馆读者的相关规章和建议。《手册》各部分内容是否变化取决于这个或那个农村图书馆工作内容变化的迫切性，根据农村图书馆实践工作的具体情况更新和编辑整理新资料。

（四）组织业务研讨会

研讨会是农村图书馆员培训的有效形式之一。作为一种培训和教育形式，研讨会的举办频次较高，通常每个自治区一年举办两次左右。根据传统，在研讨会上会分析和讨论过去一年本自治区农村图书馆的工作得失，讨论一年中需要解决的现实问题。近年哈巴罗夫斯克边疆区各自治区中心图书馆组织了这样一些内容的研讨会：我的故乡，我用心向你诉说（献给哈巴罗夫斯克边疆区成立70周年）；农村社会—法律空间的农村图书馆；从数字和各类事件来看太阳区农村图书馆工作；图书馆馆藏组织工作；青年人与图书馆：现实问题与发展方向；舒克申在我心中（哈巴罗夫斯克边疆区的舒克申年）。研讨会常常会包括这样一些内容：业务交流时刻、“建议阅读”5分钟、新文献（包括职业文献综述）、图书馆工作的视频报告、图书馆工作实训、职业游戏。

根据第三章内容我们已经了解到，俄罗斯农村图书馆工作与各社会机构和政府机构关系密切。农村图书馆研讨会经常邀请本自治区各机关和机构的相关专家参加，与这些机构的专家开展富有成效的合作。经常被邀请的专家有自治区教育委员会的工作人员、社会保障委员会的工作人员、自治区政府未成年人事务委员会的专家、自治区地方志博物馆工作人员、儿童创作中心的地方志专家。例如，上布列亚自治区（Верхнебуреинский район）档案事务委员会的专家在庆祝“家庭与图书：联合阅读”的家庭年的研讨会上作了工作分析报告，与自治区教育委员会的培训员从职业阅读与休闲阅读角度对俄罗斯语言与文学教师阅读情况进行了分析，对10~11年级的学生阅读情况进行了探讨。分析的结果成为老师在研讨会上的发言内容，也成为图书馆员满足“学生的文献知识需求和学校对教育过程的信息服务的需求”的科学依据，同样也成为制定“图书馆与学校：合作的途径”草案的参考资料。现在边疆区的许多农村图书馆按照该草案开展自己的工作[23]。

农村图书馆员培训研讨会的现场一般不会显得严肃呆板，各自治区中心图书馆培训部的工作人员或农村图书馆员会对研讨会活动的现场进行必要的装饰，为研讨会营造宽松、愉快的氛围。在各种研讨会上，农村图书馆工作人员学习了各种大众活动的举办方式，如幻灯剧、纪念活动、视频课、具有戏剧要素的文献认知游戏、微话剧、文献博物馆等。每一次研讨会结束时，各自治区中心图书馆培训部会对研讨会的内容进行总结，布置家庭作业。最后，让学员们填写反馈联系单对研讨会进行评价[24]。研讨会结束一段时间以后，培训部还要求学员针对研讨会对实践工作的作用和效果进行分析，并形成书面材料。

（五）业务游戏与实训

培训过程中，图书馆员通过业务游戏和实训活动获得图书馆工作的实践知识，以自由交流的方式针对工作中出现的问题寻求优化的解决方案。这种培训方式使学员的角色发生了变化，改变了其知识接受者、受教育者的被动地位，他们成为教学过程的主角，激发了他们的学习热情，使之有了更强的参与感，在这些活动过程中学员们以较为轻松的方式学习到了新知识和解决具体问题的新方法。此外，通过这些“游戏”可以对馆员过去所学的知识和技能进行评价、检验，如图书馆展览活动方面的业务游戏：“图书馆展览的模式”“书展布置的方法”。在游戏的过程中，一些新学员会暴露出展览会组织经验和知识的匮乏，布展设计方式单一，难于判断展览会的实际效果等问题。针对这些问题，自治区中心图书馆会设计新的游戏方案，如举办迷宫游戏“成功展览会的路径”。业务游戏“图书馆员的信息文化”可以帮助学员了解新书目文献，包括中心图书馆各部门创建的各种类型的新材料，例如，文献目录《阅读率最高的作者》《新世纪文献》的系列信息表；帮助读者建立的文献信息表《给你，毕业生》《儿童作家与图书纪念日》等[25]。

通过实训和游戏开展多样化的培训，如个性化信息传递、座谈、答题游戏、地方志课堂等。为了更好地举办地方志课堂，培训中心印制了折页资料《俄罗斯州城市的徽标》《苏联的英雄——我们的同乡》《苏维埃港区中心图书馆》和《故乡区旅行指南》；同样也出版了图书，如《苏维埃港区的古迹》《全世界和俄罗斯的我们著名的同乡》，印制了本自治区诗人的诗集《向你深深地鞠躬，故乡的方向》（与苏维埃港区教育委员会合作）、B. 科克什涅夫的图书《苏维埃港区具有纪念意义的地方》——关于苏维埃港区的历史文物（与苏维埃港区儿童创作中心合作）。举办图书馆宣传实践活动也是农村图书馆员培训工作的传统，如“祝贺喜爱的图书馆”“永远阅读，随时阅读”摄影活动，这些活动的优秀作品可以寄到《图书馆》杂志编辑部参加“人与图书”的摄影比赛[26]。

（六）建立培训资料数据库

为了能够更好地开展农村图书馆员培训工作，哈巴罗夫斯克边疆区各自治区中心图书馆培训部积极建立培训资料和培训数据库，与其他自治区图书馆保持友谊和业务联系，及时交换培训资料。培训资料数据库建设保障了图书馆培训工作的每一个环节，帮助农村图书馆员创新工作思想。培训资料数据库包括一些基础性的图书馆理论和实践类文献，如《图书馆的社会活动》《图书馆目标计划》《图书馆疗法》等。不仅本区的农村图书馆员积极使用这些馆藏，而且文化工作者、教师也积极利用它们。各自治区中心图书馆培训部一般会订阅：自治区报纸《伊里伊奇的旗帜》，杂志《图书馆》《我们阅读、学习、玩》《图书馆园地》《每一个书架》《家庭阅读》《我们一起阅读》《学校图书馆》《图书馆事业》《21世纪》《卡秋沙和安德烈的图书》。通常来说，为了保障农村馆员的日常学习，农村分馆一般还会订阅1~4种图书馆专业杂志[27]。此外，还积极收集电影剧本集、游戏集用于组织读者休闲活动，收集爱国主义教育、生态教育、道德教育和就业指导方面的资料集用于组织家庭阅读工作。

一些自治区中心图书馆培训部专门建立了V档案室（视频档案室），收集整理农村图书馆员培训视频资料。其中有视频报告、儿童和成人图书馆大众活动资料、自治区各图书馆周年庆典。培训部还将研讨课的内容、农村图书馆的各种活动、本区的历史和文物遗迹录制下来作为教学资料储备起来。利用这些资料设计V课堂，如“边疆区总馆参观”“边疆区儿童图书馆旅行”“哈巴罗夫斯克自治区旅行”（自治区的历史、文物遗迹视频）等。组织农村图书馆专家（具有图书馆学专业学历的农村馆员）培训资料专题展，如面向儿童工作的“新思想手册”“我们的边疆区——哈巴罗夫斯克州”“图书馆与阅读”“提高职业水平”“培训部的出版物”“期刊——思想库”。在培训部按主题设计了书展：“让爱国者成长”“幸福家庭学校”“民族统一日”“图书馆——青年交往的中心”[28]。书展上展出了图书馆工作主题相册、信息文档、戏剧集等。尽管许多农村图书馆距离中心图书馆路途遥远（7~100千米），但是农村分馆的工作人员还是至少每两个月到访一次，利用统一的培训资料，在培训部进行学习和实践。没有条件在中心图书馆使用培训材料的，培训部会为他们复印或挑选信息资料带回家里。

（七）组织农村图书馆员业务竞赛

组织参加各类农村图书馆员职业竞赛也是提高和检验农村图书馆员业务水平的途径之一。农村图书馆员，尤其是经过职业培训的农村图书馆员参加各种层次的农村图书馆知识竞赛，可以提高自身的业务水平和专业知识水平。农村图书馆员以不同的形式参加各类竞赛，有的是自治区中心图书馆予以资助，有的是村政府予以资助，也有的是一些组织机构提供赞助。如2009年在“合作组织支持阅读”第六届全俄竞赛上，《尼古拉耶夫区农村图书馆与社会工作机构的协作机制研究》这篇研究成果受到竞赛赞助商《图书馆事业》杂志社的支持，两位图书馆员因此获得赞助，参加了“我的家谱”边疆区竞赛，一名馆员接受赞助参加了“您家中的图书：昨天、今天、明天”职业技能竞赛。2010年，“开放的社会”基金会在第六届远东区跨区域青年图书馆员代表大会上支持了“虹-II”图书与阅读项目竞赛。2009年在“最爱阅读的哈巴罗夫斯克边疆区”边疆区竞赛上支持了“全家在图书馆”这一项目；同年，支持了每年一度的边疆区农村图书馆员竞赛“健康、未来、生命”[29]。关于农村图书馆工作经验的研究成果在边疆区科技图书馆的出版物和自治区期刊上得以发表。2010年，针对维亚泽姆区、那乃人区（Нанайский район）、波利娜—奥西片科区（им. Полины Осипенко район）农村图书馆工作经验撰写的《在自治区农村图书馆旅行参观》一文在《图书馆园地》杂志第五期发表，《到图书馆作客的每一天》在第八期发表[30]。农村图书馆员学校的学员积极参加竞赛，成为竞赛获奖者，这些学员往往是最先将项目成果应用于实际工作中的馆员。通常，竞赛创造性地帮助农村图书馆员拓宽了他们的职业交流范围，拓展了他们的职业合作对象。参加竞赛的图书馆员获得了自信，提高了图书馆在农村社会的威望，获得了职业成就。另外，竞赛还促进了新技术的继续开发，促进了农村图书馆实践工作研究成果的出版。

（八）农村图书馆员培训考核和农村图书馆工作评估

哈巴罗夫斯克边疆区为了促进农村图书馆员专业知识的增长和业务能力的提高，为了评估各类图书馆培训活动的效果，培训活动的组织者在学员学习周期结束以后会对农村图书馆员进行简单的考核，让学员以抽签的形式选择需要回答的理论和实践问题，以此来检验馆员在培训周期内对各类知识的掌握情况。也有的培训方会让学员填写“职业——图书馆员”自我评价表，这也可以视作是对农村图书馆员培训期间和自学所掌握的知识的特殊考试。馆员通过分析“自我评价”可以反思自己的学业，更加有针对性地规划以后的学习方向，对于培训方来讲可以了解馆员培训的薄弱环节，并针对图书馆员的个人学习情况开展后续的个性化培训工作。另外，通过考核的学员在毕业会上会受到祝贺，并颁发《纪念证书》[31]。

农村图书馆员的培训效果如何还直接反映在日后的农村图书馆实际工作中，所以各自治区中心图书馆还按照评估条例成立了专门的农村图书馆工作评估委员会，其成员包括首席专家、文化委员会的主要专家、边疆区和科技图书馆的科学培训部的区学监。该委员会每两年对农村图书馆工作者进行一次评估。评估分两个阶段进行：第一阶段是评估委员到农村社区了解具体的图书馆工作安排，亲自了解社区及农村图书馆负责人和馆员的工作；第二阶段是为图书馆员布置实践工作任务，工作完成后，农村图书馆员还要就完成的工作进行答辩，委员则对其答辩结果做出评价。评估结束后，评估委员会会为每一个图书馆员制作一个卷宗，卷宗包括馆员针对各种活动的策划书，编辑出版的参考书、折面、书目，发表的文章等。

第三节　俄罗斯远东与我国东北地区农村图书馆人力资源状况及馆员培训机制的比较分析

一、俄罗斯远东与我国东北地区农村图书馆人力资源状况的比较研究

从我国东北和俄罗斯远东地区农村图书馆工作人员的数量规模上来看，两地相差悬殊。我国东北地区黑龙江省、吉林省、辽宁省的农家书屋数量为31167所，我国的相关规定是每所农家书屋至少配备一名专职或兼职书屋管理员，这样就意味着东北三省的农家书屋管理员人数不少于农家书屋的数量，而俄罗斯远东地区不算各自治区中心图书馆，只算村（镇）图书馆，那么只有1729所（详见附录一~九），远东地区每所农村图书馆至少有一名专职图书馆员，较大的农村馆有2~4人，这样来看俄罗斯远东地区农村图书馆工作人员约为3000人，我国东北地区的农家书屋管理员人数是俄罗斯远东地区的10倍以上。从我国东北地区农家书屋管理员与俄远东地区农村图书馆馆员的专业背景、学历情况来看，两地差距较大。无论是整体情况，还是就课题组所调查的农家书屋管理员的学历情况来看，东北地区没有具有图书馆学专业背景的人员，在课题组所调查的80所农家书屋中具有大专以上学历的人员只有7人，占8.8%，而且这部分管理员的第一职务多是村支部书记或村妇女主任。具有高中学历的人员数量比重最大，一共有65人，占81.3%，其余的8人都是初中学历。俄罗斯远东地区农村图书馆具有高等教育学历的图书馆馆员的比例则高达29.1%，具有中等专业学历的馆员占60%

以上，其中具有图书馆专业本科学历背景的馆员达到近15%，具有图书馆学中等专业学历的馆员达到55.9%（详见表5-1）。所以从学历背景上来看，我国东北地区农家书屋管理员不仅在学历程度上总体远远低于远东地区，而且其专业背景和专业化程度也远远低于俄罗斯远东地区。我国东北地区乡镇图书馆管理员的学历水平相对于农家书屋管理员要高一些，因为乡镇图书馆员多是由乡镇政府文化站的干部兼职，一般会有中专或高中以上学历，但具有图书馆学专业学历背景的管理员数量为零。另外，俄罗斯远东地区农村图书馆员与我国东北地区农家书屋和乡镇图书馆管理员的最大差别就是其身份性质的差别。俄罗斯远东地区固定农村图书馆的馆员都是专职的文化工作者，由地方自治财政预算拨付工资，工资待遇最低的是由联邦预算给予50%的差额工资，余下部分由村政府和自治区财政拨付。而我国东北地区的乡镇图书馆和农家书屋管理员基本都是兼职性质，所以这些兼职人员的图书馆（书屋）管理员身份是次要身份或附属身份，这样就决定了他们的思想、精力和能力不会重点放在农村图书馆事业上。我国东北地区农家书屋的兼职管理员身份具有多样化的特征，占比重最大的是村支部书记、妇女主任，其次是中小学教师、村会计、民兵连长，另外还有农户。也有配置专职管理员的情况，一般是按照国家文件的要求，选任缺乏劳动能力或身体有残疾，有一定知识文化且爱好图书事业的青年人担任，也有的是有一定文化水平的一般农民担任。

二、俄罗斯远东与我国东北地区农村图书馆人力资源建设的法律和政策保障比较研究

从农村图书馆人力资源建设的法律和政策保障体系来看，我国东北地区与俄罗斯远东地区相比较而言不够完善。在农家书屋和乡镇图书馆的人员配置方面，我国东北地区较少有相关的法律和国家颁布的规范、标准涉及这一内容，更没有专门的农村图书馆法规和农村图书馆管理条例涉及人员配置问题。根据笔者对国家和东北地区的图书馆规章、有关农家书屋的条例的了解，涉及公共图书馆、乡镇图书馆和农家书屋的管理员配置的内容都比较宽泛，如《中华人民共和国公共图书馆法》（征求意见稿）的第六章“工作人员”部分对公共图书馆的人员配置要求仅涉及这样一条：“公共图书馆应配备数量适宜的工作人员。公共图书馆工作人员数量的确定，应以所在区域服务人口数为依据。同时，兼顾馆舍规模、馆藏资源数量和服务范围等因素。”这里面没有对图书馆服务的人口数量与馆员编制配备标准的关系进行量化规定，更没有区分城市与农村公共图书馆（书屋）的

管理人员配置标准。而俄罗斯的一些法规则对农村图书馆的馆员编制人数作了具体的规定，如俄联邦文化与大众传媒部的第32号《农村文化机构（公共图书馆和文化休闲机构）服务的最低资源保障规范》中规定："图书馆服务的居民数量在300~500人的可获1个编制；500~1000人可获1~1.5个编制；超过1000人的，每1000位居民可提供1名图书馆工作人员（编制），或每500名超过15岁的居民可以拥有1位图书馆员"。对于农村图书馆工作者的专业学历背景我国东北地区没有相关法规进行具体规定。只有2008年颁发的《农家书屋工程建设管理暂行办法》的第七章"农家书屋管理"的第三十一条进行了规定，要求"农家书屋应配有具备一定文化水平和管理能力、热心公益事业的专职或兼职管理人员。农家书屋管理人员应由村民民主推荐产生，并报当地新闻出版行政部门备案。"但这里只对管理员的自身素质、能力和个性做了模糊的要求，并没有对其学历程度和专业背景以及工作经验做任何规定。东北地区的地方图书馆条例对县级以上的公共图书馆的管理人员的学历有了具体的规定，但完全没有涉及乡镇及村图书馆管理员的学历问题。俄罗斯远东地区则严格按照农村图书馆相关法规规定的工作人员学历背景要求选择馆员，如《农村文化机构（公共图书馆和文化休闲机构）服务的最低资源保障规范》要求"农村图书馆的专家岗位必须由具有图书馆学专业高等教育学历的人员担任"。远东地区的一些自治区中心图书馆的农村图书馆管理章程中则规定"农村图书馆员应具有中等或高等学历，不具备图书馆学专业学历的馆员应接受系统的图书馆专业培训"。对于农村图书馆员的培训和继续教育问题，我国东北和俄罗斯远东地区的部分法规和标准上都做了一些规定，但我国的规定表述较为含糊，如我国《中华人民共和国公共图书馆法》（征求意见稿）中规定："国家建立统一的图书馆专业人员岗位培训和继续教育制度，具体办法由国务院人力资源社会保障部门会同国务院文化主管部门制定"。《农家书屋工程建设管理暂行办法》第三十五条规定："新闻出版行政部门应定期对农家书屋管理员进行相关业务知识的培训，配发管理员手册，帮助他们提高管理能力。"而俄罗斯《最低资源保障规范》则明确要求："馆领导和专家至少在5年内接受1次培训"，远东地区《萨哈共和国新型农村图书馆建设条例》中规定"新型农村图书馆馆员至少每3年要接受1次培训"。

三、俄罗斯远东与我国东北地区农村图书馆员培训体系的比较研究

从农村图书馆员的培训主体来看，我国东北地区与俄罗斯远东地区相比较而

言不够明确，虽然名义上县（市）图书馆对乡镇图书馆及农村图书馆（室）在业务上具有指导的责任，但东北地区大部分县（市）图书馆的这一功能已经荒废。而县（市）图书馆对乡镇图书馆和农村图书馆的培训更是个别现象，因为目前来看东北地区县（市）图书馆的图书馆员极少具有图书馆专业学历背景。东北地区的县（市）图书馆员的培训机制、培训体系也还在摸索之中，大部分县（市）图书馆员没有继续教育制度的保障，自身专业水平亟待提高。俄罗斯远东地区农村图书馆员培训主体非常明确，常规性培训活动通常由各自治区中心图书馆培训部（中心）组织实施，除了各自治区中心图书馆培训部，各自治主体（州、边疆区、共和国）的公共图书馆或科技图书馆培训部以及俄罗斯联邦图书馆协会也会定期组织各类农村图书馆员培训活动。我国东北地区自从实施了农家书屋工程之后，农家书屋建设的实际组织实施者为各地新闻出版局，农家书屋与乡镇图书馆、县（市）图书馆不是同一个建设主体，农家书屋与后两者的关系比乡镇图书馆与县（市）图书馆之间的关系更为含混。如《农家书屋工程建设管理暂行办法》第三十五条规定的那样："新闻出版行政部门应定期对农家书屋管理员进行相关业务知识的培训，配发管理员手册，帮助他们提高管理能力"，所以农家书屋的培训业务从法规上来看应该由各地新闻出版局组织实施，而农家书屋的实际功能和性质更应该是"最基层的公共图书馆"，它的培训业务更应该是图书馆系统的行内之事，所以很多时候新闻出版局也是聘请图书馆专家或委托县(市)图书馆为农家书屋实施业务教育工作。从培训体系结构上来看，俄罗斯远东地区农村图书馆培训结构比我国东北地区更具多元性和系统性，其常规性培训形式就有四种：农村图书馆员学校、新任农村馆员学校、暑期农村图书馆员学校、培训日。而且这四种培训结构的性质是交叉互补的，"农村图书馆员学校"和"新任农村馆员学校"的培训周期较长，一般为1~2年，主要是对不同类型的农村图书馆员进行理论知识和实践技能的系统培训。"暑期农村图书馆员学校"和"培训日"是短期的培训班，"暑期农村图书馆员学校"注重农村馆员的休闲及不同图书馆馆员之间的交流和学习，"培训日"注重解决图书馆工作中遇到的新问题，具有即时充电的性质。我国东北地区的农家书屋和乡镇图书馆管理人员的培训具有不确定性，缺少常规性的培训机制和培训体系。根据课题组的了解，绝大多数农家书屋的管理员仅是在农家书屋建设初期接受过图书和书屋管理的短期培训，也有很多书屋管理员是在没有培训的情况下上岗的。他们没有掌握图书管理业务的相关知识和技能，凭着自己的经验对图书进行分类、管理和外借。如辽宁省盘锦市就是这种情况，2010年年底该市297个行政村全部建成了农家书屋，实现了农家书屋100%全覆盖，而管理员培训工作始于2011年[32]。

四、农村图书馆员培训形式和内容的比较

从培训方式上来看，我国东北地区乡镇图书馆员和农家书屋管理员接受的培训形式较为单一，俄罗斯远东地区农村馆员培训形式更具多样化和灵活性。我国东北地区农村图书馆员的培训工作缺少长远规划，不注重乡镇图书馆员和农家书屋管理员的专业知识和实践技能的长期持续提升。从农家书屋管理员的培训情况来看，农家书屋开馆培训（即首次培训）一般周期为4~7天，主要让书屋管理员能够胜任眼前的图书借阅登记管理、熟悉书屋和图书的管理制度、了解图书的分类和编号，主要是常规性的业务工作。而且对于绝大多数农家书屋管理员来讲，这样的培训活动最多只参加了一次，甚至有的图书管理员没有接受过任何培训。本课题组所调查的农家书屋中成立较早的已经有五六年的历史了，但是书屋管理员从没有接受过第二次培训。俄罗斯远东地区农村图书馆的培训形式如本书前面所述，更具多样性。从培训周期来看有一年的、两年的，也有几个月的、几天的培训或进修班，无论是短期班还是长期班，培训组织方都制订了详细的教学计划，让培训活动达到预期的目标。从培训的方式来看，俄罗斯远东地区也具有多样性、灵活性和互补性，如培训前的座谈和问卷调查、视频教学、研讨会、专业知识竞赛、课堂理论教学、游戏与实训、培训日等。从培训目标上来看，我国东北地区与俄罗斯远东地区也存在一定的差异，如前面我们提到，我国东北地区的农家书屋管理员培训主要着眼于眼前上岗和书屋尽快开门的需要。而俄罗斯远东地区的农村图书馆员培训的目标有两个：一是通过培训提升农村图书馆员自身的专业知识水平和业务能力，更好地发挥图书馆在农村社会中的多元性作用；二是通过培训让图书馆员掌握更多的图书馆工作的新知识和新技能，以此来促进图书馆员自身的发展。我国东北地区乡镇图书馆和农家书屋与俄罗斯远东地区农村图书馆在农村社会的功能定位不同，图书馆员自身的受教育程度和专业素养的差异，也导致了两地区农村图书馆管理人员的培训内容具有明显不同。我国东北地区农家书屋管理员培训班不但周期很短，而且培训课中还夹杂着大量冗余的内容，如“农家书屋的建设背景”“建设意义”“建设情况”“农家书屋工程是如何提出来的”。我们农家书屋功能定位的狭窄也决定了管理员培训内容的单一性。

从农家书屋培训班有价值的讲授内容来看，主要涉及对农家书屋图书、出版物的了解，对读者和书屋常规管理工作的认识。俄罗斯远东地区农村图书馆员的培训内容如前面所述，涉及的领域很广，既有系统讲授的理论课程，如《图书馆管理》《图书馆疗法》《农村大众活动组织》《地方志编撰》《图书馆法律基础》等，又有灵活多样的实践课程、经验交流研讨会和视频观摩课程，如《馆藏清查和排架》《图书馆宣传》《农村图书馆参考咨询工作》《图书馆工作计划与总结》等，也有针对具体问题域的研讨会，如《超期读者工作》《读者服务》等。由此来看，我国东北地区农家书屋管理员的职业培训内容设计和培训工作的组织还有很大的改造空间，也有很长的路要走。

五、馆员培训效果考核和评估机制的比较

从农村图书馆馆员或农家书屋管理员对培训课程和培训活动所讲授的知识的接受角度来看，我国东北地区农村图书馆员比较被动。笔者认为这里主要有三方面的原因：一是我国东北地区的乡镇图书馆和农家书屋的管理人员在培训之前较少或没有图书馆的专业知识储备，甚至没有基本的常识，如此培训班上所讲授的专业知识内容无法与自身已有的信息和知识储备建立必要的连接，这样听起课来就比较被动；二是我国东北地区的农村图书馆员，尤其是农家书屋管理员在培训之前基本没有任何农家书屋和图书管理的相应经验，因此对于培训班上所涉及的知识内容没有直观的感受，也无法正确认知哪些知识在农家书屋的哪些实际工作领域具有应用价值；三是我国东北地区农家书屋绝大多数管理员都是兼职，所以，对其工作的考核评价主要针对他们的“主业”，其收入也来自于“主业”，这份兼职工作没有劳动报酬，这样来看培训班上讲授的知识内容与他们的实际事业发展没有直接关系。俄罗斯远东地区农村图书馆员对于本自治区、州（边疆区），甚至是俄罗斯联邦层面的培训活动基本是主动参与的。由于参加这些培训班并不都能获得地方自治政权机构的财政支持，他们会争取各类图书馆基金、企业的赞助，甚至一些图书馆员会自己掏钱参加培训。之所以俄罗斯远东地区农村图书馆员对待专业继续教育与我国东北有这样大的反差，主要也有两方面的原因：一是如前面所述，远东地区的农村图书馆员很大一部分有图书馆学专业学历背景，绝大部分馆员都有为期不短的图书馆工作经验，他们有更新知识和补充知识的内在需求；二是远东地区农村图书馆员基本都是专职人员，他们的未来职业发展依赖于专业知识的储备和职业技能的提高。从培训的实际效果来看，由于上

述的主观和客观原因，两地区的农村图书馆员培训过程呈现出较大的差异。我国东北地区农村馆员培训工作比较重视前期的准备和策划，忽视对培训结果的评估和监管。大多数的评估仅仅针对培训内容，而对培训后管理员的工作效果变化、业务能力提高等方面缺乏及时有效的评价。对培训效果的监管不到位，对管理员在培训班上学习的内容的掌握程度缺乏有效的监管机制。课题组在调研过程中发现，一些参加过培训的管理员在培训之后没有把学到的知识运用到实际工作中，对于这部分学员来说，培训工作就成了一种形式。俄罗斯远东地区农村图书馆员培训效果要通过各种直接和间接方式进行检验。首先学员要通过培训班的结业考核，其次是各自治区中心图书馆的培训中心还要定期组织专家对学员和农村馆员的实际业务进行评价、考核。另外，自治区中心图书馆组织农村馆员参加各类农村图书馆职业竞赛也是对学员的另一种有效的检验方式。总体来看，我国东北地区农村图书馆员获得培训的机会少，培训形式单一，培训周期短，培训效果不够理想。众所周知，农村图书馆（书屋）管理员只有长期和不间断地积累图书馆理论知识和实践经验，才能根本改变自身的职业素养，提高职业知识水平，从而更好地发挥图书馆在农村社会的功能和作用。

第四节　结论与对策

通过对我国东北与俄罗斯远东地区农村图书馆人力资源状况的比较研究，可以看到，东北地区农村图书管理员的总人数远远高于俄罗斯远东地区，大致是俄罗斯的10倍，但从每位图书馆员服务的农村居民人数量来看，东北地区每位图书馆员服务1500人左右，俄远东地区近1000人。当然这不是本质的差别，两地区农村图书馆人力资源的本质差别是：俄罗斯远东地区绝大部分的农村图书馆员是专职工作人员，而我国东北地区的农村图书馆员绝大部分是兼职管理者。这一差异导致了两地区农村图书馆工作和服务质量的巨大差距。笔者认为，当前我国东北地区乡镇图书馆和农家书屋的管理员从兼职向专职过渡是农村图书馆事业发展过程中需要解决的一个核心问题。一个图书馆、一所书屋只有拥有一位能够把身心都投入到这个事业上的专职管理者，才能像俄罗斯远东地区农村图书馆那样实现自身在农村社会的文化功能、社会功能、政治功能、教育功能、间接的经济功能。笔者认为，解决农村图书馆（书屋）专职管理员问题的途径有四个：一是，村妇女主任可以转变身份为专职图书管理员，其薪水按妇女主任这个岗位发放，兼任村妇女主任。笔者认为在农家书屋这个平台上可以更好地做好妇女工作，其妇女工作效果则作为农家书屋管理员这个岗位的重要考核指标之一。二是，可以考虑将村小学非班主任的教师转为农家书屋的专职管理人员，其薪水来自于教师岗位，业绩考核则主要考察农家书屋管理员这个岗位的工作效果，但其任课效果也要作为重要考核指标之一。三是，有经济条件的村子可以物色一名文化水平较高、热心于村民服务的劳动能力较弱的村民，其薪资水平根据其农家书屋工作效果量化浮动。四是，近年来许多行政村配备了大学生村官，这些村官大多任村书记或村主任的助手，笔者认为，大学生村官更适合抓村里的文化工作，所以农家书屋管理员可以作为大学生村官的专职工作，兼任村书记（主任）助理，在农家书屋这个平台上更好地做好农村的社会、文化、农业技术和经济工作。

俄罗斯远东地区农村图书馆人力资源的法律保障体系比较健全。我国应该以《中华人民共和国公共图书馆法》立法为契机，争取将基层图书馆人力资源建设、馆员配置的要求和原则写入《公共图书馆法》。东北各省也应该及早出台本省的公共图书馆管理条例，并将乡镇和农村图书馆馆员配置机制写入条例。国家公共图书馆法和地方图书馆管理条例难于将农村图书馆的人力资源配置要求以具体的条款体现。所以，当今，当农家书屋在全国范围内已经基本按最初的设计的方案建设完毕的时候，乡镇图书馆和农家书屋的管理工作亟须一部专门的建设与管理标准出台，规范农村图书馆馆员的配置比例和学历程度。另外，东北地区各县（市）的经济条件和村民受教育程度都不尽相同，甚至会有很大差异，如沿渤海地区经济发达的县（市）、资源丰富的较为富裕县（市）与偏远、贫困地区的农村图书馆的人力资源配置水平和要求都会产生差异。所以，在正式图书馆法规难于短时间内出台的情况下，东北地区各县（市）可以对本区域的乡镇图书馆和农家书屋及其管理员的学历、年龄、书屋工作的工龄等状况进行调查统计，结合各县（市）自身的财政状况制定适合本地区的农村图书馆建设与管理办法或条例，详细设定乡镇图书馆和农家书屋对管理员的学历要求、配置标准，此外，还要考虑将农村图书馆员的薪资标准、薪资的来源渠道、馆员的培训机制和培训要求写入县（市）农村图书馆管理办法。目前来看，农家书屋仍然是比较特殊的图书馆类型，它是由原来的新闻出版总署牵头，联合其他部委组织创办的，但其实际运作方式类似于基层公共图书馆，所以从中央到地方的法规对其性质的最终定位也是解决人力资源问题的关键一步。

我国东北地区与俄罗斯远东地区农村图书馆（书屋）工作者的另一大差异就是学历水平和专业背景问题。我国东北地区农村图书馆员无论是学历程度还是专业程度都远逊于俄罗斯远东地区。在学历程度上，我国东北地区农家书屋管理员学历水平较高的就是高中毕业生，具有大专以上文凭的管理员极为罕见，而俄罗斯远东地区农村图书馆具有大学学历的馆员占20%以上。此外，从专业水平上来看，我国东北地区农家书屋和乡镇图书馆管理员没有具有图书馆学专业学历的，而俄罗斯远东地区农村图书馆员具有图书馆学中等专业学历的馆员占总数的55.9%。目前来看，东北地区开设图书馆学专业的高校数量较少，只有黑龙江大学、东北师范大学和吉林大学三所高校，而且招生数量也很少，该专业毕业生一般不会选择到县里或农村地区就业。笔者认为，长远来看，为了东北地区基层图书馆事业，包括农村图书馆事业的长期发展，应该在高职高专院校开展图书馆学中专和大专学历教育，并面向农村具有高中学历的人群招生或定向培养。另外，农家书屋工程实施之初对书屋管理员组织的培训周期较短，涉及的专业知识不全面、不深入。笔者认为，可以利用黑龙江大学、吉林大学和东北师范大学的师资资源和教学平台，分别为东北各省的农村图书馆员培训工作制订系统的教学计划，并开展周期较长的培训，可以开办如寒暑假的函授班、为期一学期的脱产培训班。由于我国东北地区的农村图书馆管理员较多，而且学历程度不同，可以根据情况分批分期进行培训，如从事农村图书馆或农家书屋管理工作4年以上且具有高中学历的馆员可以组织函授学习、具有中专和大专以上学历的馆员可以组织脱产培训等。

当前来看，与俄罗斯远东地区相比，我国东北地区农村图书馆员的培训体系还很不健全，培训形式比较单一。我国东北地区乡镇图书馆员接受培训的机会较少，即使是县级图书馆馆员也难于获得较为系统的职业培训机会。大部分农家书屋管理员也仅接受过农家书屋建成后的短期（4~7天）岗前培训，对图书馆知识一知半解。笔者认为，针对当前乡镇图书馆员和农家书屋管理员的业务经验、图书馆知识水平，差别性地设计多元化的培训机制是农村图书馆员职业水平整体提高的基础。对于那些学历较高（中专和大专学历以上）、具有多年乡镇图书馆和农家书屋工作经验的管理员应该实施周期较长的函授教育或脱产教育，针对这类教育形式需要省级文化行政管理部门与相关高校协调设计农村图书馆员的培训选拔机制。对于具有高中学历且接受能力较强、农家书屋工作工龄较长的农村图书馆（书屋）管理员实施周期短（1~2周）频次高的短期教育，这项教育可以与县图书馆馆员的培训结合起来，利用共同的师资资源完成培训工作。对于学历较低、具有初中学历的农家书屋管理员实施义务教育，即省或县（市）文化行政管理部门可以考虑与本省或邻省大学图书馆学专业建立联系，吸引图书馆学专业的高年级学生或研究生到各县（市）实习，每年1~2次为这部分农村图书馆员进行短期培训。培训过程要根据课程内容采取多样化的教学方式和教学手段，如研讨、视频、竞赛、实训等方式。当然，无论是短期培训还是长期的专业教育都要在认真研究培训对象的学历、工作经验的基础上，制订系统、科学的教学计划，让每一类学员在相应的培训层次上学会图书馆理论和实践知识。另外，对农村图书馆员的培训内容也要进行差异化设计，如对于接受函授和脱产教育的农村图书馆员要注重图书馆学知识的系统性，要理论水平和实践能力并重。对于短期培训班的学员要注重实践能力的提高。对于农村图书馆员整体来讲，职业道德和农村图书馆工作的社会价值认知则是必修课。另外，长期来看，有必要针对农村图书馆员的职业培训和继续教育工作编写系列理论、实践教程，让农村图书馆员培训工作走向正规化和常态化。

通过对俄罗斯远东与我国东北地区农村图书馆员培训效果的比较分析，我们看到，由于我国东北地区的农村图书馆员培训工作更注重培训活动的筹备和组织工作，缺少对农村馆员培训实际效果的跟踪调查，许多培训活动的实际效果不佳。我们认为，要想使农村图书馆培训工作产生好的预期效果，首先要做的是对乡镇图书馆和农家书屋的功能、工作内容进行详细定位（详见第三章）。农村图书馆的功能定位清晰具体，管理员的职责和工作内容明确，才能有针对性地设计图书馆员的培训课程体系和课程内容，每位接受培训的图书馆员才能在培训活动中获益，才能提升乡镇图书馆和农家书屋的社会价值。其次，要借鉴俄罗斯远东地区对农村图书馆员培训效果的考核经验，采取灵活多样的考核方式来检验学员的学习效果。如针对长期培训班的学员，可以考虑采用“笔试+实践”理论、实践并重的考核方式。可以针对每期培训班的所有课程出一份综合的笔试考卷来检验学员的图书馆理论学习效果，另外，可以针对每门课程分别以图书馆工作实践的形式来考核学员的实际工作能力。以“图书采访工作”为例，可以给学员指定一个具体的农家书屋，让他对该书屋的馆藏进行分析、设计，并列出需要补充的书目；以“农村弱势群体的阅读工作”为实践题目，可以让学员针对某一具体村庄，让其全面统计该村的留守儿童、老人、妇女、残疾人的信息，并制订这类人群的阅读工作计划；等等。也可以像俄罗斯远东地区那样，通过职业竞赛的方式来考察学员的学习效果。对农村图书馆工作的定期考核评估也十分重要，它既是对全体图书馆员工作效果的考察，也是对接受过培训的馆员的培训效果的实际检验。在课题组调查的范围内，东北地区实施农家书屋工程以来，还没有开展过农家书屋管理员考核评估工作。笔者认为，在对农村图书馆工作进行详细定位后，可以制定乡镇图书馆和农家书屋管理员工作的具体考核标准和考核办法，定期对农村图书馆工作进行考评。这样，一方面可以强化农村图书馆工作；另一方面可以帮助农村图书馆馆员认识到自身专业知识和实践技能的不足，同时增强图书馆员的培训动力，提高馆员学习的自觉性。

参考文献

[1]Общедоступные библиотеки Российской Федерации в цифрах. 2001 год/ГИВЦ[M].- M., 2002：41.

[2]Общедоступные библиотеки Российской Федерации в цифрах. 2009 год / ГИВЦ[M]. – M.， 2010：67.

[3]Бурцева Н В. Кадровый состав муниципальных библиотек Удмуртской Республики: проблемы итенденции развития[J].Информационный бюллетень РБА， 2008（47）：69-71.

[4]Буничева Л Ф， Кадры ЦБС. Повышение квалификации кадров [С]//нализдеятельности ЦБС Нижегородской области. – Н. Новгород， 2008：70-73.

[5]Ежегодный доклад о деятельности государственных и муниципальных библиотек Кемеровской области: 2006 год[С]//Кемерово， 2007. – Приложения， с. 6.

[6]Высоцкая Е К. Современная динамика развития кадров муниципальных библиотек РоссийскойФедерации[J].Библиотечное дело – XXI век : науч.- практич. сб. – M.， 2006：162-177.

[7]Повышение квалификации и профессиональное развитие библиотечных кадров Карелии в 2010 году[EB/OL]. [2012-11-12] http://library.karelia.ru/library/files/editor/files/bibl_kadry2010.doc.

[8]Программа Первой летней школы сельских библиотекарей Республики Карелия[EB/OL]. [2012-11-16]http://libraries.karelia.ru/files/skola_selsk_bibl_programma.doc.

[9]Профессиональные встречи: Третья Летняя школа сельских библиотекарей Республики Карелия[EB/OL]. [2012-11-16]http://library.karelia.ru/actions/3letnjaja_skola.html.

[10]Программа организации повышения квалификации работников сельских библиотек

бласти на 2012—2014. [EB/OL] [2012-11-18] http://www.nklibrary.kz/upload/userfiles/6/sels-kaa-biblioteka.pdf.

[11]Хабибуллина Т В. Самообразование как средствоповышения эффективности профессиональной деятельности[J].кольная библиотека，2009(1):43-52.

[12]Методическое обеспечение деятельности сельских библиотек за IV квартал 2011 года[EB/OL]. [2012-11-18].http://gov.cap.ru/hierarhy.asp?page=./5027/42399/631392/631393/1010621/1174709.

[13]Справочник сельских библиотекарей[EB/OL]. [2012-11-18]http://www.akunb.altlib.ru/files/electr/ssb.pdf.

[14]Нормативы минимального ресурсного обеспечения услуг сельских учреждений культуры (общедоступных библиотек и культурно-досуговых учреждений) [EB/OL]. [2012-11-18] http://www.nbdrx.ru/chit/nmo/doc/nmo10_5.doc.

[15]Положение о проведении областного смотра - конкурса среди специалистов сельских библиотек[EB/OL]. [2012-11-20] http://prof.lib.tomsk.ru/page/30/.

[16]Библиотечные кадры. 2005-2009 гг[C] // Общедоступные библиотеки Хабаровского края в 2005-2009 годах: аналитико- стат. обзор.- Хабаровск: РИО ДВГНБ， 2010.

[17]Ратавнина М А.Концепция дополнительного профессионального библиотечного образования в Хабаровском крае[C]//Непрерывное образование сельских библиотекарей: состояние，проблемы и опыт.Хабаровск，2011.

[18]Сукиасян Э Р. Гипотетическая модель структуры библиотечного образования[J]. Научныетехнические библиотеки，2008(11):25，26.

[19]Буничева Л Ф Кадры ЦБС. Повышение квалификации кадров /Л. Буничева[c] // Анализ деятельности ЦБС Хабаровского края.-Н. Новгород， 2008.-С. 70-73.

[20]Дорохова Н Г ， Мохосоева Н А. Учиться， развиваться， созидать (опыт работы Ванинской ЦБС Хабаровского края) [C]//Непрерывное образование сельских библиотекарей:состояние，проблемы и опыт.Хабаровск，2011:24-27.

[21]Виноградова Т В. Роль методической службы в углублении профессиональных знаний и развитиитворческих способностей библиотекарей[C]//Библиотеки Прикамья в 2006 году : обзор деятельности. Пермь， 2007: 94 – 99.

[22]Ванеев А Н.Справочник библиотекаря [c]// Науч. Ред.В.А.Минкина.-3-е изд.， перераб. и доп. -Спб.: Профессия， 2010.-496 с.

[23]Дидковская О П. Вместе работаем-вместе учимся (опыт работы Верхнебуреинской ЦБС Хабаровского края) [C]//Непрерывное образование сельских библиотекарей:состояние，проблемы и опыт.Хабаровск，2011.

[24]Ролдугина Л Г. Повышение квалификации сельских библиотекарей (опыт работыим. Лазоской ЦБС Хабаровского края) [С]//Непрерывное образование сельских библиотекарей:состояние，проблемы и опыт.Хабаровск，2011.

[25]Збаровская Н В. Деловые игры для занятий библиотечных специалистов : сб[J]. метод. Материалов.Москва， 2005:8.

[26]Ролдугина Л Г. Повышение квалификации сельских библиотекарей (опыт работы Советско- Гаванской ЦБС Хабаровского края) [С]//Непрерывное образование сельских библиотекарей:состояние，проблемы и опыт.Хабаровск，2011:43-48.

[27]Хабибуллина Т В. Самообразование как средство повышения эффективно сти профессиональнойдеятельности[J]. Школьная библиотека， 2009(1):43-52.

[28]Высоцкая Е К. Роль профессиональной периодики в самообразовании библиотекарей [С]//.Непрерывное образование сельских библиотекарей: состояние，проблемы и опыт. Хабаровск，2011:56.

[29]Гришина С И. Чтобы не отстать (повышение квалификации библиотечных специалистов сельских филиалов в смешанной системе) [С]//Непрерывное образование сельских библиотекарей:состояние，проблемы и опыт.Хабаровск，2011:87.

[30]Виноградова Т В. Молодые в библиотечном деле. Чем их привлечь и как удержать.[J] Библиотечное дело，2008(22):20-22.

[31]Краюшкина Н А. Кадры библиотек: непрерывное образование， повышение квалификации и развитие персонала [С]// Библиотечная жизнь Хабаровцы : информ. сб. Вып. 1.Хабаровск， 2009:28-33.

[32]李海春，王娜. 农家书屋管理员培训工作现状与对策分析——以盘锦农家书屋建设情况为例[J].图书馆界，2012（6）:87-88，94.

第六章　俄罗斯远东与我国东北地区农村读者状况及阅读特征的比较分析（以阿穆尔州和黑龙江省为例）

研究目的

（1）通过对阿穆尔州和黑龙江省农村读者和非读者的年龄、学历、职业情况进行比较分析，发现两地读者和非读者的内在特征；通过对阿穆尔州和黑龙江省不同年龄段的读者读书看报的原因进行比较分析，总结两地区读者读书看报的动因及特征；通过对阿穆尔州和黑龙江的不同年龄段非读者不读书看报的原因进行比较分析，找出两地不读书群体的特征；对黑龙江省和阿穆尔州农村读者的阅读出版物类型情况进行比较分析，找出不同年龄段农村读者阅读出版物类型的特征；通过阿穆尔州和黑龙江省农村读者阅读书报刊频率的比较，找到黑龙江省农村读者阅读频率的特点及问题；通过对黑龙江省和阿穆尔州农村居民阅读目的及阅读读物种类进行对比研究，分析两地农村居民的阅读规律及阅读读物的种类特点。

（2）针对上述几个方面的问题，提出对我国东北地区农村读者状况和阅读状况进行改进的对策。

研究方法

（1）问卷调查法：通过对俄罗斯远东地区阿穆尔州的布拉戈维申斯克区、伊万诺夫卡区、扎维京斯克区和斯沃博德内区的10个村的600位农村居民和我国黑龙江省哈尔滨市、双城市、北安市和宁安县的10个村的600位农村居民的问卷调查，获得两地区农村居民读者状况和阅读情况的第一手资料。

（2）分类研究法：通过按年龄、职业、学历对阿穆尔州和黑龙江的读者、非读者进行分类研究，以更客观和细化的视角来发现黑龙江农村居民的读者、非读者的特征及农村阅读存在的问题。

（3）比较分析法：用比较分析的方法对阿穆尔州和黑龙江省农村的读者和非读者状况、读者读书看报的原因、不读书看报的原因、农村读者阅读出版物的类型、农村读者阅读书报刊频率、农村居民阅读目的及阅读的读物种类进行对比研究，从细分的角度，找到两地读者特征和阅读特征。

问卷调查说明：

2010年6月至2012年3月，课题组对我国东北地区和俄罗斯远东地区（委托俄罗斯在华留学生）的农村居民组织了读者状况和阅读状况的问卷调查。由于东北地区和俄罗斯远东地区面积辽阔，村庄和人口众多，课题组没有足够的时间和人力开展全面的调查，特别是对俄罗斯远东地区的全面调研更为艰难。基于此，课题组选取了我国东北的黑龙江省和俄罗斯远东地区的阿穆尔州分别作为两地区的代表，对其农村居民开展了读者状况和阅读状况问卷调查，并以两类调研数据为基础，对阿穆尔州与黑龙江省农村读者及阅读状况进行比较分析。2010年6月—7月，课题组向哈尔滨市道里区新发镇的五一村、成高子镇的新成村、双城市新兴乡新胜村和新华村，黑河市北安市的二井镇二井村、城郊乡的工农村、通北镇的飞跃村，牡丹江市宁安县的卧龙乡卧龙村、石岩镇平安村、江南乡的江南村共10个村子的农村居民发放了600份调查问卷，回收问卷568份，其中有5份问卷对问题的回答相互矛盾，有效问卷为563份，问卷有效率93.8%。调查问卷的发放方式是随机发放，但尽量避免问卷过于集中在某一个年龄段的农村居民。2011年6月—7月和2011年12月—2012年3月，课题组委托在华俄罗斯留学生开展对阿穆尔州的几个自治区的农村居民开展问卷调查，其中包括布拉戈维申斯克区（Благовещенский район）的格利勃村（Грибское）、沃尔科夫村（Волковское）、格罗杰科夫村（Гродековское）、马尔科夫村（Марковское），伊万诺夫卡区（Ивановский район），扎维京斯克区（Завитинский район）的安东诺夫村（Антоновское）、鲍尔迪列夫村（Болдыревское）、库普利亚诺夫村（Куприяновское），区斯沃博德内区（Свободненский район）的德米特里耶夫村（Дмитриевское）、科斯秋科夫村（Костюковское）、库尔干村（Курганское）4个区的10个村发放了600份调查问卷，回收问卷582份，问卷有效率97%。

第一节　阿穆尔州与黑龙江省读者[①]情况比较分析

调查问卷数据统计显示，黑龙江省回收的563份有效问卷中，有123人有读书看报的习惯或经历，占被调查者的21.8%，暂时把这类群体称为读者。在阿穆

①课业以外阅读的大中小学生是我们所指的“读者”。

尔州10个村子随机发放回收的582份问卷中，统计结果显示，是本村图书馆登记在册读者的人数达到325人，占被调查者的55.8%。为了分析阿穆尔州和黑龙江省农村居民、读者的各项信息，以求在宏观层面理出两地区农村居民阅读习惯的成因和规律。笔者按照调查选项中的年龄、学历、职业等信息对两地读者的情况进行了比较分析。

一、阿穆尔州和黑龙江省农村读者的年龄情况分析

笔者对阿穆尔州所调查的10个村的图书馆登记读者（325人）和黑龙江省10个村有阅读习惯的读者（123人）按“15岁以下”“15~22岁”“23~40岁”“40~60岁”及“60岁以上”五个年龄段进行了统计分析。统计结果和两地区读者年龄特征如图6-1和图6-2所示。

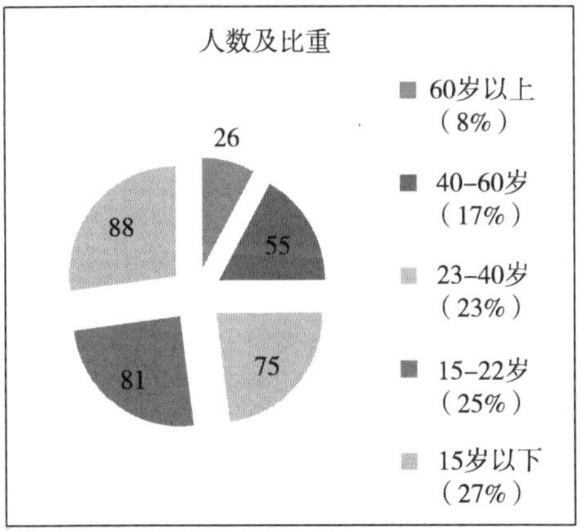

图6-1　阿穆尔州农村读者年龄统计

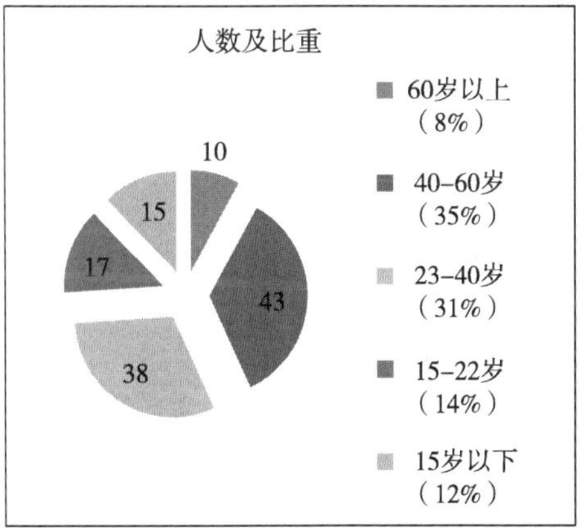

图6-2　黑龙江省农村读者年龄统计

通过对图6-1与图6-2进行比较不难发现，阿穆尔州人数最多的是“15岁以下”年龄段的读者。问卷统计数据显示，在阿穆尔州所调查的325位读者中有88人是该年龄段的，占读者总数的27%。而黑龙江省15岁以下读者的数量在所调查的所有年龄段的读者中是非常少的，只有15人，仅占12.2%，是阿穆尔州该年龄段人数的1/6。另外，调查数据的统计结果显示，黑龙江省农村读者的人数主要集中在“23~40岁”和“40~60岁”两个年龄段，这两个年龄段的读者数量分别是38人和43人，占被调查总人数的30.9%和35%。图6-1显示，阿穆尔州“15~22岁”“23~40岁”和“40~60岁”这三个年龄段的读者数量较为均衡，分别占被调查总人数的24.9%、23.1%和16.9%。总体上，阿穆尔州各年龄段的读者数

量是呈从低年龄段到高年龄段依次递减的趋势，如图6-1所示；而黑龙江省60岁以下的各年龄段的读者数量则是随着年龄段的降低呈阶梯式递减的趋势，如图6-2所示。

二、阿穆尔州和黑龙江省农村读者的学历情况分析

调研组将阿穆尔州和黑龙江省的调查问卷分别设计了“研究生、本科、大中专、中学和小学以下”和“本科以上、大中专、高中、初中和小学以下”几个学历层次选项。这里需要说明，中俄两国的学制差异较大，如俄罗斯的中小学教育分为三个阶段：1~4年为初等教育，5~9年为不完全中等教育，10~11年为完全中等教育，可以大致视为是与我国的小学、初中和高中对等的学制。由于俄罗斯通常都能读完完全中等教育，所以在图6-3内，笔者只列了“中学”一档。另外，由于黑龙江省农村居民具有本科及以上学历的人数极少，所以在黑龙江的问卷中只设置了“本科以上”一栏，没有将其细分为“本科”和“研究生”（见图6-4）。

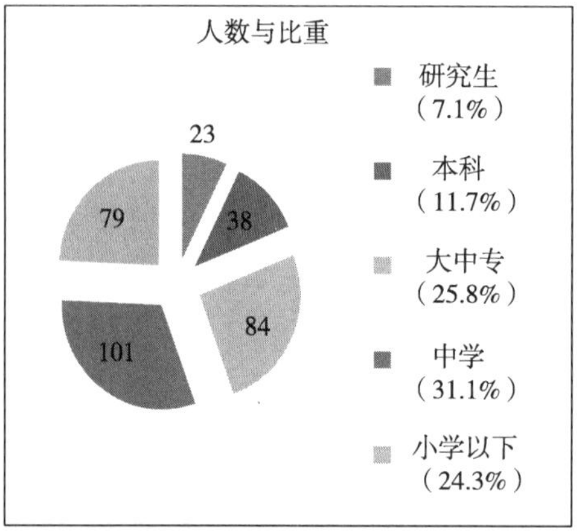

图6-3 阿穆尔州农村读者学历统计图

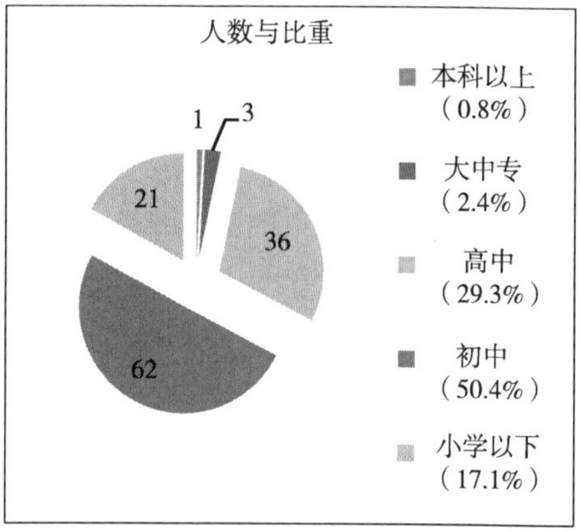

图6-4 黑龙江省农村读者学历统计图

通过图6-3、图6-4可以看出黑龙江省和阿穆尔州的农村读者中比重最大的是中学读者，但是统计数据显示，黑龙江省具有初中和高中学历的读者占到所有被调查读者总数的79.7%，共有98人，而阿穆尔州农村读者具有中学（初高中）学历的只有101人，占所调查总人数的31.1%，比黑龙江省低48%。黑龙江省和阿穆尔州农村读者中具有大中专以上学历的数量也显示出极大的差异。统计数据显示，阿穆尔州的大中专以上学历的农村读者共计145人，占被调查总人数的44.6%，是具有中学学历读者的1.4倍；而黑龙江省具有大专以上学历的读者一共

只有4人，仅占调查总人数的3.3%，其所占比重是阿穆尔州的1/14左右。另外阿穆尔州具有大中专学历的农村读者数量共有84人，是黑龙江省该学历段的农村读者的28倍，并且接近黑龙江省具有初高中学历的农村读者总人数（98人）。本科及以上学历段，所调查的黑龙江省农村读者中只有1人，仅占读者总人数的0.8%，而阿穆尔州这一学历段的读者数量则达到了38人，占所调查读者总数的11.7%。阿穆尔州具有研究生学历的农村读者达到了23人，占总人数的7.1%，黑龙江省的被调查者中则没有这一学历层次的读者。

三、阿穆尔州和黑龙江省农村读者的职业情况分析

笔者对黑龙江省和阿穆尔州的农村读者的职业进行了统计分析。黑龙江省有阅读习惯的被调查者（123人）中主要分为这样几种职业类型：农民、教师、中小学生、工人、村干部、经商者、退休人员。阿穆尔州与黑龙江省的读者类型大致相同，只是比黑龙江省多了“军人”一类。另外，关于农村职业的概念，黑龙江省与阿穆尔州存在差异，这里需要解释说明，如“村干部”，在黑龙江省仍然是农民的身份，而阿穆尔州的“村干部”则属于政府工作人员；“教师”这一概念也需要解释说明，阿穆尔州的“教师”也包括中等专业学校教师，在较大的村子中，也有开设中等专业学校的情况，而黑龙江省则主要是指中小学教师。详细情况如图6-5和图6-6所示。

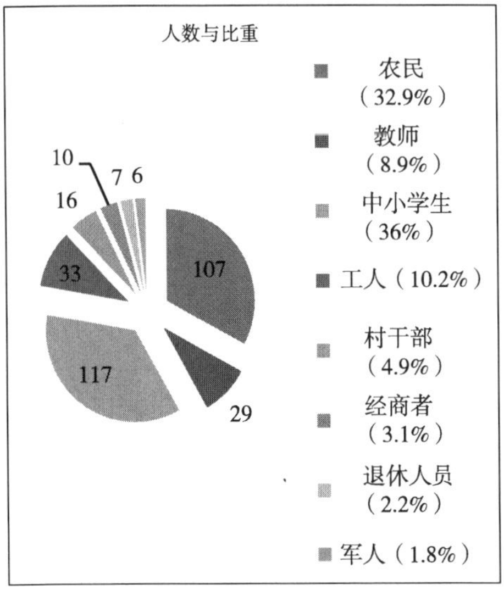

图6-5　阿穆尔州农村读者职业统计图图

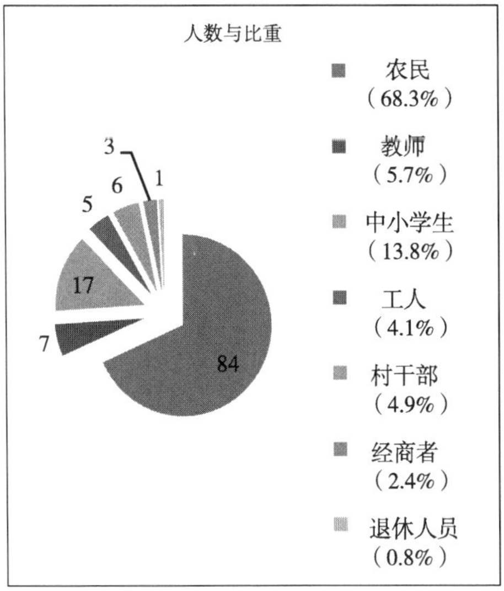

6-6　黑龙江省农村读者职业统计图

由图6-5可以看出，阿穆尔州农村读者中中小学生和农民是主流，分别占全部读者（325人）的36%和32.9%，并且中小学生的数量高出了农民近3%。黑龙江省农村读者中的主流职业人群与阿穆尔州既有相同之处，又有明显的区别。相同之处是黑龙江省的农民也是主流读者，但其占农村读者所有职业类型的比重却远高于阿穆尔州，达到68.3%，比重几乎是后者的2倍。与阿穆尔州的区别是：黑龙江省占第二大比重的“中小学生”读者数量远远低于“农民”读者，仅是其1/5。阿穆尔州农村读者第二梯队是“工人”和“教师”群体，分别占到农村读者总数的10.2%和8.9%，达到33人和29人，而黑龙江省的这两个读者群体所占的比重则相对较少，分别是4.7%和5.7%。阿穆尔州“军人”这一类读者群包括现役军人和第二次世界大战的老兵，但这一群体的人数是所有类型读者中最少的，一共有6人，而老兵则只有1人，黑龙江省则没有这一读者群。

第二节　阿穆尔州与黑龙江省农村居民读书看报的原因比较分析

为了弄清黑龙江省和阿穆尔州这部分农村居民读书看报的原因，调查组在调查问卷上设置了“您读书看报的原因”一栏，其中主要有以下几个选项：“休闲娱乐”“了解新闻时事”“农业生产需要”“工作需要”“提高文化水平”“养殖需要”“其他”。笔者对这些数据按照三个年龄段“23岁以下”（青少年）、“23~60岁”（青壮年）和“60岁以上”（老年）进行了统计分析，以期找到各年龄段农村读者阅读的内在规律。详细数据见表6-1、表6-2、表6-3。

一、黑龙江省和阿穆尔州“23岁以下”年龄段读者阅读原因的比较分析

黑龙江省和阿穆尔州被问卷调查的农村居民中“23岁以下”年龄段读书看报的居民人数分别是32人和169人，其不读书看报的原因统计数据详细参见表6-1。

通过表6-1可以看出，黑龙江省和阿穆尔州“23岁以下”年龄段读者阅读的最主要原因都是“休闲娱乐”，两地选择这一选项的人数比例也大致相当，分别是81.3%和85.8%。这一年龄段阅读的第二大原因也是相同的，都是“了解新闻时事”，但阿穆尔州的人数比例比黑龙江省要低17%，这说明黑龙江这一年龄段的读者阅读报刊的人数较多，而且他们较为关心国家、社会时事。两地此年龄段

读者阅读的第三个原因较为不同，黑龙江省是“提高文化水平”，而阿穆尔州这一项则仅为13.6%，笔者认为，产生这样差异的主要原因是黑龙江省的这个年龄段的读者文化水平比阿穆尔州相对要低。阿穆尔州此年龄段读者阅读的第四个原因是“工作需要”，有24.3%的人选择了这一选项，而黑龙江省则为0%。笔者认为产生这样剧烈反差主要有两个原因：一是黑龙江省农村地区的工厂企业极为稀少；二是许多这一年龄段的年轻人都到外省、市区打工，没有参与问卷调查，而留下来的基本都在务农。

表6-1 黑龙江省和阿穆尔州“23岁以下”农村读者阅读书报刊原因统计

阅读的原因	黑龙江省		阿穆尔州	
	人次	所占比例	人次	所占比例
休闲娱乐	26	81.3%	145	85.8%
了解新闻时事	18	56.3%	67	39.6%
农业生产需要	1	3.1%	7	4.1%
工作需要	0	0%	41	24.3%
提高文化水平	11	34.4%	23	13.6%
养殖需要	2	6.3%	0	0%
其他	1	3.1%	6	3.6%

二、黑龙江省和阿穆尔州“23~60岁”年龄段读者阅读原因的比较分析

黑龙江省和阿穆尔州被问卷调查的农村居民中“23~60岁”年龄段读书看报的居民人数分别是81人和130人，其读书看报的原因统计数据详细参见表6-2。

表6-2 黑龙江省和阿穆尔州“23~60岁”农村读者阅读书报刊原因统计

阅读的原因	黑龙江省		阿穆尔州	
	人次	所占比例	人次	所占比例
休闲娱乐	35	43.2%	98	75.4%
了解新闻时事	45	55.6%	34	26.2%
农业生产需要	23	28.4%	8	6.2%
工作需要	2	2.5%	57	43.8%
提高文化水平	6	7.4%	24	18.5%
养殖需要	7	8.6%	2	1.5%
其他	3	3.7%	13	1%

通过表6-2不难发现，黑龙江省“23~60岁”年龄段读者阅读的主导原因仍然是“休闲娱乐”和“了解新闻时事”，但“了解新闻时事”成为最主要的原因，其人数比例与“23岁以下”年龄段的人数大致相当，比阿穆尔州高了近30%，这一数据再一次说明了阿穆尔州的农村居民较之黑龙江省对于社会、国家的时事要闻关注度较低，生活更加自我。黑龙江省选择“休闲娱乐”这一原因的人数比例明显下降，比阿穆尔州低了32%。笔者认为，这里面有两个原因：一是黑龙江省这一年龄段的农村居民生活压力逐渐增大，阅读成为较为奢侈的娱乐方式；二是由于文化水平所限，这一年龄段的农村居民无法在阅读中寻找到乐趣。阿穆尔州的农村居民整体文化层次较高，他们能够在阅读中找到精神寄托，并愉悦身心。另外，由表6-2可见，黑龙江省选择“农业生产需要”的人数比例明显上升，而阿穆尔州选择“工作需要”的人数则上升到43.8%，跃居到主导原因的第二位，这一数据的变化说明两地这一年龄段农村居民的阅读行为受现实生产需要的影响较大。

三、黑龙江省和阿穆尔州“60岁以上”年龄段读者阅读原因的比较分析

黑龙江省和阿穆尔州被问卷调查的农村居民中“60岁以上”年龄段读书看报的居民人数分别是10人和26人，其不读书看报的原因统计数据详细参见表6-3。

表6-3　黑龙江省和阿穆尔州“60岁以上”农村读者阅读书报刊原因统计

阅读的原因	黑龙江省		130阿穆尔州	
	人次	所占比例	人次	所占比例
休闲娱乐	6	60%	25	96.2%
了解新闻时事	7	70%	5	19.2%
农业生产需要	0	0%	0	0%
工作需要	0	0%	0	0%
提高文化水平	0	0%	0	0%
养殖需要	0	0%	0	0%
其他	0	0%	0	0%

通过表6-3，可以明显看出，黑龙江省和阿穆尔州“60岁以上”年龄段的农村读者阅读的原因都趋向单一化，“休闲娱乐”和“了解新闻时事”成为两地区这一年龄段居民阅读的主要原因也是全部原因。两地区的阅读动因差别是，黑龙江省这一年龄段的读者仍然较为关注社会时事，而阿穆尔州的读者则更为重视阅

读给个人生活带来了乐趣，该州选择以“休闲娱乐”为阅读原因的人数达到了96.2%。

第三节　阿穆尔州与黑龙江省“不读书不看报”村民情况比较分析

在黑龙江省和阿穆尔州被调查的20个行政村中，也存在着大量的“既不读书也不看报”的村民，尤其是黑龙江省，这一群体的人数较大，比重较高。笔者对黑龙江省回收的563份有效问卷进行统计分析发现，“既不读书也不看报”的村民达到440人，占被调查总人数的78.4%。阿穆尔州的情况比黑龙江省好了许多，经统计，该州的582份有效调查问卷中有257位这样的村民，其比例占被调查人数的44.2%，是黑龙江省的2/3。为了有效分析黑龙江省和阿穆尔州这批村民的特征，笔者同样从年龄、学历、职业等情况进行了研究，为后面分析这些村民没有形成阅读习惯的原因奠定基础。

一、黑龙江省与阿穆尔州“非读者”的年龄情况比较分析

为了分析、了解黑龙江省和阿穆尔州农村“既不读书也不看报”（以下简称“非读者”）的居民的年龄特征，笔者将这类人群按“15岁以下”“16~22岁”“23~40岁”“41~60岁”和“60岁以上”五个年龄段对其人数和所占比重进行了比较分析。详细情况如图6-7和图6-8所示。

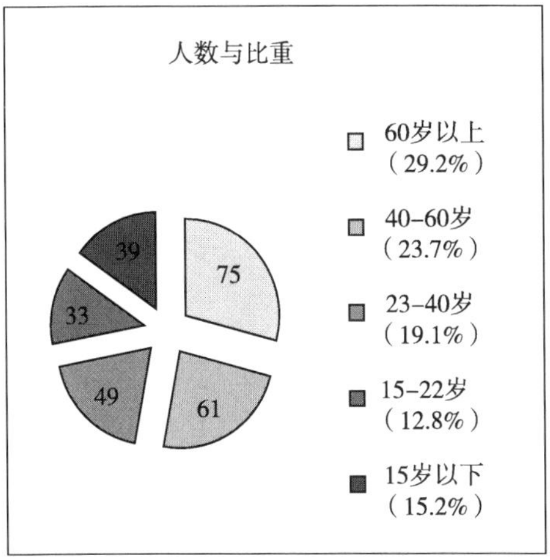

图6-7　阿穆尔州“非读者”年龄统计

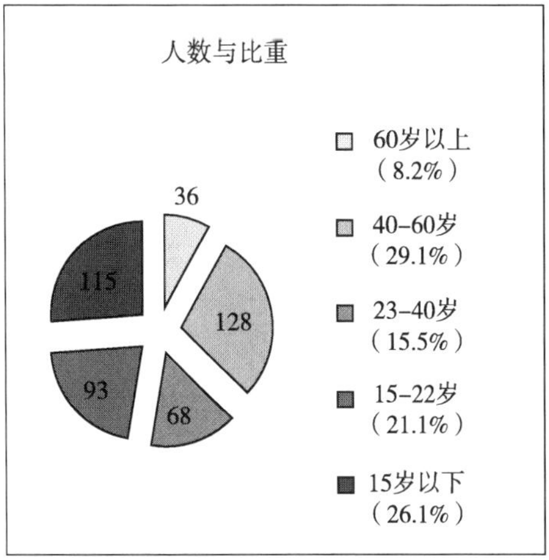

图6-8　黑龙江省“非读者”年龄统计

通过图6–7和图6–8可以看出，阿穆尔州不读书不看报人数最多的年龄段是60岁以上的群体，而黑龙江省则是“40~60岁”年龄段的青壮年群体，黑龙江这一群体的读者达到了128人，是阿穆尔州该年龄段人数的2.1倍。黑龙江省与“40~60岁”这一群体人数相当的是“15岁以下”年龄段的农村居民，达到了115人，占“非读者”群体的26.1%，是不读书不看报的主流人群。阿穆尔州的“15岁以下”的人数和比重与黑龙江省明显不同，一共只有39人，其人数仅高于“15~22岁”年龄段的人群，是黑龙江省该年龄段“非读者”数量的1/3。图6–7和图6–8显示，阿穆尔州“非读者”的数量随着年龄段的下降呈明显降低的趋势，而黑龙江省则整体呈现与阿穆尔州相反的趋势，即随着年龄段的降低人数呈上升的趋势。

二、黑龙江省与阿穆尔州“非读者”的学历情况比较分析

为了深入探索农村居民阅读习惯的形成与居民的学历状况之间的关系，及黑龙江省与阿穆尔州在该项关系上的差异，调查问卷将黑龙江省和阿穆尔州的“非读者”群体按照学历状况分成“小学以下”“中学”“高中”“大中专”“本科”“研究生”六大类进行问卷调查，其中“研究生”一项在黑龙江省的学历统计图上将不体现，因为在该省被调查的农村居民中没有这一群体。详细情况如图6–9和图6–10所示。

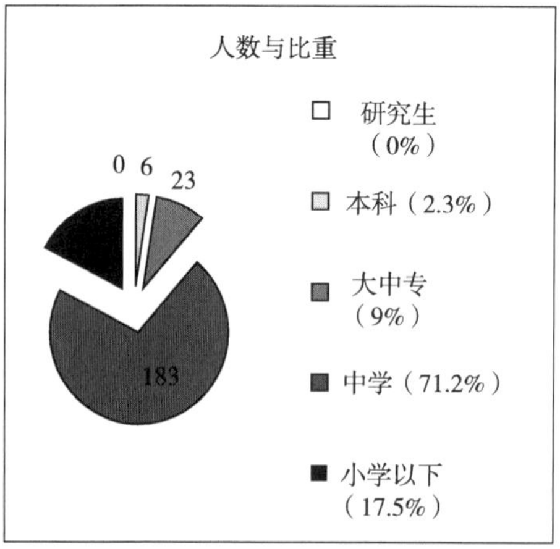

图6-9　黑龙江省“非读者”学历统计

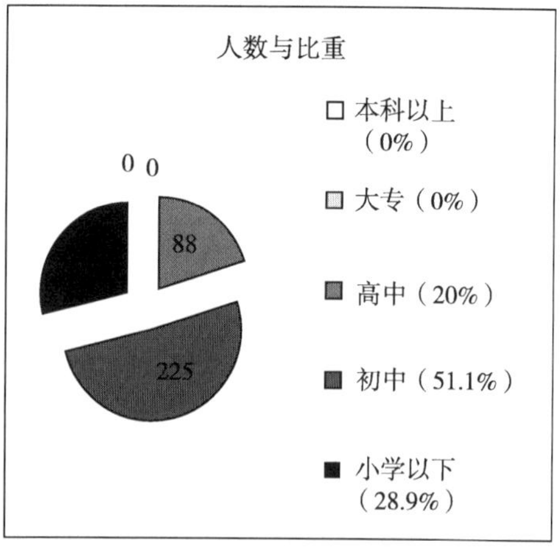

图6-10　阿穆尔州“非读者”学历统计

从图6–9和图6–10可以看出，黑龙江省和阿穆尔州农村“非读者”群的学历分布状况较为相似。调查问卷统计数据显示，阿穆尔州该居民群体以“中学”

学历为主（不完全中等教育+完全中等教育），占被调查“非读者”的总人数的71.2%，共183人，而黑龙江省的初高中学历的“非读者”总人数则达到了313人，占该省“非读者”总人数的71.1%，比例基本与阿穆尔州相当，但初高中“非读者”群的总人数却比阿穆尔州高出1.7倍。在“大中专”和“本科”这个学历层次上阿穆尔州和黑龙江省略有差异，由于在全部被调查者中黑龙江省仅有1名农村居民具有本科学历，3名具有大专学历，他们又都是“读者”（详见图6-4），所以黑龙江省“非读者”群体的这两个学历层次的人数都为0。而阿穆尔州“大中专”和“本科”的居民比重较高（详见图6-3），所以该州的“非读者”群体中的这个学历层次也分别有23人和6人，占“非读者”总人数的9%和2.3%。阿穆尔州研究生层次的“非读者”人数为0。阿穆尔州和黑龙江省“小学以下”学历的“非读者”状况大致相同，其总人数分别在两州省占到第二位，但黑龙江省该类“非读者”人数达到127人，是阿穆尔州的2.8倍。

三、黑龙江省与阿穆尔州“非读者”的职业情况比较分析

调查问卷显示，黑龙江省和阿穆尔州“非读者”群体的职业大致与“读者”群体职业相同，分为农民、教师、中小学生、工人、村干部、经商者、退休人员，其中阿穆尔州比黑龙江省多了军人一栏。具体情况如图6-11和图6-12所示。

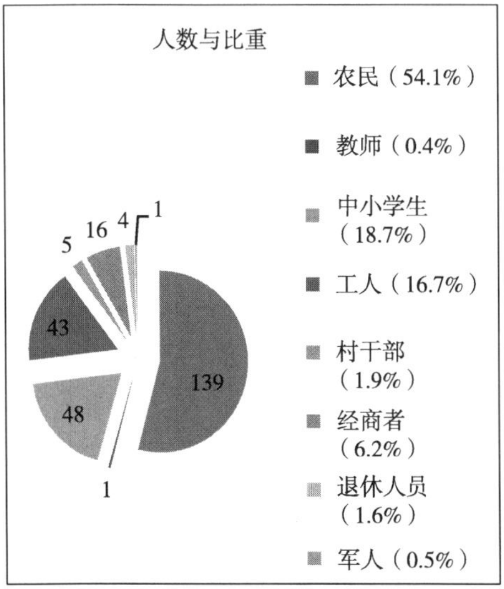

图6-11　阿穆尔州“非读者”职业状况统计

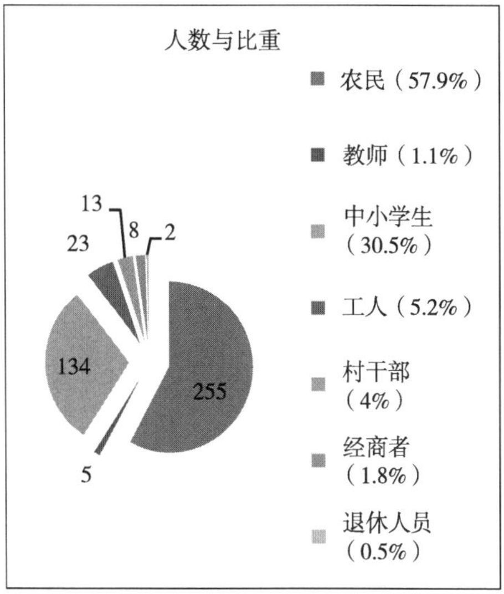

图6-12　黑龙江省“非读者”职业状况统计

通过图6-11和图6-12可以看出，黑龙江省和阿穆尔州“非读者”群体的职业分布情况大体一致，但深入分析两地区的“非读者”情况还存在较大的差异。阿穆尔州的中小学生“非读者”群体虽然从总人数排名上来看也是处于第二位，但该群体的比重在阿穆尔州要远低于处于第一位的农民群体，一共只有48人，占“非读者”总人数的18.7%，是农民群体的1/3左右，而黑龙江省的该群体则达到134人，占该省“非读者”总数的30.5%，大致是阿穆尔州该群体人数的3倍。另外，阿穆尔州的“工人”群体人数较多，大致与该州“中小学生”人数相当，是黑龙江省该群体人数的2倍，达到43人，其主要原因是阿穆尔州各村中的工厂和企业比黑龙江省的数量要多，务工人员的总体数量要比黑龙江省所调查的农村居民高得多。另外，通过图6-11和图6-12可以发现，阿穆尔州的“村干部”群体的“非读者”群体要比黑龙江省小得多，大致是黑龙江省的1/2。

第四节　阿穆尔州与黑龙江省农村居民不读书不看报的原因比较分析

通过对黑龙江省和阿穆尔州不读书不看报的农村居民进行数据分析，我们发现两个地区这一群体的比重比较高，尤其是黑龙江省，达到了78.4%，阿穆尔州则达到44.2%。为了弄清黑龙江省和阿穆尔州这部分农村居民不读书不看报的原因，调查组在调查问卷上设置了“不读书不看报的原因”一栏，其中主要有以下几个选项：“没有兴趣”“大家都不读书”“文化知识不够”“没有时间”“读书看报无用”“书刊品种少”。笔者对这些数据按照五个年龄段（“15岁以下”“16~22岁”“23~40岁”“41~60岁”和“60岁以上”）进行了统计分析，以期找到内在规律。详细数据见表6-4~表6-8。

一、黑龙江省和阿穆尔州“15岁以下”年龄段“非读者”不读书不看报的原因

黑龙江省和阿穆尔州被问卷调查的农村居民中“15岁以下”年龄段不读书不看报的居民人数分别是115人和39人，其不读书不看报的原因统计数据详细参见表6-4。

表 6-4 “15 岁以下”年龄段的农村居民不读书不看报的原因统计

主要原因	黑龙江省		阿穆尔州	
	人次	所占比例	人次	所占比例
没有兴趣	98	85.2%	12	30.8%
大家都不看	54	46.9%	3	7.7%
文化知识不够	32	27.8%	17	43.6%
没有时间	56	48.7%	31	79.5%
读书看报无用	58	50.4%	3	7.7%
书刊品种少	18	15.7%	7	17.9%
其他	5	4.3%	0	0%

从表6–4可以看出，黑龙江省和阿穆尔州“15岁以下”年龄段的农村居民不读书不看报的原因差异较大。从黑龙江省来看，这一年龄段的农村居民不看书的最主要原因是“没有兴趣”，选择这一选项的人数达到98人次，占黑龙江省“15岁以下”年龄段“非读者”人群总数的85.2%，阿穆尔州选择该选项的人数为12人次，占该州该年龄段“非读者”人数的30.8%，低于黑龙江省55%，没有构成阿穆尔州该年龄段“非读者”群体不读书的主要原因。阿穆尔州该年龄段的农村居民不读书不看报的最重要原因是“没有时间”，选择该选项的人数达到了31人次，占被问卷调查的该年龄段的“非读者”总数的79.5%，黑龙江省选择该项的人数也较多，达到56人次，占“15岁以下”非读者总数的48.7%。值得深思的是黑龙江省“读书看报无用”这一选项的统计数据，该省选择该项的人数达到了58人次，占该省该年龄段“非读者”总数的50.4%，成为黑龙江省被问卷调查的“15岁以下”年龄段的居民不读书不看报的第二大原因，而阿穆尔州此项的选择人数仅有3人次，占该州该群体的7.7%。

二、黑龙江省和阿穆尔州“15~22岁”年龄段“非读者”不读书不看报的原因

黑龙江省和阿穆尔州被问卷调查的农村居民中“15~22岁”年龄段不读书不看报的居民人数分别是93人和33人，其不读书不看报的原因的统计数据详细参见表6–5。

表6-5 “15~22岁”年龄段的农村居民不读书不看报的原因统计

主要原因	黑龙江省		阿穆尔州	
	人次	所占比例	人次	所占比例
没有兴趣	68	73.1%	5	15.2%
大家都不看	33	35.5%	0	0%
文化知识不够	25	26.8%	3	3.2%
没有时间	79	84.9%	25	75.7%
读书看报无用	35	37.6%	0	0%
书刊品种少	36	38.7%	9	27.3%
其他	1	1.1%	0	0%

表6-5的统计数据表明，“15~22岁”这个年龄段，黑龙江省和阿穆尔州的“非读者”群体不读书不看报的原因既有相似的地方，同时也显示出极大的不同。两个地区这一群体不读书不看报的最主要原因是一致的，都是“没有时间”，黑龙江省和阿穆尔州选择这一选项的人数比例分别为84.9%和75.7%，仅仅相差了9%。而黑龙江省和阿穆尔州这一年龄段的“非读者”群体不读书不看报的第二大原因却截然不同，黑龙江省为“没有兴趣”，而且其人数比例达到73.1%，阿穆尔州是“书刊品种少”，选择这一选项的“非读者”虽然他们不是图书馆的注册读者，但是他们平时是偶尔看书的，这一点与黑龙江省不同，黑龙江省的农家书屋是没有读者登记注册制度的，所以黑龙江省的“非读者”是完全不读书不看报的人。另外，阿穆尔州的“大家都不看”和“读书看报无用”这两项是没有人选的，而黑龙江省的这两个选项的选择人数则高达35.5%和37.6%。

三、黑龙江省和阿穆尔州“23~40岁”年龄段“非读者”不读书不看报的原因

黑龙江省和阿穆尔州被问卷调查的农村居民中“23~40岁”年龄段不读书不看报的居民人数分别是68人和49人，其不读书不看报的原因统计数据详细参见表6-6。

通过表6-6不难发现，在“23~40岁”这个年龄段，黑龙江省和阿穆尔州农村居民不读书不看报的主要原因是一致的，两地区这一年龄段的“非读者”分别有75%和75.5%选择了“没有时间”，而且都是两地居民不读书不看报的最重要

原因。黑龙江省和阿穆尔州农村居民不读书不看报的第二大原因差异较大，黑龙江省的第二大原因是“没有兴趣”，有32位农村居民选择了该选项，占47.1%，而阿穆尔州选择这一选项的仅有16.3%，阿穆尔州第二大原因是“书刊品种少”。由此可见，黑龙江省农村居民不读书不看报受主观因素影响较大，而阿穆尔州的“非读者”受客观因素影响明显。

表6-6 “23~40岁”年龄段的农村居民不读书不看报的原因统计

主要原因	黑龙江省		阿穆尔州	
	人次	所占比例	人次	所占比例
没有兴趣	32	47.1%	8	16.3%
大家都不看	7	10.3%	0	0%
文化知识不够	16	23.5%	3	6.1%
没有时间	51	75%	37	75.5%
读书看报无用	23	33.8%	3	6.1%
书刊品种少	5	7.4%	19	38.8%
其他	0	0%	0	0%

四、黑龙江省和阿穆尔州“41~60岁”年龄段“非读者”不读书不看报的原因

黑龙江省和阿穆尔州被问卷调查的农村居民中“41~60岁”年龄段不读书不看报的居民人数分别是128人和61人，其不读书不看报的原因统计数据详细参见表6-7。

表6-7 “41~60岁”年龄段的农村居民不读书不看报的原因统计

主要原因	黑龙江省		阿穆尔州	
	人次	所占比例	人次	所占比例
没有兴趣	45	35.6%	5	8.9%
大家都不看	7	5.5%	0	0%
文化知识不够	38	29.7%	12	19.7%
没有时间	76	59.4%	23	37.7%
读书看报无用	13	10.2%	0	0%
书刊品种少	4	3.1%	19	31.1%
其他	34	26.6%	13	21.3%

通过表6-7，可以看出，黑龙江省农村居民不读书不看报的主要原因依然是“没有时间”和“没有兴趣”，但是，选择这两项的人数比例比“23~40岁”年龄段明显降低，分别是59.4%和35.6%，而阿穆尔州农村“非读者”不读书不看报的主要原因也仍然是“没有时间”和“书刊品种少”，但是选择“没有时间”的人数比“23~40岁”年龄段明显减少，所占比重明显降低，由75.5%降到37.7%。由此可见，黑龙江省和阿穆尔州“41~60岁”年龄段的农村居民不读书不看报的主要原因开始弱化，并整体上呈现出原因不明显化的趋向。另外，两地区这一年龄段的“非读者”群选择“其他”这一选项的人数明显增多。这部分人不读书的原因不一而足，有的是“视力不好”，有的是“身患疾病”，有的是“没有精力”等。

五、黑龙江省和阿穆尔州“60岁以上”年龄段“非读者”不读书不看报的原因

黑龙江省和阿穆尔州被问卷调查的农村居民中“60岁以上”年龄段不读书不看报的居民人数分别是93人和33人，其不读书不看报的原因的统计数据详细参见表6-8。

表6-8 “60岁以上”年龄段的农村居民不读书不看报的原因统计表

主要原因	黑龙江省		阿穆尔州	
	人次	所占比例	人次	所占比例
没有兴趣	12	33.3%	1	1.3%
大家都不看	0	0%	0	0%
文化知识不够	14	38.9%	9	12%
没有时间	2	5.6%	8	10.7%
读书看报无用	0	0%	0	0%
书刊品种少	2	5.6%	8	10.7%
其他	28	77.8%	56	74.7%

通过表6-8，可以发现，黑龙江省“60岁以上”年龄段“非读者”不读书不看报的主要原因是“没有兴趣”和“文化知识不够”，但这两项原因表现得都不十分显著，选择这两项的人数比重分别是33.3%和38.9%。而阿穆尔州选择这两项的人数比例都极低，详见表6-8，这说明“没兴趣”“大家都不看”“文化知识不够”“没有时间“读书看报无用”“书刊品种少”都不是构成这一年龄段不读书

不看报的主要原因。另外，在这一年龄段中，阿穆尔州和黑龙江省的农村居民有三项极为相似的选择特征，即在“大家都不看”和“读书看报无用”这两项上都无人选择，在“其他”这一选项上，两地的选择人数较为接近，分别为74.7%和77.8%。

第五节　阿穆尔州与黑龙江省农村读者的阅读情况比较分析

一、黑龙江省和阿穆尔州农村读者阅读出版物类型情况比较分析

为了了解黑龙江省和阿穆尔州读者平时阅读书报刊的情况，并对其进行对比研究，课题组在调查问卷中专门设计了这样一个问题，即“您阅读的出版物类型”。课题组针对此问题设计了“读书、报和杂志”“读报纸和杂志”“读书和杂志”“读书和报纸”“只读书”“只读报”“只读杂志”7个选项，并且将阿穆尔州的325位读者和黑龙江省的123位读者按照“15岁以下”“15~22岁”“23~60岁”“60岁以上”四个年龄段进行了数据统计分析，具体情况详见表6-9、表6-10、表6-11、表6-12。

（一）黑龙江省和阿穆尔州“15岁以下”农村读者的阅读出版物类型情况比较分析

黑龙江省和阿穆尔州“15岁以下”农村读者的数量、比例相差迥异，阿穆尔州共有该年龄段读者88人，而黑龙江省只有15人，所以两地该年龄段读者阅读出版物类型的数据无法实现对等性比较，黑龙江省的统计数据普适性相对较弱，详细情况见表6-9。

表6-9　黑龙江省和阿穆尔州“15岁以下”农村读者阅读出版物情况统计

阅读情况	黑龙江省		阿穆尔州	
	人数	所占比例	人数	所占比例
读书、报和杂志	2	13.3%	11	12.5%
读报纸和杂志	1	6.7%	8	9.1%
读书和杂志	5	13.3%	50	56.8%
读书和报纸	0	0%	6	6.8%
只读书	6	40%	9	10.2%

续表

阅读情况	黑龙江省		阿穆尔州	
	人数	所占比例	人数	所占比例
只读报	0	0%	0	0%
只读杂志	1	6.7%	4	4.6%

由表6-9可以看出，黑龙江省“15岁以下”年龄段的农村读者选择“只读书”的最多，有6人，占该年龄段读者总数的40%，阿穆尔州该年龄段读者选择“读书和杂志”的最多，达到50人，占该年龄段总人数的56.8%。通过表6-9的数据可以看出，黑龙江省该年龄段读报的读者最少，这一点与阿穆尔州的情况较为相似，两地选择“只读报”都是0人，另外黑龙江省选择“读书和报纸”的也是0人，而阿穆尔州这项指标也不高，只有6.8%。这说明两地区这一年龄段的读者都不喜欢读报纸，这里主要有两个原因：一是报纸的内容不能贴近儿童；二是儿童类的报纸匮乏，黑龙江省所调查的部分农家书屋根本没有儿童类的报纸。

（二）黑龙江省和阿穆尔州“15~22岁”农村读者的阅读出版物类型情况比较分析

黑龙江省和阿穆尔州“15~22岁”农村读者的数量、比例相差也比较悬殊，阿穆尔州共有该年龄段读者81人，而黑龙江省只有17人，是黑龙江省的近5倍。两地该年龄段读者的出版物类型选择情况详见表6-10。

表6-10　黑龙江省和阿穆尔州“15~22岁”农村读者阅读出版物情况统计

阅读情况	黑龙江省		阿穆尔州	
	人数	所占比例	人数	所占比例
读书、报和杂志	5	29.4%	32	39.5%
读报纸和杂志	0	0%	9	11.1%
读书和杂志	5	29.4%	10	12.4%
读书和报纸	4	23.5%	16	19.8%
只读书	1	5.9%	8	9.8%
只读报	2	11.8%	0	0%
只读杂志	0	0%	6	7.4%

通过表6-10可以看出，黑龙江省“15~22岁”年龄段的读者只读一种类型出版物的人数明显减少，书报刊三种类型出版物都阅读的读者比重明显上升，达到

了29.4%，“读书和杂志”和“读书和报纸”的读者也分别达到了29.4%和23.5%。这说明黑龙江省农家书屋的报纸和杂志内容开始适应本年龄段的读者。阿穆尔州书报刊三种类型出版物都阅读的读者比重最大，达到该年龄段读者总数的39.5%，比黑龙江省高出10%，这说明阿穆尔州农村图书馆这三种类型的出版物对该州这一年龄段的读者适用性比黑龙江省要高。

（三）黑龙江省和阿穆尔州“23~60岁”农村读者的阅读出版物类型情况比较分析

黑龙江省和阿穆尔州“23~60岁”农村读者的数量、比例差距开始缩小，阿穆尔州共有该年龄段读者130人，而黑龙江省有81人。两地该年龄段读者的出版物类型选择情况详见表6-11。

表6-11 黑龙江省和阿穆尔州“23~60岁”农村读者阅读出版物情况统计

阅读情况	黑龙江省		阿穆尔州	
	人数	所占比例	人数	所占比例
读书、报和杂志	20	24.7%	51	39.2%
读报纸和杂志	23	28.4%	19	14.6%
读书和杂志	8	9.9%	22	16.9%
读书和报纸	6	7.4%	23	17.7%
只读书	4	4.9%	7	5.4%
只读报	18	22.2%	3	2.3%
只读杂志	2	2.5%	5	3.9%

表6-11统计数据显示，黑龙江省“23~60岁”年龄段“只读报”的读者数量和比例开始上升，达到了18人，占该省该年龄段读者的22.2%，书报刊三种类型出版物都读的读者数量仍然占第一位，但人数比例比“15~22岁”年龄段读者有所下降，而阿穆尔州三类出版物都读的读者数量仍然是最多的，维持在40%的水平上。这也再次证明，阿穆尔州农村图书馆的读物较为符合这个年龄段的读者需求。黑龙江省“只读报”的读者比例的明显增加则反映了两种情况：一是黑龙江省农村读者喜欢快餐式阅读，不愿意坐下来潜心钻研；二是黑龙江省农家书屋的图书和杂志对农村读者的阅读口味适应度较低。

（四）黑龙江省和阿穆尔州“60岁以上”农村读者的阅读出版物类型情况比较分析

黑龙江省和阿穆尔州“60岁以上”农村读者的数量、比例都比较小，阿穆尔州共有该年龄段读者26人，而黑龙江省只有10人。两地该年龄段读者的出版物类型选择情况详见表6-12。

表6-12　黑龙江省和阿穆尔州"60岁以上"农村读者阅读出版物情况统计

阅读情况	黑龙江省		阿穆尔州	
	人数	所占比例	人数	所占比例
读书、报和杂志	0	0%	3	11.5%
读报纸和杂志	1	10%	8	30.8%
读书和杂志	0	0%	2	7.8%
读书和报纸	1	10%	1	3.8%
只读书	0	0%	0	0%
只读报	5	50%	7	26.9%
只读杂志	3	30%	5	19.2%

通过表6–12可以看出，黑龙江省和阿穆尔州"60岁以上"农村读者较前面各年龄段的读者对出版物类型的选择上都有了较大变化。数据显示，阿穆尔州和黑龙江省只读单一类型出版物的读者比例上升显著，黑龙江省"只读报"的读者达到50%，"只读杂志"的读者达到30%。笔者认为，这里主要有三个原因：一是读者的年龄偏高，精力不够，无法深入阅读，图书这样长篇幅的出版物不再适合他们；二是他们过了汲取知识、开阔视野的年龄，读报、看杂志更多的是为了消磨时间；第三是更适合黑龙江省这一年龄段的读者，即这一年龄段的读者整体文化层次较低，图书这类需要深入思考的读物不适合他们的阅读能力。另外我们发现，阿穆尔州该年龄段读者"读报纸和杂志"的读者数量也明显增加，跃居第一位，这个数据也是这一年龄段居民难于长时间阅读的反映。

二、阿穆尔州和黑龙江省农村读者阅读书报刊频率的比较

为了解村民阅读书报刊的频率，课题组在调查问卷中设置了"您经常阅读吗"这一问题，针对该问题共设计了"休息日阅读""每天阅读""经常阅读""较少阅读"四个选项。笔者根据被调查者填报的数据按照"23岁以下""23~60岁"和"60岁以上"三个年龄段进行了统计分析，如图6–13~图6–18所示。

（一）黑龙江省和阿穆尔州"23岁以下"农村居民阅读频率对比研究

"23岁以下"这一年龄段的部分农村居民在黑龙江省和阿穆尔州处于学习阶段，阿穆尔州的这部分居民大多数都在中小学或大学学习，黑龙江省这一年龄段的很大一部分居民已经中止学业，开始务农或打工，所以在两地区这一年龄段读者的阅读频率的对比数据产生了较大的差异。黑龙江省和阿穆尔州该年龄段所调

查的总人数分别为228人和241人，详细情况如图6-13和图6-14所示。

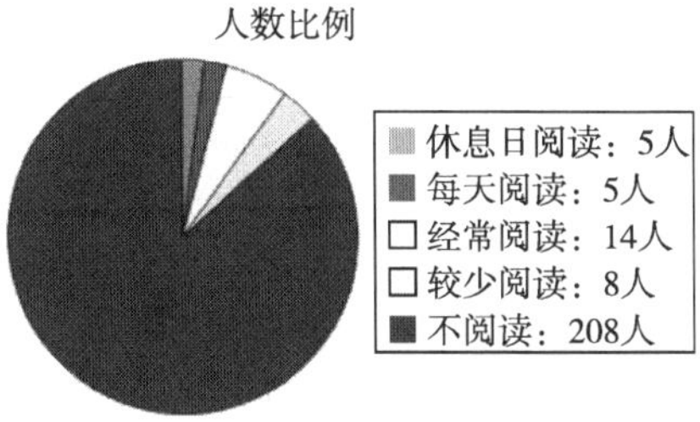

图6-13　黑龙江省"23岁以下"村民阅读频率

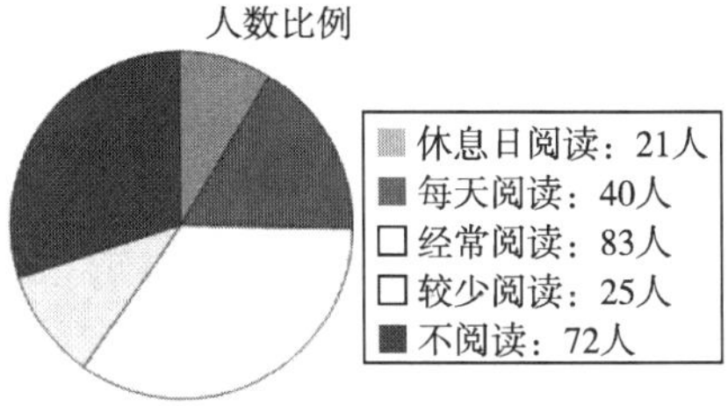

图6-14　阿穆尔州"23岁以下"村民阅读频率

由图6-13可以看出，黑龙江省"23岁以下"年龄段的农村居民"不阅读"的比率极高，达到了该年龄段总人数的的86.7%，而阿穆尔州该年龄段"不阅读"的居民只有72人，占"23岁以下"被调查者总数的29.9%。两地区在"经常阅读"这一选项上也显示出了较大的反差，阿穆尔州"经常阅读"的人数达到了83人，超过了该州"不阅读"的人数，达到了该年龄段被调查者总数的34.4%，而黑龙江省选择了这一选项的农村居民只有14人，占该省"23岁以下"被调查者总数的5.8%，其比例是阿穆尔州的1/6。而两地区"每天都阅读"这一选项的选择情况也显示出较大的不同，黑龙江省只有2人选择了该选项，占黑龙江省该年龄段被调查者总人数的2.1%，阿穆尔州的比例则为16.6%，是黑龙江省的7倍多。另外，从图形的比例形态上看，黑龙江省显示出极不均衡的特征，而阿穆尔州数据图的形态则表现得更为协调，数据相对乐观。

（二）黑龙江省和阿穆尔州"23~60岁"农村居民阅读频率对比研究

"23~60岁"这个年龄段属于青壮年阶段，这个年龄段的人具有较强的自主性，可以自由支配、安排个人的时间；这一年龄段农村居民的经济状况也较具独立性，通常都在务农或在工厂工作；所以笔者将这一年龄段作为一个比较单元。黑龙江省和阿穆尔州该年龄段所调查的总人数分别为240人和277人，详细情况如图6-15和图6-16所示。

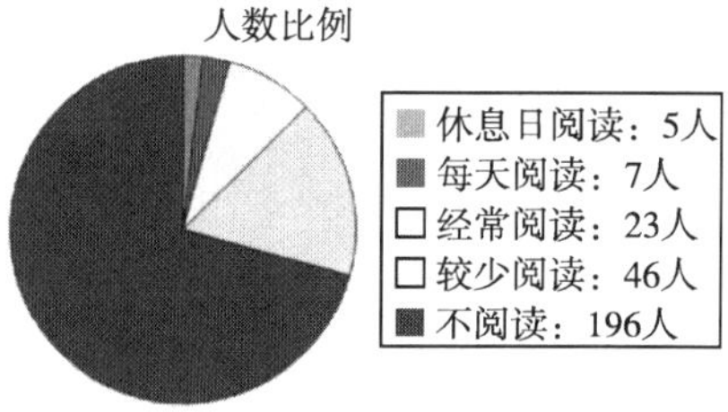

图6-15　黑龙江省"23~60岁"村民阅读频率

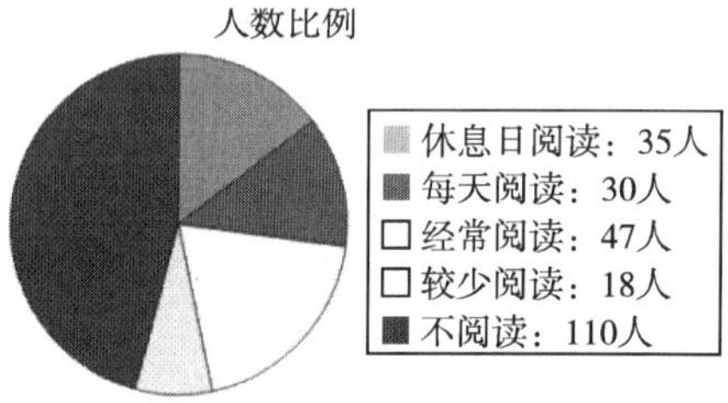

图6-16　阿穆尔州"23~60岁"村民阅读频率

由图6-15可以看出，黑龙江省"23~60岁"年龄段的农村居民"不阅读"的人数比例开始降低，一共有196人，占该年龄段被调查总人数的70.8%，比"23岁以下"年龄段降低了21%。而阿穆尔州这一年龄段"不阅读"的人数比例仍然比黑龙江省要低得多，只有45.8%，低于黑龙江省25%。在这个年龄段中黑龙江省"较少阅读"的人数比例与阿穆尔州"经常阅读"比例相当，分别是16.6%和19.6%，分别居于本地区的第二位。在这个年龄段中，阿穆尔州"每天阅读"的人数比例仍然远超于黑龙江省，达到12.5%，而黑龙江省只有2.5%。另外，阿穆尔州"休息日阅读"的人数比例也较大，这主要是因为阿穆尔州农村地区的工厂、企业相对较多，许多农村居民在企业里工作，平时没有闲暇时间，只有周六、周日到村图书馆读书。而黑龙江省的村子中工厂企业较少，所以这一选项的选择人数较少，只有5人，占该年龄段被调查总人数的1.8%。

（三）黑龙江省和阿穆尔州"60岁以上"农村居民阅读频率对比研究

黑龙江省和阿穆尔州的农村居民都逐步趋于老龄化，所以这一年龄段的村民值得我们重点关注和研究。虽然在调查组所调查的农村居民中60岁以上的人数比例不大，但在一定程度上能够反映黑龙江省和阿穆尔州这一年龄段村民的阅读情况。黑龙江省和阿穆尔州该年龄段所调查的总人数分别为46人和85人，详细情况如图6–17和图6–18所示。

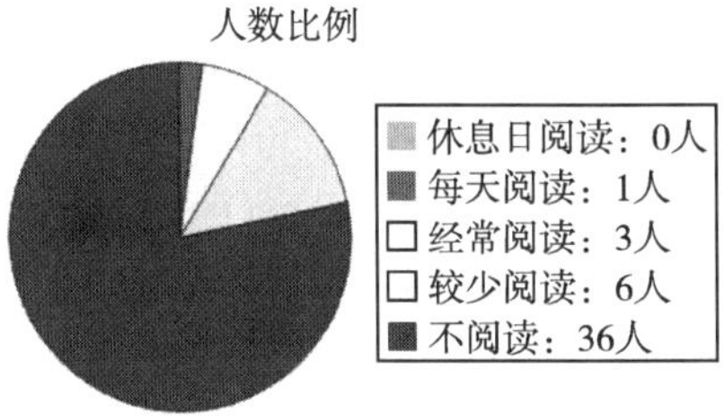

图6-17　黑龙江省“60岁以上”村民阅读频率

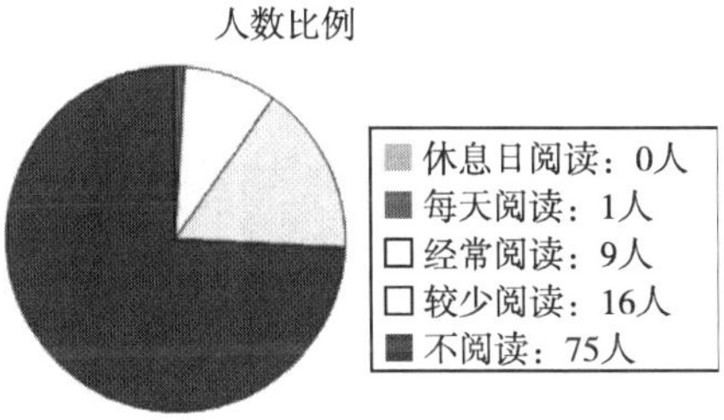

图6-18　阿穆尔州“60岁以上”村民阅读频率

由图6–17和图6–18可以看出，阿穆尔州和黑龙江省“60岁以上”年龄段被调查者的个阅读频率的人数比例相当，直观上，两地区的数据图形态也较为相似。但是，虽然黑龙江省和阿穆尔州这一年龄段的被调查者的阅读频率统计数据没有“23岁以下”和“23~60岁”反差那样强烈，但是形成这样的数据形态的原因却是完全不同。如黑龙江省和阿穆尔州“不阅读”的人数比例分别为78.3%和74.3%，阿穆尔州大部分这类居民是因为身体状况不佳而放弃阅读的，而黑龙江省的大部分跃居民则是因为年轻的时候就没有阅读习惯，年纪大了仍然还是“不阅读者”。

三、黑龙江省和阿穆尔州农村居民阅读目的及阅读读物种类的对比研究

（一）黑龙江省和阿穆尔州读者阅读的图书类型比较研究

课题组参考黑龙江省和阿穆尔州农村图书馆（书屋）的馆藏图书，对其进行了

大致分类，将各图书馆（书屋）的馆藏图书大致分为“小说类”“励志类”“农业种植技术类”“饮食类”“医疗保健类”“民俗类”等15类，具体类型详见表6-13。并设计了“您阅读的图书类型”这个问题向当地农村居民进行了问卷调查，问卷统计结果详见表6-13。

表6-13　黑龙江省和阿穆尔州读者各类图书阅读率的比较

阅读的图书类型	黑龙江省		阿穆尔州	
	人数	所占比例	人数	所占比例
小说类	87	70.7%	271	83.4%
励志类	23	18.7%	13	4%
农业种植技术类	35	28.5%	12	3.7%
饮食类	12	9.8%	18	5.5%
医疗保健类	31	25.2%	11	3.4%
民俗类	3	2.4%	27	8.3%
卡通漫画类	7	5.7%	56	17.2%
幼儿启蒙教育类	5	4.1%	19	5.8%
传统文化类	4	3.3%	38	11.7%
妇幼保健类	3	2.4%	8	2.5%
教材教辅类	4	3.3%	12	3.7%
诗歌散文类	0	0%	75	23.1%
故事童话类	4	3.3%	97	29.8%
宗教类	0	0%	68	20.9%
科普类	7	5.7%	87	26.8%

由表6-13可以看出，黑龙江省农村读者阅读率最高的图书类型分别是“小说类”“农业种植技术类”“医疗保健类”和“励志类”。而在穆尔州农村读者阅读率最高的图书类型有“小说类”“故事童话类”“科普类”“诗歌散文类”“宗教类”“卡通漫画类”和“传统文化类”，总体来看，阿穆尔州的图书利用率明显比黑龙江省高。在利用率较高的图书类型中只有“小说类”是两地区兼有的，而且选择这一类型的人数比例在两地也都是最高的，而其他类型的图书则没有阅读一致的情况，而且反差极大，如阿穆尔州有23.1%的读者选择了“诗歌散文类”，而黑龙江省被调查的读者中没有任何人读这一类书；黑龙江省28.5%的读者选择

了“农业种植技术类”图书，而阿穆尔州选择这一选项的只有3.7%；阿穆尔州26.8%的读者选择了“科普类”图书，而黑龙江省只有5.7%；“医疗保健类”黑龙江省为25.2%，而阿穆尔州只有3.4%。

（二）黑龙江省和阿穆尔州读者阅读的报刊类型的比较研究

课题组参考黑龙江省和阿穆尔州农村图书馆（书屋）的馆藏报刊，对其进行了大致分类，将各图书馆（书屋）的馆藏报刊大致分为“政治类”“军事类”“三农类”“时尚类”“妇幼类”“文艺类”等9类（详见附录十五），其中“国家时政类报”是指阿穆尔州的一些俄罗斯全国性的和地方性的较有影响的报纸，如《真理报》《共青团报》《阿穆尔州报》等，具体类型详见表6-14。并设计了“您较喜欢的报刊类型”这样一个问题，向当地农村居民进行了问卷调查，调查统计结果详见表6-14（对此问题进行选项的是有阅读经历的读者，其中黑龙江省123人，阿穆尔州为325人）。

表6-14　黑龙江省和阿穆尔州读者各类报刊阅读率的比较

报刊类型	黑龙江省		阿穆尔州	
	人数	所占比例	人数	所占比例
政治类	7	5.7%	12	3.7%
军事类	11	8.9%	156	48%
三农类	67	54.5%	12	3.7%
时尚类	17	13.8%	56	17.2%
妇幼类	8	6.5%	7	2.2%
文艺类	8	6.5%	78	24%
新闻时事类	43	35%	47	14.5%
国家时政类	5	4.1%	18	5.5%
休闲娱乐类	87	70.7%	267	82.2%

通过表6-14可以看出，黑龙江省和阿穆尔州的“休闲娱乐类”报纸最受两地读者的喜爱，两地读者选择这类报纸的人数比例都是最高的，黑龙江省是70.7%，而阿穆尔州则达到了82.2%。阿穆尔州居于第二位的是“军事类”报刊，选择这一项的人数比例高达48%，阅读这类报刊的读者年龄基本都在40岁以下，而黑龙江省处于第二位的是“三农类”报刊，选择的人数比例达到54.5%，阿穆尔州这一项的选择人数则仅有3.7%。笔者认为，产生这样大的反差

的原因主要有两个：一是这类报刊能够帮助黑龙江省农村居民解决生产中的现实问题，而阿穆尔州的农村居民务农的比例相对较少，搞农副业生产的人数则更少；二是这类读物的内容较为接近黑龙江省农村居民的现实生活，能够与读者产生共鸣，而阿穆尔州的城乡日常生活、文化差距并不明显，所以这类读物在阿穆尔州农村图书馆的数量也较少，喜欢阅读的读者则更少。受两地农村居民文化程度差异的影响，“文艺类”报刊在两地的选择情况也存在较大的差异，黑龙江省的这项数据为6.5%，而阿穆尔州则为24%。

第六节　结论与对策

俄罗斯远东阿穆尔州和我国黑龙江省的读者情况主要有以下特征：与阿穆尔州相比较而言，我国黑龙江省农村图书馆的15岁以下少年儿童读者的数量和比重不高，占该省被调查读者总数的12.2%，而阿穆尔州的该年龄段读者则占该州被调查读者总数的27%，远高于黑龙江省。15岁以下的少年儿童是农村社会的希望，他们的文化素质决定着一个村庄的未来，所以针对这一状况，我国东北地区农家书屋和村委会的管理层应通过举办各类阅读和文化娱乐活动吸引这一年龄段的农村少年儿童走进农村图书馆（书屋），利用图书馆的资源。笔者认为可以采取这样一些措施，如村小学的一些课程可以选择在农家书屋讲授，如语文的阅读和作文课、信息技术、美术等课程。这样，一方面可以利用书屋的儿童文学类文献、地方文献、计算机等资源来支持农村小学课堂教育；另一方面在教学过程中可以让孩子们充分了解农家书屋的藏书和设备，使他们逐步成为书屋的读者。农村图书馆（书屋）也可以组织少年儿童阅读竞赛，定期向儿童推荐一部图书，针对图书的内容，图书管理员可以设计一些问题，孩子们在规定的时间内阅读完图书后，可以根据这些问题为他们组织小型的竞赛，并对获胜者颁发小型奖品，以此来提高村里少年儿童的阅读兴趣。通过对阿穆尔州和黑龙江省农村读者的学历情况分析，我们看到俄罗斯远东地区农村读者的学历水平要比我国东北地区高得多，大中专以上学历的农村读者占被调查读者总数的45.2%。由此来看，农村居民的教育水平也对阅读行为具有重要影响，相对而言，文化水平越高的人群，其阅读需求越强烈。当然，农民群体整体学历结构的改变不是一朝一夕能够完成的，是需要一代人甚至几代人的努力才能够实现的目标。笔者认为，虽然改变农村居民整体文化水平短时间无法做到，但是可以通过改变农村居民的休闲习惯，促使一部分农民形成阅读兴趣。

从黑龙江省与阿穆尔州农村居民读书看报的原因比较分析的结果来看，“休闲娱乐”是俄罗斯远东和我国东北地区所有年龄段农村读者阅读的重要原因之一。但从统计数据来看，黑龙江省“23~60岁”的农村读者中选择了“休闲娱乐”的人数比例远低于阿穆尔州，而两地区“23岁以下”读者选择这一项的人数比例却极为接近，分别为81.3%和85.8%。笔者认为，产生这一变化的原因有三个方面：一是，随着年龄的增高，我国东北地区农村居民的心境变得越来越现实，逐渐失去了活力和娱乐的心情，对一些娱乐类的读物失去了兴趣；二是，我国东北地区农民在年轻的时候培养的业余爱好较少，兴趣不够广泛，一些时尚、娱乐、休闲类的读物与他们的休闲娱乐方式不符；三是，随着年龄的增大，我国东北地区农民的生产、生活压力也越来越大，用他们的话来说“没有闲工夫来读书”。笔者认为，阅读活动也是一项很好的减压方式，从这一点来看，读书和忙碌的生活之间并不存在本质的矛盾，甚至对于“会阅读”的人来说，阅读恰恰是烦躁生活的调味剂。所以东北地区农村图书馆应该在农闲时期（每年的11月到第二年的4月）设计举办各类活动，促使农民形成休闲阅读兴趣。例如，可以将喜欢乐器、热爱唱歌的村民组织起来在农家书屋举办“小型晚会”，邀请村民来农家书屋欣赏，同时向他们介绍一些休闲娱乐类的图书，也可以在观赏节目的同时选择图书阅读。针对某一问题组织讨论会或座谈会也是提高农村居民阅读兴趣的好方式，比如可以举办“40岁以上怎样保持健康”的研讨会，在讨论的过程中可以将农村图书馆（书屋）中的医疗保健类图书提供给参会者阅览。通过不断设计组织这类活动，让农民把农家书屋当成休闲的好去处，同时他们也会在这一过程中逐渐形成阅读兴趣。另外，通过阿穆尔州和黑龙江省的比较数据来看，农村读者的职业结构也是影响阅读的重要原因。如阿穆尔州因“工作需要”阅读的读者数量远远高于黑龙江省，这一现象在“23岁以下”和“23~60岁”年龄段的读者群中都存在。笔者认为，产生这一差异的主要原因是：俄罗斯远东地区农村居民从事职业劳动比例较高（如前面所述，其读者的工人比例达到10.2%），他们需要通过阅读与职业相关的图书来解决工作中的问题。

通过对俄罗斯远东地区阿穆尔州与我国东北地区黑龙江省的农村非读者的对比分析，我们发现，俄罗斯远东地区的农村非读者的人数比例变化是随着年龄的增加逐步增长的趋势，而我国东北地区恰恰与之相反，越年轻的农村居民非读者的人数越多，随年龄的增长非读者的比例在减少，但是“40~60岁”这一年龄段的非读者人数比例在一定程度上打破了这一趋势，并且成为“非读者”人数比例最大的群体。总体来看，我国东北地区“非读者”人数比例最大的是“40~60岁”和“15岁以下”的人群。在笔者看来，这两类群体的“非读者”人数比重较大，也是农村社会当前和未来发展的一个忧患。另外，阅读行为和阅读的广泛性在一定程度上是一个人精神世界丰富程度的体现，也是个体追求新事物、新文化需求的体现，“40~60岁”和“15岁以下”是精力较为充沛的年龄段，这一年龄段的村民不能成为农村图书馆的读者，主要有三个方面的原因：一是，农村图书馆（书屋）的读者服务工作做得不够好，引导读者阅读的机制不健全；二是，这一群体的精神世界是干枯和麻木的，阅读不能触动他们的精神世界；三是，农村社会整体阅读环境还不够好，人们对知识文化不够遵从，农村民众忽略了人的精神世界，没有形成阅读文化。所以笔者认为，要想改变这一状况：一是，要加强农村的社会保障，让“40~60岁”的农民群体减少一部分生活压力，使他们产生休闲放松的心情；二是，应该引导农村社会从重视物质的单一思考模式中走出来，建立多元化的生活观，使农村民居民的精神生活和文化生活丰富起来；三是，农村图书馆（书屋）的管理员应该针对这两个年龄段的非读者群体进行个性化了解，先选择一小部分人，让他们接触图书，走进图书馆（书屋）。例如，针对“40~60岁”的“非读者”，可以选择一些文化水平较高的或乐于接触新事物的村民，有针对性地培养他们的阅读兴趣，通过这些人来带动其他“非读者”。

从俄罗斯远东地区阿穆尔州和我国黑龙江省读者阅读出版物类型来看，阿穆尔州和黑龙江省的差异较大。以“15岁以下”年龄段读者为例，阿穆尔州这一年龄段读者最喜欢阅读的是图书和杂志，而黑龙江省这一年龄段的读者“只读书”的人数最多，很少有人读杂志和报纸。笔者认为产生这一差异的主要原因是，黑龙江省农村图书馆（书屋）中可供少年儿童读者阅读的杂志种类较少。课题组调查发现，许多农家书屋中针对少年儿童的期刊杂志只有1~2种，如《少年文艺》《中国儿童画报》；报纸1~2种，如《中国少年报》《小作家报》。而且这些报刊也并不是农村孩子特别喜欢的类型。笔者认为，农村图书馆（书屋）要在原有报刊的基础上增加一些符合少年儿童口味、轻松愉快且传播知识文化的刊物，如《米老鼠》《快乐童话》《小雪花成长指南》《意林（少年版）》《少年幻想王》《科普童话·百科探秘》《天天爱学习》《小雪花快乐作文》《快乐作文与阅读》等。另外，从阿穆尔州和黑龙江省农村读者阅读报纸和杂志的情况来看，黑龙江省“15岁以下”“16~22岁”“23~60岁”读者阅读杂志的人数比例要比阿穆尔州少很多，而阅读报纸的人数比例要比阿穆尔州高许多。笔者认为产生这样的差异有其内在的原因，黑龙江省农村读者阅读杂志的人数少，并不是因为他们不喜欢这种类型的出版物，而是因为：一是，农村图书馆（书屋）中的杂志品种不够丰富，书屋一般只有十几种杂志；二是，农家书屋现有的杂志中休闲娱乐类的品种不多，实用型和传统型期刊占绝大多数，如《新青年》《妇女之友》《农民致富之友》《黑龙江水产》《现代化农业》等，虽然我们感觉这些杂志会对农村读者的生产生活产生价值，但实际上，当农村读者生产和生活遇到问题的时候，在一期或某几期的农业科技期刊中能够找到答案的可能性极小；三是，现有的杂志没有连续性，有的时候几个月、甚至几年都没有添新杂志。笔者认为，杂志的文章通常不长，篇幅上适合农村读者的阅读习惯和阅读特点，而且杂志的内容、版式活泼多样，能够吸引农村读者，所以应该在原有杂志品种的基础上适当增加时尚、体育、休闲类的杂志品种，并注意保障杂志的刊期能够及时更新。

通过俄罗斯远东阿穆尔州与我国黑龙江省的读者阅读频率的比较研究，我们看到，被调查的10个村子的“23岁以下”人群中只有5人“每天阅读”，14人“经常阅读”，这意味着每个村子不到2人是经常性的读者，而阿穆尔州是12人左右。这样来看，黑龙江省的农村读者只有个别的几个人有较强的阅读需求，而那些“较少阅读”的读者会长达几个月不看书，很有可能会转变成为“非读者”。黑龙江省“23~60岁”农村居民的阅读频率情况也不容乐观，每个村子约有3人有经常阅读的行为。笔者认为，针对这一现象，农村图书馆（书屋）应该增加紧迫感，需要想方设法满足“经常阅读”读者的阅读需求，尽快提升那些“较少阅读”的农村居民的阅读兴趣，满足他们的阅读需求，并形成相关的思路和方法避免这部分读者蜕变为“非读者”，使农村图书馆（书屋）的利用状况陷入恶性循环。笔者认为，农村图书馆（书屋）管理员可以针对“经常阅读”和“每天阅读”的读者采取积极的服务方式：一是，经常联系他们，向他们了解还有哪些阅读需求，需要哪些图书或刊物，本馆（书屋）没有的出版物，可以利用馆际互借的机制向县馆、甚至省馆借阅；二是，要及时将这类读者没有满足的需求登记下来，在申请采购新文献的时候能够及时拿出具体的采购书目。针对那些“较少阅读的读者”可以采取这样一些方式来提升他们的阅读兴趣。例如，可以个性化地了解他们的喜好，挑选适合他们口味的书籍或杂志向他们推荐阅读；也可以通过隐性的方式推荐阅读，例如在了解个体读者的喜好之后，图书馆（书屋）管理员在亲自阅读与其口味相符的图书后，向他们讲述图书的精彩情节，激发他们的阅读兴趣。

从俄罗斯远东地区阿穆尔州和黑龙江省农村读者喜欢阅读的出版物内容类型来看，阿穆尔州和黑龙江省农村读者最喜欢阅读的类型同为“小说类”。由此可以判断，“小说类”读物是人们业余生活最为需要的读物类型之一，也是保障农村图书馆（书屋）读者阅读率和读者到馆率的重要文献类型。目前来看，我国东北地区农村图书馆（书屋）小说类文献主要分为红色战争类、历史人物传记和古代经典小说，而且总体数量不多。笔者认为，农村图书馆和书屋应该在以下几个方面对这类馆藏进行改造：一是，提高小说类文献的整体数量、比重，来保证这类文献品种的丰富度；二是，要考虑所有年龄段读者对小说类文献的需求，并选择内容和形式适合各年龄段读者阅读的读物进行采购；三是，要通过读者调查设计几种读者最为喜爱的小说类别，如侦探类、爱情类、玄幻类、生活类，并且每一个类别的具体读本也要精挑细选，使之符合农村读者的阅读喜好。另外，调查数据显示，黑龙江省喜欢卡通漫画类读物的读者比例很小，而阿穆尔州喜欢这类文献的读者人数比例远远高于黑龙江省。笔者认为，阿穆尔州的调查数据正常反映了读者对这类读物的需求特征，卡通漫画类读物的年龄适应范围比较广泛，30岁以下的人群都可以成为这类读物的读者。为什么黑龙江省读者喜欢这类读物的人数较少呢？在调查过程中课题组发现，黑龙江省农家书屋这类文献的品种数量很少，笔者认为，这是黑龙江省读者“不喜欢”这类读物的主要原因。无论是中国儿童还是俄罗斯儿童，他们的阅读天性是一致的，所以，农家书屋可以在了解城里孩子喜欢的卡通漫画类读物的基础上，选择一些适应不同年龄段的经典读物，如《丁丁历险记》《三毛流浪记》《父与子》《托马斯》《蓝精灵》《樱桃小丸子》等。数据显示，三农类、医疗保健类读物也是农村读者最喜欢阅读的类型，但就课题组对农家书屋现有的这两类读物的调查了解来看，其中大部分是很早以前出版的，内容和形式都有所老化。这两类读物与农村居民生产生活密切相关，对农村居民具有现实价值。笔者建议，农家书屋的主管部门和农村图书馆（书屋）管理员应该认真研究本地农村生产、生活特征，适当补充这两类文献。

附　录

附录一　萨哈共和国农村图书馆状况

萨哈共和国(雅库特)Республика Саха (Якутия)						
城市或自治区名称	总人口	农村人口	比率	镇数	村数	图书馆数
雅库特市(г. Якутск)	287954	10708	3.7%	0	10	6
米尔内市(г. Мирный)	35994	0	0%	0	0	0
涅留克市(г. Нерюнгри)	85222	1368	1.6%	6	2	2
纽尔巴市(г. Нюрба)	9508	0	0%	0	0	0
巴科罗夫斯克(г. Покровск)	10223	0	0%	0	0	0
阿贝伊区(Абыйский район)	4112	1918	46.6%	1	6	6
阿尔丹区(Алданский район)	45650	3974	8.7	6	12	8
阿拉霍夫区(Аллаиховский район)	2904	799	27.5%	1	6	4
阿姆金区(Амгинский район)	15922	15922	100%	0	18	16
阿纳巴尔民族区(Анабарский национальный район)	3682	3682	100%	0	3	3
布轮区(Булунский район)	9366	3474	37.1%	1	6	6
上维柳伊区(Верхневилюйский район)	21279	21279	100%	0	25	23
上涅科雷姆区(Верхнеколымский район)	4712	1328	28.9%	1	5	5
上阳区(Верхоянский район)	11765	6204	52.7%	2	14	13
维柳伊区(Вилюйский район)	25187	11743	46.6%	1	19	20
果尔区(Горный район)	11206	11206	100%	0	12	10
日冈区(Жиганский район)	4047	4047	100%	0	6	5
科便区(Кобяйский район)	13103	8980	68.5%	1	15	15
列恩区(Ленский район)	38618	5207	13.5%	2	14	14
梅基诺—康卡拉斯区(Мегино-Кангаласский район)	30963	27788	89.7%	1	33	32
米尔宁区(Мирнинский район)	42746	2976	7%	4	3	3

续表

萨哈共和国(雅库特)Республика Саха (Якутия)						
城市或自治区名称	总人口	农村人口	比率	镇数	村数	图书馆数
玛姆民族区 (Момский национальный район)	4383	4383	100%	0	7	7
纳姆区(Намский район)	22879	22879	100%		20	20
下涅科雷姆区(Нижнеколымский район)	4879	1873	38.4%	1	3	3
纽尔巴区(Нюрбинский район)	14334	14334	100%	0	19	19
奥伊缅涫区(Оймяконский район)	11863	2994	25.2%	5	6	6
奥列科明区(Олекминский район)	24826	16318	65.7%	2	25	25
奥列涅科民族区 (Оленекский национальный район)	4026	4026	100%	0	5	5
中涅科雷姆区(Среднеколымский район)	7774	4503	57.9%	1	9	9
苏塔尔区(Сунтарский район)	25304	25304	100%		25	22
塔京区(Таттинский район)	15458	15458	100%		14	15
托姆潘区(Томпонский район)	14315	6015	42%	2	9	11
乌斯奇—阿尔丹区(Усть-Алданский район)	20927	20927	100%	0	27	29
乌斯奇—玛伊区(Усть-Майский район)	9182	2082	22.7%	8	5	5
乌斯奇—阳区(Усть-Янский район)	8262	3538	42.8%	3	7	5
罕卡拉斯区(Хангаласский район)	23711	16889	71.2%	1	18	22
秋拉普琴区(Чурапчинский район)	20250	20250	100%	0	17	19
艾文—贝坦戴民族区(Эвено-Бытантайский национальный район)	2811	2811	100%	0	3	3
萨哈共和国	949347	327187	34.5%			416

注:

①附录一的人口数据来自于俄罗斯2010年人口普查资料，详见Численность постоянного населения Российской Федерацииhttp://www.gks.ru/bgd/regl/b10_109/IssWWW.exe/Stg//% 3Cextid% 3E/% 3Cstorage-path%3E::|tabl-23-10.xls。

②村、镇数量来自于萨哈共和国各自治区网站、村网站和镇网站。各网站网址：http://www.bankgorodov.ru/region/region.php?id=11。

③农村图书馆数量来自于http://nlib.sakha.ru/professionals/files/statistics2011.pdf。

附录二 堪察加边疆区农村图书馆状况

堪察加边疆区Камчатский край						
城市或自治区名称	总人口	农村人口	比重	镇数	村数	图书馆数
彼得罗巴甫洛夫斯克市（г. Петропавловск-Камчатский）	194431	0	0	0	0	0
维柳琴斯克（г. Вилючинск）	25401	0	0	0	0	0
叶利佐沃区（Елизовский район）	63716	23158	36.3%	8	25	23
米利科沃区（Мильковский район）	10783	10783	100%	0	7	6
索博列沃区（Соболевский район）	2721	2721	100%	0	4	3
阿留申区（Алеутский район）	580	580	100%	0	1	1
贝斯特拉亚区（Быстринский район）	2518	2518	100%	0	2	2
乌斯季博利舍列茨克区（Усть-Большерецкий район）	9408	4726	50.2%	1	8	7
乌斯季堪察加茨克（Усть-Камчатский район）	12291	12291	100%	0	5	5
科里亚克大区（Административно-территориальная единица с особым статусом - Корякский округ）	20396	14777	72.5%	3	6	5
卡拉金区（Карагинский район）	4641	2530	54.5%	1	5	5
奥柳托尔斯基区（Олюторский район）	5144	5144	100%	0	8	6
品仁纳区（Пенжинский район）	2483	2483	100%	0	5	4
季吉利区（Тигильский район）	8128	4620	56.8%	1	7	6
堪察加边疆区	342245	71554	20.9%	14	77	75

注:

①附录二的人口数据来自于俄罗斯2010年人口普查资料，详见Численность постоянного населения Российской Федерацииhttp://www.gks.ru/bgd/regl/b10_109/IssWWW.exe/Stg//% 3Cextid% 3E/% 3Cstorage-path%3E::|tabl-23-10.xls。

②村、镇数量和农村图书馆数量来自于堪察加边疆区各自治区网站、村网站和镇网站。各网站网址：http://www.bankgorodov.ru/region/region.php?id=35。

附录三 滨海边疆区农村图书馆状况

滨海边疆区Приморский край						
城市或自治区名称	总人口	农村人口	比重	镇数	村数	图书馆数
符拉迪沃斯托克市(г. Владивосток)	604826	26613	4.4%	0	20	20
阿尔乔姆市(г. Артем)	111206	9444	8.5%	0	5	5
大卡缅市(г. Большой Камень)	39340	1269	3.2%	0	2	2
达利涅戈尔斯克（远山城）(г. Дальнегорск)	46967	8889	18.9%	0	7	7
达利涅列琴斯克市(г. Дальнереченск)	31638	3949	12.5%	0	4	4
列索杂沃茨科市(г. Лесозаводск)	50251	9292	18.5%	0	10	9
纳霍德卡市(г. Находка)	166602	927	0.6%	0	2	2
帕尔季赞斯克（游击队城）(г. Партизанск)	49376	8903	18%	0	8	8
斯巴斯克—达里尼市(г. Спасск-Дальний)	45265	—	0%	0	0	0
乌苏里斯克市(г. Уссурийск)	179512	26581	14.8%	2	26	26
弗基诺市(г. Фокино)	33909	—	0%	0	0	0
阿努琴斯克区(Анучинский район)	16160	16160	100%	0	14	14
达利涅列琴区(Дальнереченский район)	12839	12839	100%	0	10	10
卡瓦列罗夫区(Кавалеровский район)	28278	1617	5.7%	3	2	5
基洛夫区(Кировский район)	23109	8705	37.7%	3	8	8
克拉斯诺亚尔缅斯克区(Красноармейский район)	20172	16190	80.3%	1	9	10
拉佐夫斯克区(Лазовский район)	16054	7616	47.4%	1	4	5
米哈伊洛夫区(Михайловский район)	37037	28692	77.5%	1	26	26
那捷日金斯克区(Надеждинский район)	39317	39317	100%	0	33	30
十月区(Октябрьский район)	31094	25039	80.5%	2	25	25
奥莉加区(Ольгинский район)	11469	7181	62.6%	1	6	7
帕尔济赞斯克区(Партизанский район)	30564	30564	100%	0	28	26
波格拉尼奇区(Пограничный район)	25486	13657	53.6%	1	10	10
火灾区(Пожарский район)	32928	11101	33.7%	2	9	9
斯帕斯克区(Спасский район)	30777	30777	100%	0	29	24
捷尔涅伊区区(Тернейский район)	13940	2946	21.1%	3	4	7
罕卡伊区(Ханкайский район)	26830	26830	100%	0	25	22

续表

滨海边疆区Приморский край						
城市或自治区名称	总人口	农村人口	比重	镇数	村数	图书馆数
哈桑区(Хасанский район)	35610	8904	25%	4	10	14
哈洛里区(Хорольский район)	32221	22654	70.3%	2	24	22
丘古耶夫斯克区(Чугуевский район)	25217	25217	100%	0	24	24
切尔尼戈夫区(Черниговский район)	34816	26228	75.3%	1	24	21
什克托夫斯克区(Шкотовский район)	25333	13007	51.3%	2	11	13
雅科夫列夫区(Яковлевский район)	16656	16656	100%	0	15	15
滨海边疆区	1981970	487764	24.6%	29	434	430

注:

①附录三的人口数据来自于俄罗斯2010年人口普查资料，详见Численность постоянного населения Российской Федерации http://www.gks.ru/bgd/regl/b10_109/IssWWW.exe/Stg//% 3 Cextid% 3E/% 3Cstorage-path%3E::|tabl-23-10.xls。

②农村图书馆量化数据来自于http://old.pgpb.ru/note_ref/pgpb_libr3.htm#Шкотовский%20район。

③村、镇数量数据来自于滨海边疆区各自治区网站。各网站网址：http://www.bankgorodov.ru/region/region.php?id=19。

附录四　哈巴罗夫斯克边疆区农村图书馆状况

哈巴罗夫斯克边疆区Хабаровский край						
城市或自治区名称	总人口	农村人口	比重	镇数	村数	图书馆数
哈巴罗夫斯克市(г. Хабаровск)	580665	0	0%	0	0	0
阿穆尔河畔共青城(г. Комсомольск-на-Амуре)	269827	0	0%	0	0	0
阿穆尔河畔尼古拉耶夫斯克(г. Николаевск-на-Амуре)	24498	0	0%	0	0	0
苏维埃港市(г. Советская Гавань)	28429	0	0%	0	0	0
阿穆尔区(Амурский район)	24583	9845	40%	2	12	18
阿雅诺—迈斯基区(Аяно-Майский район)	2663	2663	100%	0	5	5
比金区(Бикинский район)	26784	8023	30%	0	8	8
瓦尼诺区(Ванинский район)	40404	12151	30.1%	3	7	9
上布列亚区(Верхнебуреинский район)	30576	6805	22.3%	3	11	12
维亚泽姆区(Вяземский район)	25251	8384	33.2%	1	17	17
共青城区(Комсомольский район)	32767	31965	97.6%	1	18	19
拉佐区(им. Лазо район)	49259	23365	47.4%	3	16	21
那乃人区(Нанайский район)	20146	20146	100%	0	14	14
尼古拉耶夫区(Николаевский район)	12462	5801	46.5%	3	9	12
鄂霍茨克区(Охотский район)	9662	5192	53.7%	1	7	6
波利娜—奥西片科区(им. Полины Осипенко район)	5903	5903	100%	0	5	5
苏维埃港区(Советско-Гаванский район)	16392	424	2.6%	4	1	1
太阳区(Солнечный район)	35927	20204	56.2%	2	9	11
图古洛—丘比坎斯克区(Тугуро—Чумиканский район)	2411	2411	100%	0	6	6
乌里奇区(Ульчский район)	21907	21907	100%		18	18
哈巴罗夫斯克区(Хабаровский район)	94653	88470	93.5%	8	54	57
哈巴罗夫斯克边疆区	1400425	273659	19.5%	31	179	239

注:

①附录四的人口数据来自于俄罗斯2010年人口普查资料，详见Численность постоянного населения Российской Федерацииhttp://www.gks.ru/bgd/regl/b10_109/IssWWW.exe/Stg//% 3 Cextid% 3E/% 3Cstorage-path%3E::|tabl-23-10.xls。

②农村图书馆数量来自于Сеть библиотек. 2005-2009 гг. // Общедоступные библиотеки Хабаровского края в 2005-2009 годах: аналитико- стат. обзор.- Хабаровск: РИО ДВГНБ， 2010. http://www.nlr.ru/nlr/div/nmo/zb/part/search.php?id=2600&r=2。

③哈巴罗夫斯克边疆区各自治区村、镇数量和图书馆数量来自于各自治区网站、村网站和镇网站。各网站网址：http://www.bankgorodov.ru/region/region.php?id=21。

附录五　阿穆尔州农村图书馆状况

阿穆尔州Амурская область						
城市或自治区名称	总人口	农村人口	比重	镇数	村数	图书馆数
布拉戈维申斯克市（г. Благовещенск）	211623	5155	2.4%	2	4	7
别洛戈尔斯克市（г. Белогорск）	67838	477	0.7%	0	1	1
结雅市（г. Зея）	26706	0	0%	0	0	0
赖奇欣斯克（г. Райчихинск）	23817	1499	6.3%	1	1	2
斯沃博德内市（г. Свободный）	58730	0	0%	0	0	0
腾达市（г.Тында）	37591	0	0%	0	0	0
希马诺夫斯克市（г. Шимановск）	21605	0	0%	0	0	0
进步镇（пгт. Прогресс）	15742	17	0.1%	1	0	1
阿尔哈拉区（Архаринский район）	18329	8585	46.8%	2	16	20
别洛戈尔区（Белогорский район）	22707	22707	100%	0	15	18
布拉戈维申斯克区（Благовещенский район）	19199	19199	100%	0	13	17
布列亚区（Бурейский район）	28410	6855	24.1%	4	8	12
扎维京斯克区（Завитинский район）	17925	5226	29.2%	3	9	14
结雅区（Зейский район）	19893	19893	100%	0	22	22
伊万诺夫卡区（Ивановский район）	30583	30583	100%	0	18	23
康斯坦丁区（Константиновский район）	14666	14666	100%	0	15	16
马格达加琴区（Магдагачинский район）	23419	7868	33.6%	4	8	13
马札诺夫区（Мазановский район）	14966	14966	100%	0	15	17
康斯坦丁诺夫卡区（Михайловский район）	16425	16425	100%	0	11	12
十月区（Октябрьский район）	23094	23094	100%	0	15	18
罗姆内区（Ромненский район）	10351	10351	100%	0	12	13
斯沃博德内区（Свободненский район）	13253	13253	100%	0	23	24
谢列姆金斯克区（Селемджинский район）	11076	2409	21.7%	2	3	5
谢雷舍沃区（Серышевский район）	27900	15908	57%	3	15	21
斯科沃罗季诺区（Сковородинский район）	31395	12522	39.9%	5	6	12
坦波夫卡区（Тамбовский район）	25372	25372	100%	0	15	17

续表

阿穆尔州Амурская область						
城市或自治区名称	总人口	农村人口	比重	镇数	村数	图书馆数
滕达区(Тындинский район)	15786	15786	100%	0	19	22
希马诺夫斯克区(Шимановский район)	6910	6910	100%	0	10	10
阿穆尔州	860686	299726	34.8%	27	282	335

注:

①附录五的人口数据来自于俄罗斯2010年人口普查资料，详见Численность постоянного населения Российской Федерации http://www.gks.ru/bgd/regl/b10_109/IssWWW.exe/Stg//% 3 Cextid% 3E/% 3Cstorage-path%3E::|tabl-23-10.xls。

②村、镇数量和农村图书馆数量来自于阿穆尔州各自治区网站、村网站和镇网站。各网站网址：http://www.bankgorodov.ru/region/region.php?id=22。

附录六　马加丹州农村图书馆状况

马加丹州Магаданская область						
城市或自治区名称	总人口	农村人口	比重	镇数	村数	图书馆数
马加丹市（г. Магадан）	106338	0	0	0	0	0
奥拉区（Ольский район）	10610	3200	30.2%	2	7	3
奥姆苏克昌区（Омсукчанский район）	5469	20	0.4%	2	1	0
北埃文基区（Северо-Эвенский район）	2573	1170	45.5%	1	5	5
中坎区（Среднеканский район）	3176	670	21.1%	1	3	1
苏苏曼区（Сусуманский район）	9513	8	0.08%	3	0	0
坚基区（Тенькинский район）	5568	1556	27.9%	2	5	4
哈森区（Хасынский район）	7716	370	4.8%	4	1	1
亚戈德诺耶区（Ягоднинский район）	10285	130	1.3%	6	1	0
马加丹州	161248	7124	4.4%	21	23	14

注：

①马加丹州人口数量来自于：http://www.gks.ru/bgd/regl/b10_109/Main.htm。

②村、镇数量来自于：http://www.bankgorodov.ru/region/region.php?id=43。

③农村图书馆数量来自于：http://www.nlr.ru/nlr/div/nmo/zb/part/search.php?id=2133&r=2 和 http://www.bankgorodov.ru/region/region.php?id=43。

附录七 萨哈林州农村图书馆状况

萨哈林州Сахалинская область						
城市或自治区名称	总人口	农村人口	比重	镇数	村数	图书馆数
南萨哈林斯克(г. Южно-Сахалинск)	182291	7507	4.1%	—	10	4
亚历山大—萨哈林区(Александровск-Сахалинский район)	15078	3545	23.5%	—	13	6
阿尼夫区(Анивский район)	17205	8756	50.9%	1	15	5
多林区(Долинский район)	25256	13723	54.3%	—	12	9
科尔萨克夫区(Корсаковский район)	43045	8206	19.1%	—	17	8
千岛群岛区(Курильский район)	6064	4398	72.5%	1	6	5
马卡洛夫区(Макаровский район)	8821	2133	24.2%	1	10	4
涅韦尔区(Невельский район)	20482	6884	33.6%	—	10	7
诺克里科区(Ногликский район)	13180	2462	18.7%	1	11	4
奥辛区(Охинский район)	29430	3503	11.9%	—	10	5
巴洛纳伊区(Поронайский район)	23451	6990	29.8%	1	11	7
北千岛群岛区(Северо-Курильский район)	2381	0	0%	0	0	0
斯米尔内霍夫区(Смирныховский район)	13807	6623	48%	1	13	4
托玛林区(Томаринский район)	10203	5618	55.1%	1	12	7
迪莫夫区(Тымовский район)	17548	9464	53.9%	1	24	12
煤矿区(Углегорский район)	26057	4254	16.3%	2	14	8
霍尔姆区(Холмский район)	44255	13246	29.9%	—	23	14
南千岛群岛区(Южно-Курильский район)	10290	3673	35.7%	1	9	5
萨哈林州	510834	110985	21.7%	11	220	114

注:

①附录七的人口数据来自于俄罗斯2010年人口普查资料，详见Численность постоянного населения Российской Федерации http://www.gks.ru/bgd/regl/b10_109/IssWWW.exe/Stg//%3 Cextid%3E/%3Cstorage-path%3E::|tabl-23-10.xls。

②村、镇数量和农村图书馆数量来自于萨哈林州各自治区网站、村网站和镇网站。各网站网址：http://www.bankgorodov.ru/region/region.php?id=58。

附录八　犹太自治州农村图书馆状况

犹太自治州Еврейская автономная область						
城市或自治区名称	总人口	农村人口	比重	镇数	村数	图书馆数
比罗比詹市(г. Биробиджан)	75440	0	0%	0	0	0
比罗比詹自治区(Биробиджанский район)	13806	13806	100%	0	26	18
列宁区(Ленинский район)	21953	21953	100%	0	29	21
奥勃鲁琴区(Облученский район)	33241	5170	15.6%	8	20	14
十月区(Октябрьский район)	12833	12833	100%	0	18	13
斯米维奇区(Смидовичский район)	27766	8964	32.3%	4	19	14
犹太自治州	185039	62726	33.9%	12	112	80

注:

①附录八的人口数据来自于俄罗斯2010年人口普查资料，详见Численность постоянного населения Российской Федерацииhttp://www.gks.ru/bgd/regl/b10_109/IssWWW.exe/Stg//% 3Cextid% 3E/% 3Cstorage-path%3E::|tabl-23-10.xls。

②村、镇数量和农村图书馆数量来自于犹太自治州各自治区网站、村网站和镇网站。各网站网址：http://www.bankgorodov.ru/region/region.php?id=69。

附录九 楚科奇自治州农村图书馆状况

楚科奇自治州Чукотский автономный округ						
城市或自治区名称	总人口	农村人口	比重	镇数	村数	图书馆数
阿纳德尔市（г. Анадырь）	11777	0	0%	0	0	0
阿纳德尔区（Анадырский район）	6646	3279	49.3%	2	11	6
白令戈夫区（Беринговский район）	2402	994	41.4%	1	3	2
比利比诺区（Билибинский район）	7696	2419	31.4%	3	7	4
伊乌利京区（Иультинский район）	3864	1524	39.4%	2	6	3
普罗维杰区（Провиденский район）	4234	1676	39.6%	1	5	2
恰文区（Чаунский район）	5341	907	17%	1	4	1
楚科奇区（Чукотский район）	4598	4598	100%		6	6
施密托夫区（Шмидтовский район）	2033	939	46.2%	3	3	2
楚科奇自治州	48591	16336	33.6%	13	45	26

注：

①附录九的人口数据来自于俄罗斯2010年人口普查资料，详见Численность постоянного населения Российской Федерацииhttp://www.gks.ru/bgd/regl/b10_109/IssWWW.exe/Stg//% 3Cextid% 3E/% 3Cstorage-path%3E::|tabl-23-10.xls。

②村、镇数量和农村图书馆数量来自于楚科奇自治州各自治区网站、村网站和镇网站。各网站网址：http://www.bankgorodov.ru/region/region.php?id=74。

附录十 东北地区乡（镇）图书馆（室）调查问卷

城市名称：　　　　　乡（镇）名称：

1. 是否有图书馆（室）

　a. 有　　b. 无

2. 有几个图书馆（室）

　a. 1个　　b. 2个

3. 图书馆（室）成立时间：

4. 图书馆（室）的房舍

　a. 独立房舍　　b. 在乡（镇）政府内

　c. 与文化站合用　　d. 借用村民房舍

5. 有无专职图书管理员

　a. 有　　b. 镇干部代管　　c. 无

6. 有几名馆员：

7. 馆员是否有定期培训：

8. 馆藏图书册数：

9. 馆藏期刊种数：

10. 馆藏报纸种数：

11. 多长时间进新书

　a. 1年　　b. 2年　　c. 无更新

12. 馆藏图书年更新率：　　%

13.资金来源

　a. 乡（镇）政府预算　　b. 图书馆（室）专项款

　c. 县（市）政府预算　　d. 无资金

14. 拨款周期

　a. 每年一次　　b. 两年一次

15. 年拨款数额：

16. 图书馆（室）开放时间

a. 全天　b. 一周两天　c. 无固定时间　d. 借书随时联系

17. 有无阅览室

a. 有　b. 无

18. 图书馆（室）总面积：

19. 有无电脑

a. 有　b. 无

20. 几台电脑：

21. 读者是否可以使用电脑

a. 可以　b. 只用于办公

22. 是否有互联网

a. 有　b. 无

23. 是否有儿童阅览室

a. 有　b. 无

24. 除了借书是否还有其他服务

a. 没有　b. 向居民推荐图书

c. 为居民借本图书馆（室）没有的书

d. 组织其他活动　e. 网上信息查询

25.平均多长时间有人来借书

a. 每天　b. 两三天　c. 一周　d. 一个月　e. 很久

26. 乡（镇）图书馆与农家书屋的关系

a. 业务指导　b. 分发图书　c. 没有关系

27. 全乡（镇）有几个行政村：

28. 全乡（镇）多少人口：

29. 每天有多少人来读书：

附录十一. 俄罗斯远东地区自治区中心图书馆调查问卷

тестирование центральных библиотек

название муниципального района:

1. Сколько квадратных метров в вашей библиотеке?

2. Сколько у вас специализированных библиотекарей?

3. Уровень образования библиотекарей:

   a. магистр b. бакалавр

   c.неполное высшее образование d. среднее образование

4. Есть ли у вас возможность повышения квалификации?

   a.да b.нет

5. Сколько экземпляров книг у вас в библиотеке:

6. Сколько названий периодических изданий у вас в библиотеке:

7. Сколько газет у вас в библиотеке:

8. В течение какого времени поступает новая литература в библиотеку

   a.1год b.2года

9.Источники финансирования:

   a.Федеральный бюджед b.краевой бюджед c. муниципальный бюджед

   d.от организаций и преприятий e.от частных лиц

10.Режим работы вашей библиотеки:

   a.каждый день b.6 дней c.5 дней

11.Есть ли у вас в библиотеке компьютер?

   a.да b.нет

12.Есть ли у вас доступ к интернету?

   a.да b.нет

13.Есть ли у вас детский зал?

   a.да b.нет

14.Сколько у вас зарегистрированных читателей?

附录十二　东北地区农家书屋现状调查问卷

城市名称：　　　乡（镇）名称：　　　　村名称：

1. 全村有几个屯：
2. 是否有书屋
   a. 有　b. 无
3. 有几个书屋
   a. 1个　b. 2个
4. 书屋成立时间：
5. 书屋的房舍
   a. 独立房舍　b.在村委会内　c.借用村民房舍
6. 书屋面积：
7. 书屋有无专职图书管理员
   a. 有　b. 村干部代管　c. 无
8. 兼职书屋管理员的本职身份
   a. 村书记　b. 村主任　c. 会计　d. 妇女主任　e. 民兵连长　f. 村民　g. 其他
9. 书屋管理员的学历
   a. 本科　b. 大专　c. 中专或高中　d. 初中　e. 小学以下
10. 书屋管理员是否有定期培训：
11. 馆藏图书册数：
12. 馆藏期刊种数：
13. 馆藏报纸种数：
14. 多长时间进新书
    a. 1年　b. 2年　c. 无更新
15. 资金来源
    a. 村委会　b. 乡（镇）政府　c. 书屋专项款
    d. 县（市）政府拨款　e. 无资金
16. 拨款周期

a. 每年一次 b. 两年一次

17. 拨款数额：

18. 书屋开放时间

a. 全天 b. 一周两天 c. 无固定时间 d. 借书随时联系

19. 有无阅览室

a. 有 b. 无 c. 与村委会办公室在一起

20. 有无电脑

a. 有 b. 无

21. 读者是否可以使用电脑

a. 可以 b. 只用于办公

22. 是否有互联网

a. 有 b. 无

23. 是否有儿童阅览室

a. 有 b. 无

24. 除了借书是否还有其他服务

a. 没有 b. 向村民推荐图书 c. 为村民借本书屋没有的书

d. 组织其他活动 e. 网上信息查询

25. 平均多长时间有人来借书

a. 每天 b. 两三天 c. 一周 d. 一个月 e. 很久

附录十三. 俄罗斯远东地区农村图书馆调查问卷

тестирование сельских библиотек Дальнего Востока

название муниципального района: название села:

1. Ваш возраст:

a.меньше15лет b.15–22 года c.23–40 лет

d.40–60 лет e.больше 60лет

1.Сколько у вас в селе библиотек:

a. одна b. две

2.Сколько квадратных метров в вашей библиотеке?

3.Сколько у вас специализированных библиотекарей?

4.Уровень образования библиотекарей:

a.магистр b. бакалавр

c.неполное высшее образование d. среднее образование

5.Есть ли у вас возможность повышения квалификации

a.да b.нет

6.Сколько экземпляров книг у вас в библиотеке:

7.Сколько названий периодических изданий у вас в библиотеке:

8.Сколько газет у вас в библиотеке:

9.В течение какого времени поступает новая литература в библиотеку

a.1год b.2года

10.Источники финансирования:

a.Федеральный бюджед b.краевой бюджед

c. муниципальный бюджед

d. от организаций и преприятий e.от частных лиц

11.Режим работы вашей библиотеки:

a.каждый день b.6 дней c.5 дней

12.Есть ли у вас в библиотеке компьютер?

a.да b.нет

13.Есть ли у вас доступ к интернету?

a.да b.нет

14.Есть ли у вас детский зал?

a.да b.нет

15.Сколько у вас зарегистрированных читателей?

附录十四 黑龙江省农村读者及阅读状况调查问卷

城市名称： 乡镇名称： 村名：

1. 您的年龄是：

a. 15岁以下 b. 15~22岁 c. 23~40岁 d. 40~60岁 e. 60岁以上

2. 您的学历是：

a. 本科以上 b. 大专或中专 c. 高中 d. 初中 e. 小学以下

3. 您的职业是：

a. 退休者 b. 村干部 c. 中小学生 d. 教师 e. 经商者
f. 工人（打工者） g. 农民

4. 您读书看报吗？

a. 是 b. 否

5. 您读书看报的原因？

a. 休闲娱乐 b. 了解新闻时事 c. 农业生产需要 d. 工作需要
e. 提高文化水平 f. 养殖需要 g.其他

6. 您不读书看报的原因？

a. 没有兴趣 b. 大家都不看 c. 文化知识不够 d. 没有时间
e. 读书看报无用 f. 书刊品种少 g. 其他

7. 您阅读哪种出版物？

a. 读书、报和杂志 b. 读报纸和杂志 c. 读书和杂志 d. 读书和报纸
e. 只读书 f. 只读报 g. 只读杂志

8. 您经常阅读吗？

a. 休息日阅读 b. 每天阅读 c. 经常阅读
d. 较少阅读 e. 不阅读

9. 您阅读哪类图书？

a. 小说类 b. 励志类 c. 农业种植技术类 d. 饮食类
e. 医疗保健类 f. 民俗类 g. 卡通漫画类 h. 幼儿启蒙教育类

i. 传统文化类　j. 妇幼保健类　k. 教材教辅类　l. 诗歌散文类
m. 故事童话类　n. 宗教类　o. 科普类

10. 您阅读报刊的类型？

a. 政治类　b. 军事类　c. 三农类　d. 时尚类　e. 妇幼类　f. 文艺类
g. 新闻时事类　h. 党报（大报）　i. 晚报、生活报（休闲娱乐类）

附录十五. 俄罗斯远东地区农村读者及其阅读状况调查问卷

тестирование о состояниях сельских читателей и их чтения

название муницiального района: название села:

1.Ваш возраст:

a.меньше15лет b.15–22 года c.23–40 лет d.40–60 лет e.больше 60лет

2.Уровень Вашго образования?

a.магистр b. бакалавр c.неполное высшее образование

d. среднее образование e. основное образование

3.Ваша професия:

a.пенсионер b.работник администрации села c.школьник

d.учитель e.бизнесмен f.солдат

4.Являетесь ли вы читатели библиотеки вашего села?

a.да б.нет

5.причина Вашего читального поведения?

a.для досуга b.знание новостей и текущих дел

c. для сельскохозяйственного производства d. для работы

e.повышение культурного уровня

f. для повышения сельскохозяйственных культур

6.Почему не читаете?

a.нет интереса b.все не читают c.из–за неграмотности

d.нет время e.чтение бесполезно f. малое количество видов

7.Какие виды изданий вы читаете?

a. книги газеты и журналы b. газеты и журналы c. книги и журналы

d. книги и газеты e. книгии f.газеты g.журналы

8.Как часто вы читаете?

a.выходные дни b.каждый день c.часто d.мало читаю

e.не читаю

9. Какие виды книг вы читаете?

a.художественная литература b.вдохновляющие

c. о методах ведения сельского хозяйства d. кулинария e. медицинские

f.книги о народных обычаях g.книги для дошкольного образования

h.сказки и карикатура i. традиционные культуры j.книги МСН

k.учебники и пособия l.стихи и проза m.сказки и рассказы

n.религиозные o.научно-популярные

10. Какие виды журналов и газет вы читаете?

a.политические b.военные c.сельскохозяйственные d.модные

e.издания для женщин и детей f.художествено-литературные

g.новости и текущие дела h.федеральные или областные газеты

i.досуговые